孙冶方文集

第 4 卷
（1946—1959年）

孙冶方 ◎ 著

知识产权出版社
全国百佳图书出版单位

图书在版编目（CIP）数据

孙冶方文集. 第4卷/孙冶方著. —北京：知识产权出版社，2018.1
ISBN 978－7－5130－5210－8

Ⅰ. ①孙… Ⅱ. ①孙… Ⅲ. ①经济学—文集 Ⅳ. ①F0－53

中国版本图书馆 CIP 数据核字（2017）第 257212 号

内容提要

《孙冶方文集》（10 卷本）收集孙冶方 1925 年至 1983 年间的各类作品 356 篇（部）。他的作品有着鲜明的时代特点，真实地反映了作者尊重规律、追求真理的研究轨迹，也真实地反映了他一以贯之的执着精神和宁折不弯的人格魅力。

读者可以从《孙冶方文集》中看到我国经济学界一代宗师孙冶方屡经磨难的艰苦历程，了解孙冶方的学术观点和理论勇气，了解我国社会主义政治经济学各个历史阶段的发展印迹，并从中受到启迪。

项目负责：蔡　虹　　　　　　　　本卷责编：张水华
套书责编：石红华　蔡　虹　　　　责任出版：刘译文

孙冶方文集（第 4 卷）

孙冶方　著

出版发行：知识产权出版社有限责任公司		网　　址：http://www.ipph.cn	
社　　址：北京市海淀区气象路 50 号院		邮　　编：100081	
责编电话：010－82000860 转 8324		责编邮箱：caihongbj@163.com	
发行电话：010－82000860 转 8101/8102		发行传真：010－82000893/82005070/82000270	
印　　刷：三河市国英印务有限公司		经　　销：各大网上书店、新华书店及相关专业书店	
开　　本：720mm×1000mm　1/16		印　　张：24.75	
版　　次：2018 年 1 月第 1 版		印　　次：2018 年 1 月第 1 次印刷	
字　　数：310 千字		总 定 价：1680.00 元（全套共 10 卷）	
ISBN 978－7－5130－5210－8			

出版权专有　侵权必究
如有印装质量问题，本社负责调换。

《孙冶方文集》编辑委员会名单

主　　任：张卓元

成　　员：（以姓氏笔画为序）

王迎新　吕民生　李　昭　旷建伟

沈国弟　张建清　武克钢　范世涛

周　济　冒天启　薛小和

孙冶方(1908—1983)

1947 年 9 月孙冶方(左)在胶东

1956 年 7 月孙冶方(右 4)率国家统计局"统计工作访苏团"在莫斯科

(以上照片由孙冶方亲属提供)

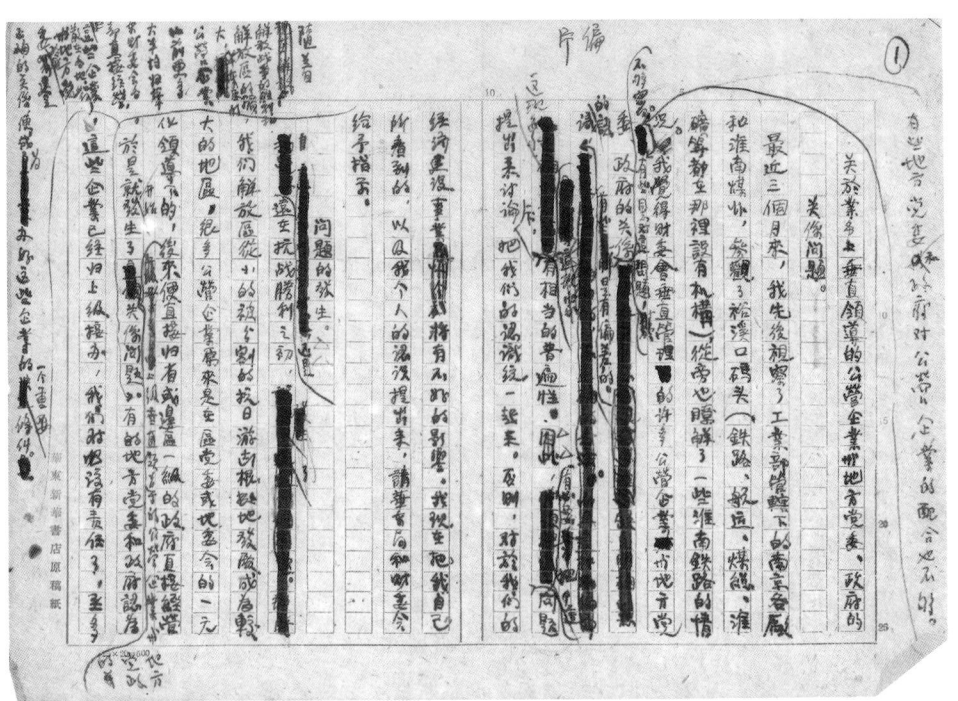

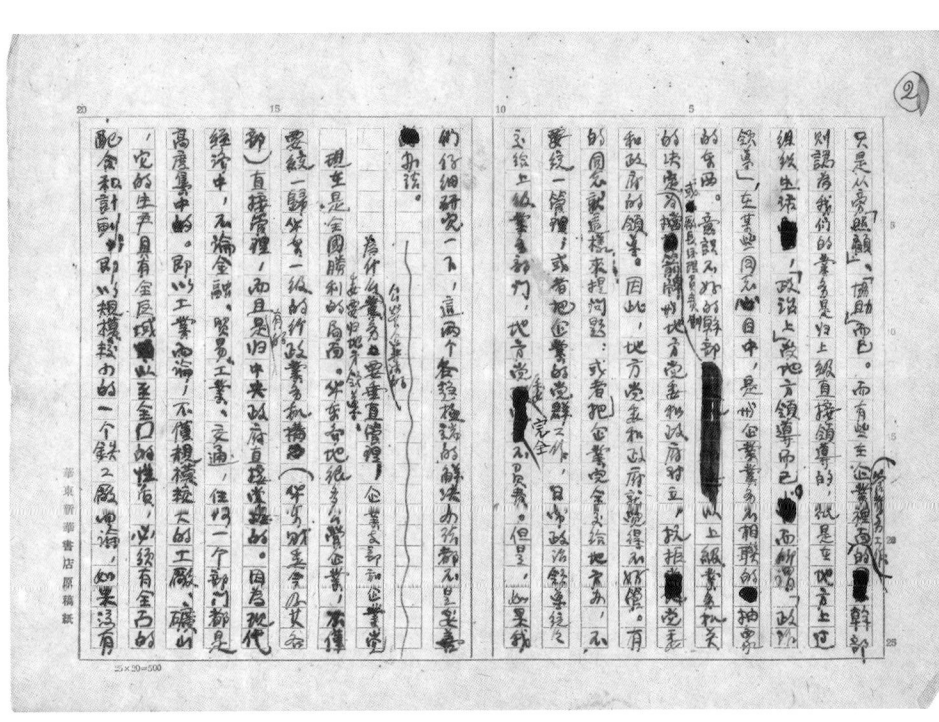

1949—1950年冬孙冶方给华东局的报告

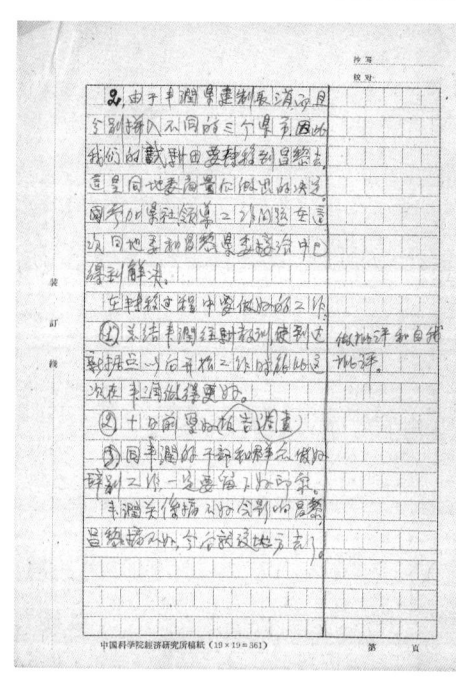

1958 年 11 月孙冶方在河北丰润韩城经济所工作组全体会议上的讲话提纲

（以上手稿照片由孙冶方亲属提供）

编者说明

孙冶方是我国著名经济学家，15岁起就从事革命活动，在长达60年的革命生涯中，为宣传马克思主义政治经济学呕心沥血、奋斗终生，在经济学界和社会大众中享有崇高声誉。

2018年是孙冶方诞辰110周年。为缅怀先贤足迹，激励后人理论创新，2016年年初，孙冶方经济科学基金会与知识产权出版社相约，共同编辑出版《孙冶方文集》（以下简称《文集》），是为纪念。

孙冶方一生勤于思考，治学严谨。纵观现存的各类作品，字里行间无不充满了理论探索与实践创新。1979年人民出版社出版《社会主义经济的若干理论问题》；1982年出版《社会主义经济的若干理论问题》续集；1984年山西人民出版社出版《孙冶方选集》，中国展望出版社出版《孙冶方社会主义流通论》；1985年人民出版社出版《社会主义经济论稿》，中国社会科学出版社出版《关于中国社会及其革命性质的若干理论问题》。1998年为了纪念孙冶方诞辰90周年，孙冶方经济科学基金会委托山西经济出版社在上述作品基础上，出版了5卷本《孙冶方全集》（以下简称《全集》）。2008年，孙冶方经济科学基金会与无锡市玉祁镇孙冶方纪念馆合作，将在整理孙冶方文献资料时新发现的多篇文章、译著合并，内部出版了《全集（补遗）》。

如今呈现在读者面前的《文集》（10卷本），是在《全集》和《全集（补遗）》基础上再次整理编辑而成，是两年来紧张工作的成果，也是改革开放以来孙冶方作品收集整理工作的继续。

《文集》能够顺利出版，得益于多方面的共同努力。一是浙江财经大学孙冶方经济科学奖文献馆利用文献数据库及全国的图书馆网络检索文献（特别是1949年以前公开发表或出版的作品）获得资料。二是孙冶方亲属较为全面地整理了20世纪80年代保存至今的孙冶方文稿原件、打印件、书信及手稿等。三是《文集》编辑委员会在孙冶方曾经生活并工作过的上海、江苏、浙江和无锡等地，以及国家统计局、中国科学院哲学社会科学部（现中国社会科学院）、中国社会科学院经济研究所等单位寻访时获得了十分宝贵的文献、书信和报告若干。四是《文集》编辑委员会成员个人提供报告、书信等重要资料。

有关《文集》编辑整理时遵循的原则以及不同情况的处理作如下说明。

一、《全集》和《全集（补遗）》收录作品分别为111篇（部）和24篇。《文集》增加新近收集到作者1925年至1983年间的作品221篇，计有理论文章59篇、译作11篇、报告65篇、书信86封，其中148篇是首次公开出版。

二、《文集》编辑过程中，发现《全集》和《全集（补遗）》存在一些差错，主要是有的作品标题中的个别用字以及发表的时间、刊登的期刊、卷次和脚注等有误或不完善，一并予以修改和补充。

三、《文集》每卷卷首增加了该卷相应时间段作者的照片及作品影印件。《社会主义经济论稿》《社会主义经济论大纲》及《孙冶方大事记》（补充修订后）仍置于《文集》最后两卷。

四、孙冶方（薛萼果）因为工作和生活的需要，有过多个曾用名和笔名。经考证确认的就有孙勉之、孙一洲、孙宝山、孙宜（毅）刚、叶非木、勉之、叶舟、亨利、宋亮、席矩、倪江、方青等。新出现的笔名"席矩"是根据冯和法的回忆文章，及在不同刊物发表文章的考证确认;"倪江"则根据作者相关记录和文章内容确定。文献检索发现,个别笔名可能和他人同名,为避免误收同名作者作品,需要经过编委会集体讨论、仔细甄别、慎重确认后方予收入。其他笔名文章参照《全集》和《全集(补遗)》所用笔名,由编委会认真讨论后收入。

20世纪30年代发表于《中国农村》《中国农村经济研究会会报》上的少数文章,虽无作者署名,经反复考证后确认系孙冶方执笔,在注释中已予以说明,有关考证将另文发表,不在此赘述。

五、《文集》作品以发表、出版或写作的时间为序。对于没有标明详细时间的作品,如缺少月份,则按照通行的做法,置于全年的最后。这样编排,目的是客观地反映孙冶方在各个年代工作和生活时的原貌。

六、对于新收录的作品,尽可能保持原有作品的风貌,仅对个别之处进行了删减或修订;一些书信、报告,原件中没有标题,编辑时增加了现在的标题;个别文献原件页码不全;有的字迹缺失或无法辨认时以空格表示,这些情况在注释中都分别进行了说明。

七、一些早年作品经不同出版社再次出版时,由作者重新审阅并增加了当时新版本的参考文献,因此出现30年代写的文章,参考了70年代出版的文献的情况,现统一注释为"参见……"。

八、根据作者的日记和工作笔记等线索查找,许多文章、书信、报告、谈话等至今仍没有收集到;一些笔名文章虽已找到,但由于可参考查证的资料十分有限,目前无法确认作者而暂不能收入。

综上所述,新出版的《文集》中仍然可能有某些不足甚或错误之处,敬请读者批评指正。

最后,我们要特别感谢在《文集》编辑出版过程中,提供了支持与帮助的单位和个人。可以说，没有这些单位和个人的无私支持和鼎力相助，《文集》以全新的面貌如期出版也就没有可能。这些单位是：中国社会科学院办公厅档案处，中国社会科学院经济研究所及经济史研究室、图书馆，国家统计局资料中心编研处，无锡市档案馆，无锡市博物院，无锡市史志办公室，无锡市玉祁镇孙冶方纪念馆，上海市档案馆，中共上海市委党史研究室，江苏省档案馆，中共江苏省委党史研究室，浙江省档案馆，浙江财经大学孙冶方经济科学奖文献馆，等等。个人有：中国社会科学院副院长蔡昉、中国社会科学院经济研究所所长高培勇、国家统计局办公室主任曾玉平、上海市现代管理研究中心主任陈加英、南京大学商学院院长沈坤荣，以及沙尚之、汪静、沈树正、马骏、崔建华、李晶、刘胜文、王大庆、郑泽清、谢黎萍、陈晓明、吴斌、徐洁、江剑萍、周建军、陈彤光、吴佳佳、殷语、朱昱鹏、谈菁、杜松等。此外，知识产权出版社的蔡虹、石红华及各位编辑，孙冶方经济科学基金会办公室的周小和、王昊、李建、王莉4位同志，为《文集》的最终出版付出了辛勤的劳动和大量的心血，在此一并致以感谢！

《孙冶方文集》编辑委员会
2017年10月30日

序

张卓元

孙冶方是我国当代卓越的马克思主义经济学家。他一生论述甚丰，20世纪五六十年代因提出把计划和统计放在价值规律基础上、千规律万规律价值规律第一条等，在经济学界起到振聋发聩的作用，产生了很大的社会影响。1998年，应山西经济出版社之约，我们编辑出版了《孙冶方全集》5卷本，主要收集中华人民共和国成立后孙冶方撰写的文章、研究报告、调查报告、政策建议等。此后，通过孙冶方亲属阅读整理他的日记、手稿、旧作等，发现有相当数量的文稿没有收入全集。为纪念我们敬仰的孙冶方诞辰110周年，我们又对孙冶方一生的作品，主要是经济学作品，进行查找和核实，以《孙冶方全集》为基础，把大量新发现的孙冶方遗作补充进去，按时序排列，形成现在的《孙冶方文集》10卷本，由知识产权出版社2018年年初出版。

重新出版《孙冶方文集》10卷本，不只是为了纪念孙冶方诞辰110周年，对于更好地了解孙冶方对马克思主义经济学的贡献，对于深入研究当代中国经济学思想史，对于认真吸收中国老一辈经济学家的理论精华，更好地构建中国特色社会主义政治经济学，都是很有意义的。

在《孙冶方文集》出版之际，我作为孙冶方经济理论的追随者和学生，作为文集编委会成员之一，在编辑过程中看到不少过去没有看到的文章、资料，学习到许多东西。下面拟就以下三个问题，简要谈谈个人的看法。

一、孙冶方是怎样治所的

孙冶方1957年年末到中国科学院经济研究所任所长，1964年年底接受批判被剥夺领导职务。他一到所，特别重视和强调经济理论研究要很好地联系实际，要从实际出发寻找研究课题，深入实际调查研究。他专门写报告要求对经济所实行双重领导，即由中国科学院和国家计委领导。后经周恩来总理和李富春副总理批准实行双重领导，他本人列席国家计委党组会议，接受国家计委分派的任务。为了便于研究人员到经济部门做调查研究，他把经济所从海淀区中关村搬到财经部门集中的西城区三里河。他接受李先念等领导同志交办的任务，亲自率领一批研究人员到上海第一机床厂等企业进行调查。他关于固定资产管理体制改革（反对复制古董）和加强经济核算包括资金核算的研究报告，就是深入调查研究后写出的。他在调查过程中，还同李立三、李人俊、汪道涵、马天水、顾树桢等中央经济部门和地方工作的同志多次深谈，征求他们的意见。在孙冶方的带动下，在经济所逐渐形成了调查研究的风气。还有，从上个世纪50年代末到60年代初，孙冶方和薛暮桥、于光远一块发起，针对农村"一平二调"和"大跃进"带来的国民经济断崖式下滑和比例失调等问题，组织经济理论工作者和实际工作者，讨论了社会主义商品生产、价值规律、按劳分配、社会主义再生产、经济核算、经济效果等问题，对全国的经济理论研究工作起到了引航的作用。

其次，大力倡导标新立异，向传统的经济理论挑战，扭转从书本到书本、从概念到概念、搞规律排队和只限于解释当前政策的教条主义学风。他自己带头创新理论（后面有专门论述），给经济所带来一股清新的研究风气。他还邀请当时苏联的统计局综合平衡司司长索包里作报告，他对传统的社会主义经济理论和体制持批评态度，主张生产价格论、强调资金核算的重要性等，使我们这些听众大开眼界。与此同时，他对当时广为流行的苏联科学院院士斯特鲁米林关于没有价格与价值的背离就没有价格政策的观点（上个世纪五六十年代国内有从事实际工作的同志很欣赏这一观点），不以为然，认为正确的价格政策恰恰是力求使价格与价值一致，只有这样，才是真正尊重价值规律。

再次，以任务带学科带队伍。孙冶方于1960年年初起，接受中宣部布置的写社会主义政治经济学的任务（薛暮桥、于光远也各负责写一本），于是组织全所研究现实经济问题的骨干力量，写《社会主义经济论》，他本人提出与众不同的按马克思《资本论》过程法（即资本的生产过程、资本的流通过程、资本主义生产的总过程，把资本和资本主义改为社会主义即可）展开，以最小的劳动消耗取得最大的有用效果为红线进行写作。在这个过程中，带出了一批年轻的经济学家，他们在中国改革开放后分别成为一些科研单位的骨干。

二、孙冶方治学是如何标新立异的

孙冶方提倡标新立异，他是以身作则的。他发表在《经济研究》1956年第6期的《把计划和统计放在价值规律基础上》一文，就是真正的标新立异，在经济学界引起轰动。他到经济研究所后，提出了一系列崭新的观点和主张，包括：恩格斯1844年在《德法年鉴》上提出的"价值是生产费用对效用的关系"并不是错误的、后来被恩格斯本人抛弃的观点，而是正确的、对准确理解马克思劳动价值论有重要意义的观点；主张以生产价格作为社会主义国家定价的基础；流通部门是很敏感的，国民经济中许多问题，都会在流通过程中首先表现出来，批判部分学界鼓吹的"无流通论"；财经体制的核心问题是作为独立核算单位的企业的权力、责任和它们同国家的关系问题,而不是有人常说的中央和地方的关系问题;凡是在原有资金价值量范围内的生产,是简单再生产,是属于企业(指国有企业)可以自主决定的权利,因此折旧基金应留给企业支配使用,而现实中要求折旧基金上缴的固定资产管理体制会导致出现复制古董的怪异现象;利润是反映企业技术水平高低、经营管理好坏的综合指标,高于社会平均资金利润率的是先进企业,低于社会平均资金利润率的是落后企业;用最小的劳动消耗取得最大的有用效果应作为社会主义政治经济学的红线贯穿始终;千规律,万规律,价值规律第一条;等等。

孙冶方在经济理论上标新立异,不是偶而突发的奇思异想,而是经过长时期调查研究深思熟虑后得出的。关于固定资产管理体制和重视利润的主张,就是经过大量实地调查研究和总结国内外经验教训后提出的。关于价值理论则除了调查研究、实际工作体会外,还大量引经据典,与不同观点商榷。他在1959年第9期《经济研究》发表的《论价值》一文,长达三万多字,系统地表达了他对价值和价值规律的独特观点。还有,我们常常看到孙冶方特别喜欢引用马克思在《资本论》第三卷中的一段话,马克思说,"在资本主义生产方式消灭以后,但社会生产依然存在的情况下,价值决定仍会在下述意义上起支配作用:劳动时间的调节和社会劳动在各类不同生产之间的分配,最后,与此有关的簿记,将比以前任何时候都更重要。"(《马克思恩格斯全集》第25卷,北京,人民出版社,1974年,第963页)据我体会,马克思这段话说的价值决定,正是价值规律的核心,也是孙冶方反复强调的价值规律的内涵。因此他坚信价值规律在资本主义生产方式消灭以后,在社会主义社会经济活动中,仍然起支配作用。

三、孙冶方经济理论的现实意义

孙冶方经济理论的核心，如果用一句话来概括，就是千规律，万规律，价值规律第一条。这是在一次批判他的座谈会上，当批判他的人质问他国民经济综合平衡依据的是什么规律时他脱口而出的，他在1978年10月还专门以此为题写了一篇文章，发表在《光明日报》上。孙冶方在文中写道，"我这句话虽然是在激动中脱口而出的，然而这是符合我多少年来长期坚持的思想的。"我认为，这就是孙冶方的主要经济理论观点。孙冶方一辈子强调价值规律，并不是有人想象的那样现在已经过时了，恰恰相反，在我们努力发展社会主义市场经济的今天，仍然具有重要现实意义。

第一，马克思主义经济学原理历来认为，价值规律是商品经济和市场经济的基本规律，是支配市场经济活动的最根本的法则。现在我们正在社会主义条件下发展市场经济，就要按市场经济规律办事，就是要按价值规律办事。如果我们在经济活动中违背价值规律，必然会受到这样那样的惩罚，如效率低下、竞争力下降甚至亏损破产等。相反，如果我们在经济活动中尊重价值规律，按价值规律办事，努力降低个别社会劳动消耗，提高产品技术含量和品质，就能在市场竞争中处于强势，不断发展壮大自己。当然，我们也要看到，孙冶方对价值规律如何调节社会生产和流通，它的机理是什么，并没有作出有说服力的说明，而这是在中国改革开放中，通过市场机制即放开市场和价格才实现这种调节的。

第二，在孙冶方的论述中，价值由社会必要劳动时间决定的规律，其含义是比较广泛的，既包括个别商品的价值由社会必要劳动时间决定，也包括在社会总劳动时间中，要把必要的比例量用在不同各类的商品上,也就是我们今天常说的,在资源配置中起决定性作用。孙冶方常常引述马克思关于价值决定在未来社会对社会劳动在不同各类生产之间的分配仍起支配作用,也是这个意思。当前我国深化经济体制改革,就是要紧紧围绕使市场在资源配置中起决定性作用来进行,实质上正是要更好地让价值规律调节资源的配置。

第三,价格政策应很好地尊重价值规律。孙冶方一贯反对实行价格与价值背离的政策,要求不断缩小工农产品价格剪刀差,国家定价应以价值和价值的转化形态生产价格为基础,否则难以正确评价经济活动的效果,难以评价企业的真实业绩。这点至今仍有现实意义。现在占全社会商品和服务97%的价格已放开由市场调节,也就是价值规律调节,在公平竞争的市场环境不断完善的条件下,价格将越来越贴近价值而波动。剩下的3%由政府定价,主要限定在重要公用事业、公益性服务、网络型自然垄断环节,也要尊重价值规律,但不是由价值规律自发调节。这说明,孙冶方当年的设想,在社会主义市场经济条件下正在逐步成为现实。

第四,从政治经济学发展史来看,改革开放前,经济学家们在创建社会主义政治经济学体系时,总离不开规律排队,而且总是把社会主义基本经济规律、有计划发展规律放在首位,贬低和排斥价值规律的作用。1982年,还有一些经济学家拿社会主义基本经济规律和有计划发展规律起主要作用来反对社会主义经济也是一种商品经济。可是,在半个多世纪前,孙冶方就已经提出,无论在国民经济中,还是在社会主义政治经济学中,价值规律是首要规律。他关于撰写《社会主义经济论》要以最小的劳动消耗取得最大的有用效果作为红线,也是他关于千规律万规律价值规律第一条在构建社会主义政治经济学中的具体应用。因为在孙冶方看来,价值由社会必要劳动时间决定的规律,体现的正是生产费用对效用的关系,如果生产没有社会使用价值的东西,其劳动消耗是白费的,不是社会必要的,不能形成价值,所以他一直认为恩格斯关于价值是生产费用对效用的关系是完全正确的命题。因此我认为,孙冶方经济理论的核心——价值理论,对于今天构建中国特色社会主义政治经济学,是值得大家重视的。这也是孙冶方经济理论重要现实意义之所在。

2017年10月

孙冶方：以自己的生命敲击改革开放大门的先驱

——《孙冶方文集》序

冒天启

孙冶方（1908—1983），江苏无锡人，是中国经济学界几代人都敬仰的一位颇具盛名的马克思主义经济学家。在他长达半个多世纪的经济学理论研究活动中，始终坚持立足中国国情，独立思考，按照价值规律内因论和商品生产外因论的经济学思想，是中国经济学界对自然经济论进行批判的先行者，是对传统经济体制实行改革的最早倡导者，是创建社会主义经济学新体系的积极探索者。

孙冶方在上个世纪20年代初，去莫斯科中山大学学习，毕业后在莫斯科东方劳动者共产主义大学担任政治经济学讲课翻译，在那里学习、工作了四年零九个月；回国后长期从事经济理论研究、宣传和教学，并担任实际经济工作的领导。生前曾任中国社会科学院顾问，经济研究所所长、名誉所长，国务院经济研究中心顾问，国务院学位评议组成员，政协第五届全国委员会委员，中共中央顾问委员会委员等职。孙冶方病逝前，为表彰他对马克思主义经济学的重大贡献，中国社会科学院党委授予他为模范共产党员；学界老一辈经济学家也在1983年6月13日联合发起成立了孙冶方经济科学奖励基金委员会，以纪念这位经济学界的泰斗。媒体公认，孙冶方经济学思想，对中国的改革开放具有"破茧"的功能,他以自己的生命在敲击着改革开放的大门,2008年12月7日,被媒体评选为中国"30年最具贡献的十位经济学家"。

孙冶方一生治学严谨、惜字如金,在同辈的经济学家中,其著述不算最多,甚至没有过专著,但他的文章却篇篇都针砭时弊,影响深远。1984年,山西人民出版社根据他在病逝前亲自审定的篇目,出版过一部《孙冶方选集》;1998年,为了纪念他诞辰90周年,孙冶方经济科学基金会委托山西经济出版社出版了5卷本《孙冶方全集》;2008年,孙冶方经济科学基金会与无锡市玉祁孙冶方纪念馆在整理孙冶方文献资料时,发现《孙冶方全集》漏选了孙冶方的不少文章、译著,因此,内部出版了《孙冶方全集(补遗)》。2016年,应知识产权出版社邀约,经多方反复彻查文献、严格审定,以一部全新的10卷本《孙冶方文集》典籍问世。

孙冶方是老一辈的马克思主义经济学家,社会在变迁、知识在更新,为让新一代学子对孙冶方的经济学思想有个初步的了解,我们在这里简述他的成长经历、理论贡献以作为《孙冶方文集》新版之序。

一、成长经历

孙冶方,1908年10月24日出生在江苏省无锡县玉祁镇。原名薛萼果,字勉之,党内用名宋亮。从小家境贫穷,父亲背债做过纱厂的小职员。1921年秋,13岁的孙冶方才进无锡县立第一高小做寄宿生。孙冶方在校时,接受进步思想,1923年年初加入社会主义青年团,1924年经中共上海区委批准正式转为中共党员。不久,无锡地下党组织成立,孙冶方被选举为第一任中共无锡党支部书记,同年加入国民党。1925年11月,按照上级组织的安排,他去莫斯科中山大学学习,同去的有60多人,其中有张闻天、杨尚昆、乌兰夫,还有王明、蒋经国等。在那里经过两年比较系统的马克思列宁主义学习,1927年夏毕业,分配到莫斯科东方劳动者共产主义大学担任政治经济学讲课翻译。1927年11月,东大中国留学生合并到中大,孙冶方也随之返回中大继续担任讲课翻译。这一时期,有两件事对他影响较大,一是王明的宗派斗争。20年代赴苏的中国留学生中,既有后来成为党和国家卓越领导人的邓小平、叶剑英、杨尚昆等同志;也有后来堕落叛逃的王明、张国焘等人。当时,王明在共产国际的支持下,把持了对中国留学生的领导权,大肆进行宗派主义活动,对不赞成他们意见的同志搞残酷斗争,捏造各种罪名进行打击。1927年夏,在一次讨论中大学期工作总结报告并对报告的决议案投票表决时,支持王明的共有28人,1人弃权,绝大多数同志都表示反对,其中有孙冶方的入党介绍人董亦湘。孙冶方没有参加这次会议,但平时与董亦湘及投反对票的同志来往较多。那时,由于孙冶方已担任了讲课翻译,经济收入较高,大家让他掏钱请客聚餐,王明根据这次"聚餐",凭空捏造了"江浙同乡会"的案件,把他们作为反革命分子进行斗争。1928年,尽管经过由周恩来参加的中央专案组的重新审查,宣布"江浙同乡会"是莫须有的罪名,但王明却又利用联共清党,给反对他的同志扣上"托派"的罪名继续加以迫害,他们断定孙冶方也有"托派"嫌疑,无端地给了他"严重警告"处分。这件冤假错案,给孙冶方后来的党内生活带来不小影响。二是布哈林对列宁新经济政策的理论解释,给孙冶方后来从事社会主义经济理论研究,认识不发达国家社会主义建设道路,产生了潜移默化的影响。

1930年9月,孙冶方回国。在上海从事党的地下工作,先任上海人力车夫罢工委员会主席,后又任人力车夫总工会筹委会主席,年底,调任沪东区工商联筹委会主席。1931年年初,孙冶方在英租界被捕，但敌人没有任何证据断定他是共产党员，以为是"乡下佬"，因此在捕房里关了七天就释放了。出狱后，孙冶方向党中央递交书面报告，希望恢复组织关系，同时还积极参加抗日救亡活动。但王明宗派集团把持着中央领导权，对孙冶方的"书面报告"置之不理，孙冶方被排斥在党外7年之久。这期间，孙冶方在逆境中一直坚持斗争，以他对马克思主义理论和党的土地革命路线的透彻理解，与陈翰笙、薛暮桥、钱俊瑞等发起成立中国农村经济研究会，开设新知书店、中国经济资料室，发行《中国农村》月刊，深入工厂、农村，以大量的调查材料，论证中国社会的半封建半殖民地性质，批判王明和"托派"夸大中国社会资本主义性质，反对党的土地革命路线的"左"倾观点。1934年6月，面对国民党反动派的迫害，孙冶方不得不绕道香港去了日本，在东京替商务印书馆翻译卢森贝的《政治经济学思想史》。1935年9月回国，继续从事《中国农村》的编辑工作。

1937年5月，孙冶方恢复了党籍，调任中共江苏省文化工作委员会书记。1940年9月，孙冶方根据组织决定去延安，途经重庆时，向周恩来汇报了工作，周恩来根据当时形势，指示他去苏北新四军或华中局工作。1941年6月，孙冶方到了苏北根据地，先在华中局宣传部任宣教科科长，后又去华中局党校教学并兼任教育科科长。临去党校前，刘少奇找他谈话指出：党校教学要理论联系实际。7月13日，孙冶方以"宋亮"为笔名给刘少奇写信，请教如何看待党内存在的轻视理论的倾向。当天，刘少奇回信，就党内轻视理论的倾向作了分析，这就是"文化大革命"中曾一度成为"众矢之的"的《答宋亮同志》的信。1942年华中局党校成立校委会，孙冶方为校委员会委员，仍兼教育科长。1943年4月，新四军军部转移到淮南以后，孙冶方即被派到淮南路西地委任宣传部长。1947年5、6月间，孙冶方奉命到胶东向华东财办领导汇报工作，时值国民党军队正向滨海地区进攻，因此上级决定"驻鲁办事处"撤销，干部撤退到胶东，孙冶方被留在华东财办工作，11月任华东财办秘书长兼山东省政府实业厅副厅长，直到解放战争胜利结束。

1949年江南解放后，孙冶方随三野进上海，任上海市军管会重工业处处长，并负责接管了国民党政府的资源委员会，后任华东工业部副部长兼任上海财经学院院长。1955年年初，孙冶方调北京任国家统计局副局长，主要负责国民经济平衡统计表的编制，还有关于国民收入计算、计划统计指标体系、方法等工作。1956年7、8月间，他去苏联统计局考察，联系中国经济建设中已经出现的问题，深感我国经济管理体制和一些经济政策存在着严重的弊病，1956年11月，他写了著名的论文《把计划和统计放在价值规律的基础上》，批评斯大林把价值规律和国民经济计划管理对立起来的观点，指出：国民经济有计划按比例发展必须建立在价值规律的基础上才能实现。同期，他还写了另一篇有名的文章——《从总产值谈起》，批判总产值指标妨碍对企业进行科学管理，指出：利润指标是考核企业经营管理好坏的综合指标。

孙冶方于1957年底被调至中国科学院经济研究所任代所长。1958年6月21日，中央工业部电话通知孙冶方：中央监委已经批准了中央工业部对他有关历史问题的审查结论，同时恢复了1931年到1937年这一段党龄。这令孙冶方极为振奋。孙冶方虽然弃官从文，但在新的岗位上，仍以高度的敬业精神，花很大的力气疏通经济理论研究和实际工作结合的渠道，力主由国家实际经济部门主管经济研究所的研究工作。孙冶方大力组织研究人员认真读书，并引导人们把实践中存在的、有待于解决的问题提高到理论上加以研究。他身体力行，多次深入农村、工厂，写了大量的研究报告和文章，探讨社会主义经济理论，并逐步形成了以自然经济论为批判对象，以价值规律内因论和商品生产外因论为基础的理论体系，积极倡导经济体制改革。1959年7、8月，他在青岛撰写了《论价值》一文，发表在《经济研究》1959年第9期，系统陈述了自己的理论和改革主张。从1960年年底开始，他组织经济研究所的一些同志，着手编写《社会主义经济论》，系统清算阻碍社会主义经济理论发展的各种有害倾向。由于众所周知的原因，1964年开始，他在经济学界受到了围攻。1966年6月，《红旗》杂志公开点名在全国范围内开展了对孙冶方的大批判。从1968年4月5日被捕入狱，直到1975年4月10日出狱，孙冶方在特殊的环境中，用默记的方法，对《社会主义经济论》22章183节在脑海中过了85遍，坚持每月一次。1972年2月，他以给"外调"人员写材料为名，写了长篇文章《我与经济学界一些人的争论》，驳斥了康生、陈伯达一伙反马克思主义的谬论。1975年4月10日踏出狱门对工宣队的第一句话就是：我是一不改志、二不改行、三不改变自己的观点！回家后即着手《社会主义经济论》的写作。打倒"四人帮"后，孙冶方极为昂奋地参加了揭批"四人帮"的理论斗争以及考察出国访问。那时，国内各个部门都组团去东欧国家学习，曾有团组去匈牙利，接待方坦然地说，我们是按照你们国家孙冶方的经济学思想改革的！1979年8月，孙冶方肝癌已到晚期。在这种情况下，经济研究所加强了写作组的力量，为抢救学术遗产，由孙冶方在病床上口授录音，然后由写作组整理，前后约一年时间，完成了《社会主义经济论》大纲20余章。从这以后，孙冶方更拼命工作，3年时间，先后写出了22篇论文，对经济建设和改革中的紧迫问题，系统发表了自己的观点，同时还参加文艺、历史等方面的社会活动。1982年9月，孙冶方参加了党的十二大，并当选为中共中央顾问委员会委员。1983年2月22日下午5时，这位拼搏了一生的老布尔什维克，带着铮铮铁骨，离开了我们，时年75岁。

孙冶方：以自己的生命敲击改革开放大门的先驱

二、理论贡献

在中华人民共和国成立前的30至40年代，孙冶方发表过的论文，主要是联系中国实际，以大量第一手调查材料，论证中国社会的半封建半殖民地性质，但他的经济思想最有历史学术价值的部分是在共和国成立后的50年代中期到70年代末80年代初期形成的。在左的路线统治全党和社会的环境下，孙冶方大胆探索符合中国国情的社会主义经济理论新体系，勇敢倡导改革集权的计划经济模式。他的经济学思想可以归纳为一句话：价值规律内因论和商品生产外因论，在这个大题目下，他经常论述的经济思想主要是：

（1）用最小的劳动消耗取得最大的有用效果即"最小最大"。孙冶方自50年代中期以来，联系社会主义经济建设中的弊端，反复论述"最小最大"，并由此付出了血的代价。但"最小最大"的发明者，从经济思想发展史上看，实际上并不是孙冶方。早在1817年，李嘉图的《政治经济学及赋税原理》出版，1821年，这部书的第三版广为流行，书中写道：国家财富的增加可以通过两种方式：一种是用更多的投入来维持生产性的劳动……；另一种是不增加任何劳动量，而使等量劳动的生产效率增大……这两种增加财富的方法中，第二种方法自然是更可取的。当时，有一位匿名作者按照李嘉图的这个思想写了《国民困难的原因及其解决办法》的小册子，其中说道：一个国家只有在劳动6小时而不是劳动12小时的时候，才是真正富裕的，财富就是可以自由支配的时间。马克思对这个思想极为赞赏，说："这不失为一个精彩的命题。"同时还把李嘉图的上述说法概括为：在尽量少的劳动时间里创造出尽量丰富的物质财富。同时还强调：这在一切社会形态中都是适用的。但时间过了100多年，孙冶方把这个朴素的思想用中国化了的经济学语言,作了广泛宣传。他在多篇文章中都讲:要用最小的劳动消耗去取得最大的有用效果,这是一切经济问题的秘密,人类生活的好坏,从根本上说取决于劳动效率的高低,要以更少的劳动投入获得更多的有用产品;或者说,要减少生产每一单位产品所需要的劳动量。研究一定的劳动时间内生产了多少产品,是劳动生产率范畴问题;研究单位产品中包含有多少劳动时间即劳动耗费,是价值范畴问题。用最小的劳动耗费取得最大的有用效果,就是一个把个别的、局部的劳动还原为大多数的、社会平均必要的劳动耗费的复杂经济运行过程。孙冶方指出:在社会主义条件下,商品的内在矛盾即商品二重性和生产商品劳动二重性仍然存在,经济学要以"最小最大"为红线,去研究解决这些矛盾的途径,提高劳动生产率,发展社会主义经济。

孙冶方:以自己的生命敲击改革开放大门的先驱

孙冶方用"最小最大"总结社会主义建设的教训,批评在"政治挂帅"下高消耗、低效益的顽症;用"最小最大"判断社会主义公有制,批评自然经济论和"大锅饭"的体制;用"最小最大"批评"权力经济学",重新编写中国的理论经济学,因而使这个古老而朴素的经济学常识在新的历史条件下放出了新的理论光彩。实践证明,孙冶方的"最小最大"理论中所包含的一切思想都是正确的,因此,经济学界公认:"最小最大"是孙冶方公式。

(2)价值理论。孙冶方在这个重大理论问题上与众不同,他坦诚地承认:我的价值论源自恩格斯,但有自己独立的"逻辑上的一贯性和系统性"。1843年,恩格斯在《政治经济学批判大纲》中说:"价值是生产费用对效用的关系。价值首先是用来解决某种物品是否应该生产的问题,即这种物品的效用是否能抵偿生产费用的问题。只有这个问题解决之后才谈得上运用价值来交换的问题。如果两种物品的生产费用相等,那么效用就是确定它们的比较价值的决定因素。"恩格斯接着还说：在未来社会中，"价值这个概念实际上就会愈来愈只用于解决生产的问题，而这也是它真正的活动范围"。马克思对恩格斯的这个理论十分赞赏。1868年1月8日，他给恩格斯的信中说：由于我采取了抽象的研究方法，直接的价值规定，在现实社会中，实际作用是很小的，甚至是找不到的。（价值）"通过价格的变动来实现，那么事情就始终像你在《德法年鉴》中已经十分正确地说过的那样。"所谓"十分正确地说过"，就是指恩格斯发表在《德法年鉴》上的《政治经济学批判大纲》中"价值是生产费用对效用的关系"的说法。恩格斯在1895年逝世前半年再版《反杜林论》时，将这一观点与《资本论》一、二、三卷联系起来，重申（价值是生产费用对效用的关系）观点，"我在1844年已经说过了。但是，可以看到，这一见解的科学论证，只是由于马克思的《资本论》方才成为可能。"恩格斯在病逝前重申自己对价值概念的论述，足见这一思想的极端重要性。后来，恩格斯的这一理论，在欧洲工人运动中得到了广泛传播！孙冶方联系中国经济建设的实践，对恩格斯的价值理论做了充分的发挥，坚持认为：价值是生产费用对效用的关系，并由此形成了自己一套严密的价值理论体系，他曾对批判者戏言说：你们如果击破了我的要害——价值论，那么我的这个理论体系就摧枯拉朽了！他认为，价值规律是任何社会化大生产都不能取消的自然规律。他一再强调，价值并不仅仅是商品经济所特有的范畴，它是社会化大生产的产物，反映着社会化生产过程中的各种社会经济关系，就这一点来说，它对资本主义和共产主义都是共同的。但是在资本主义条件下，价值是通过交换价值表现出来的；而在共产主义条件下（包括社会主义全民所有制内部），价值却可以通过统计、会计具体地捉摸到。因而在量的意义上，价值就是物化在产品中的社会必要劳动。价值和交换价值是完全不同的两个范畴。价值由包含在商品或产品中的劳动量决定。但是，在商品经济特别是资本主义商品经济条件下，供求却始终是不平衡的。尽管每一物品或每一定量某种商品中包含着生产它所必需的社会劳动，但如果它的产量供应超过了当时的社会需要，那么一部分社会劳动还是会浪费掉的。因此，效用通过社会必要劳动的形成来最终影响价值的变化，离开了一定使用价值的质和量，就无从谈论"必要"还是"不必要"。社会主义建设效益差、浪费大，就是因为我们缺乏价值观念，不对生产费用和效用进行比较造成的。孙冶方认为，价值规律是价值存在和运动的规律，它是任何社会化大生产都不能取消的自然规律，社会主义经济作为社会化生产，它同样也存在着价值规律发生作用的机制。因此，孙冶方是价值规律内因论者，它反对斯大林的价值规律外因论，对斯大林的自然经济论和"大锅饭"体制，进行了尖锐而辛辣的批评。

孙冶方：以自己的生命敲击改革开放大门的先驱

（3）企业扩权理论。孙冶方强调，企业是独立的经济核算单位，要正确处理国家集中领导和企业独立经营的关系。孙冶方在我国最早提出了在全民所有制条件下，国家所有权和企业经营权分离的理论，他认为，在私有制条件下，谁具有生产资料的占有、使用和支配的权力，谁就是事实上的所有者。然而"在全民所有制之下，占有、使用和支配是一个主体，而所有权是另一个主体。国营企业，只是根据它们的活动目的和财产的用途对固定给他们的国家财产行使占有、使用和支配之权。而这些财产的所有者是国家。社会主义国家和企业的关系，并不像自然经济论所认为的那样，是上层建筑、法律关系，而是一种非常重要的经济关系。孙冶方在特定历史条件下针对集权计划经济，独创地提出了划分国家和企业权限的"杠杠"，他认为，经营管理体制中"大权"和"小权""死"和"活"的界限是简单再生产和扩大再生产的界限，属于简单再生产范围以内的事是企业应该自己管的"小权"，国家多加干涉，就会管死，束缚企业从事生产经营的积极性和主动性；属于扩大再生产范围以内的事是国家应该抓的"大权"，国家必须严格行使权力，不管或管而不严，就会大乱。而区分简单再生产和扩大再生产的唯一界限是企业资金价值量，凡是不要求国家追加投资的，在原有资金价值量范围以内的生产，都是简单再生产；而要求追加新投资，这超出了企业原有资金价值量范围，因而是扩大再生产。孙冶方按照上述"杠杠"，激烈地批评了固定资产管理体制，要求把折旧基金原则上全部交给企业，由企业自主去搞挖潜、革新和改造。

(4) 利润理论。孙冶方认为，利润是考核企业经营好坏的综合指标。利润是物质生产部门职工为社会扩大再生产和社会公共需要而创造的一部分物质财富，无论是社会总产品，还是个别企业总产品，$c+v$ 即成本越低越好，与此相应，m 即剩余劳动就会增多。在价格合理的条件下，降低成本和增加利润完全是同义语，它们都是企业技术水平高低、经营管理好坏的综合指标，抓住了利润指标，就如同抓住了"牛鼻子"一样，许多问题就会迎刃而解。孙冶方认为，价格不合理，就会扭曲利润的作用，比如工农产品的"剪刀差"，如果国家对农产品收购价格压得过低，按价格计算的国民收入实际上就把农民所创造的价值，算在了工业品价格上。孙冶方尖锐批评了斯大林通过"剪刀差"、向农民筹集国家工业化资金的超经济剥夺。不合理的价格，成了价值的"哈哈镜"，使得计划、投资和分配，失去了判断尺度，因此，他极力主张按资金利润率调整不合理的价格。

(5) 流通理论。孙冶方认为，流通是社会再生产的物质代谢过程，社会分工使生产实现了专业化，但要使各个生产部门的再生产能正常进行下去，他们必须以产品交换为媒介发生经济联系，实现生产的物质补偿和替换。因此，流通是社会化大生产不可缺少的环节。孙冶方还认为，在社会主义条件下，由于全民所有制外部还存在着商品生产和交换，因此，全民所有制企业之间的产品流通和不同所有制性质企业之间的商品流通同时并存。要使社会主义流通（产品、商品）成为有计划的经济过程，孙冶方认为，我们必须研究流通中的各种具体问题，包括：流通渠道、购销形式、网点设置等。孙冶方一再强调，马克思《资本论》第二卷中所论述的许多问题，比如加速资金周转等，只要剔除资本主义的特殊属性，作为社会化生产的规定，对社会主义经济依然适用，因此，他在提出生产中的"最小最大"的同时，亦主张流通中也要研究以最少的垫支资金取得最大的有用效果的问题，因为等量资金的周转速度不同，获得的有用效果也是不等的。

（6）70年代末，孙冶方把批判的矛头直接指向了斯大林和《苏联社会主义经济问题》。

他批判斯大林对生产关系的定义，认为在生产关系之外去孤立地研究所有制是有害的。所有制是一种财产关系亦即法律用语，经济学在研究特定社会进行生产和交换并相应进行产品分配的条件和形式时，应该讲清楚：第一，用哪个阶级所有的生产资料来进行生产，生产出来的产品又归哪个阶级占有；第二，交换的产品是哪个阶级生产的，又为哪个阶级占有；第三，被分配的产品是哪个阶级生产，又归哪个阶级所占有，从而用什么形式按什么比例分配。我们在所有制上曾经搞"穷过渡"的做法，其理论根源就是斯大林把所有制形式从生产关系中独立出来简单地看作是一种"归属"关系，用政治运动来不断调整财产归属，结果把基于经济的所有制，变成了基于权利的所有制。实践证明，实现了国家"占有"，未必就是实现了社会主义的公有制，腐败官员在这个所谓的"公有制"经济中攫取"公款"和"公物"，可能比资本家在自己开设的商号里支取款项还随便。这样的公有制，"实质上是一种挂着社会主义公有制招牌的封建主义的特权所有制"。所以，所有制只能从财产的现实形态即生产关系的总和上来把握，从生产、交换、分配的各个环节来进行具体分析，而不能将它看作是一种简单的、孤立的财产归属！

他批判斯大林对生产力的定义，认为把劳动对象从生产力因素中排除掉也是有害的。

孙冶方是我国经济学界对自然经济论的最早批判者。自然经济论渊源甚深，毒害甚广，它依附在马克思主义的名义下，把社会主义和商品货币关系对立起来，把计划经济和实物经济混同起来，使社会主义制度的优越性难以发挥出来。孙冶方几十年来，以反自然经济论为大旗，揭露了自然经济论对实际工作的影响，他指出：自然经济论没有经济效益观点，借口政治账掩盖经济建设中的高消耗；没有生产经营观点，企业按上级定下来的指标进行生产，造成产销脱节；没有等价交换观点，把价值看作是使用价值的计量单位，用"剪刀差"向农民征收"贡税"；没有流通观点，不准生产资料进入流通，用调拨代替了交换；没有资金核算观点，实行资金供给制，培植了败家子作风；没有固定资产的磨损观点，人为压低折旧率，迫使企业搞"古董复制"，冻结了技术进步。孙冶方指出：按照自然经济论办事，就像原始公社首脑指挥生产一样，企业的一切活动都由集中的计划统一支配，生产什么，生产多少，生产者和消费者相互供应什么，都统一按实物计划规定。在我国经济理论界，就一个、两个或者更多一些的观点，就个别的、局部的观点去批判自然经济论，并不乏其人；但是，还没有哪位经济学家能像孙冶方这样全面、深入、系统地对自然经济论进行批判。

孙冶方是我国经济学界对传统经济体制实行改革的最早倡导者。我国从苏联移植过来的斯大林模式，实际上是以自然经济论为基础，由国家对社会的全部经济活动实行高度的集权管理，物资被统调统拨、资金被统收统支、人力被统包统配、产品被统购统销、计划被层层下达、干部被层层任免。60年代后，一些社会主义国家开始对集权计划经济体制进行"改革"，就连苏联也进行了所谓的"完善"工作。但在我国,却在反对修正主义的口号下把斯大林以自然经济论为基础的集权模式看作是唯一的社会主义固定模式,对改革观点进行批判。孙冶方从50年代中期开始,逆潮流而进,以价值规律内因论为基础,以扩大企业经营管理权为突破口,要求正确处理国家和企业的经济关系,改革计划管理体制,改革物资流通体制,改革企业固定资产管理体制以及对价格、利润、统计等各方面进行改革。孙冶方为倡导体制改革而付出的努力,将永远激励着后继者。

孙冶方是我国经济学界创建社会主义经济学新体系的积极探索者。50年代中期,孙冶方就认为:从苏联舶来的经济理论不符合中国国情,它充满着唯意志论和形而上学。他在50年代末着手编写的《社会主义经济论》,就是为着取代那些陈腐的老框框。当然,社会主义还在实践,还不能产生出成熟的经济学体系,但是,孙冶方坚持联系生产力来研究社会主义生产关系,运用马克思主义的抽象法,以社会主义全民所有制的产品为出发点,把以最少的社会劳动消耗有计划地生产最多的满足社会需要的产品为贯穿整个体系的红线,把对价值范畴的分析贯穿于各章,分析生产过程、流通过程、社会再生产过程,从而揭示社会主义经济发展的内在规律,对这种旨在把社会主义经济学从唯意志论的毒害下解救出来的新体系,不能不看作是社会主义政治经济学发展中的一次大胆尝试和探索。同时,孙冶方在撰写《社会主义经济论》时,既坚持独立思考,又提倡集思广益,为我国经济学界培养出了一支具有深厚经济学理论功底的经济学家队伍,成为改革开放中的一支生力军!

孙冶方是我国学术思想界坚持理论联系实际,为真理而勇于献身的光辉典范。在他从事理论工作的60个春秋里,非常重视实践,经常深入工厂、农村做国情、田地调查,从中提出重大的研究课题,并寻求解决问题的答案。但他绝不把实践中的材料按政

孙冶方:以自己的生命敲击改革开放大门的先驱

治气候和政策要求简单地加以堆砌和描述,而是力求准确完整地按照马克思经济理论基本方法加以研究,掌握社会主义经济的客观规律;同时他也非常重视理论,他深知中国革命和建设的理论准备不足,因此下大力气研究马克思主义经济理论,敢于从"俄文版的马克思主义"中剔出假货,剔出不符合中国国情的"条条",按中国国情去检验、评审"舶来品"的真伪和适用性,在批判和独立思考中形成自己的经济思想体系。他非常憎恨文化专制主义,同时也非常讨厌那种摸风向、探气候的风派理论工作者。孙冶方无论是从政做官,还是弃官从文,都有着一种强烈的专业精神,不为权、不畏权,独立思考,探求真理,始终表现出一个科学工作者的铮铮铁骨。但是,孙冶方在学术讨论中,却平等待人,虚怀若谷,热情欢迎来自各方面的批评和商榷意见,公开检讨并放弃那些被实践证明是错误的或自己认为应该补正的学术观点。孙冶方这种强烈的人文关怀精神,开放求是、吸纳灼见的治学态度,坚持来自实践而被认准的观点且又坦然放弃被实践证明不大适宜的观点,在学界表现出的铮铮风骨,是经济科学发展的宝贵财富。

三、理论的历史局限性

按照历史唯物主义的观点,人总是环境的产物。因此,我们坦诚地认为,孙冶方的经济理论体系中也还存在着某些历史的局限性,这主要指他的商品生产外因论。孙冶方依照马克思关于"只有独立的互不依赖的私人劳动的产品,才作为商品互相对立"的论述,指出:等价交换基础上所有权的转移,是商品交换的本质。他由此推论说:(社会主义)国营企业之间的经济往来在本质上已经不是商品交换的性质了,……因为国营企业都属于一个所有者,属于全体人民,属于全社会,它们之间的交换并不引起所有权的转移问题，而只有核算问题。但由于国营企业还要与集体经济发生往来，个人消费品也作为商品存在，这作为一种外在的因素，使国营企业之间的往来不得不带有一定的商品性。孙冶方的这种商品生产外因论，基本上延续了斯大林在《苏联社会主义经济问题》一书中的观点，即由两种所有制的存在来看待商品生产。孙冶方在上个世纪60年代曾批评说：现在有一种我认为不正确的经济学思想，那就是把商品货币关系引进全民所有制内部关系中来，以市场竞争规律，以交换价值规律来解释和指导社会主义计划经济。而在80年代初，他再一次批评说：经济学界的一些同志，在这个问题上是从一个极端走向另一个极端，先是根本否认价值规律在全民所有制内的调节作用，尔后承认了这种作用，但却又把商品货币关系也引进了全民所有制，由此派生出，在企业管理体制上，尽管主张所有权和经营权分离，扩大企业权限，但所有制/产权改革，却没有进入孙冶方的研究视野；在计划管理体制上，尽管孙冶方主张旧的计划体制要推倒重建，但他要把计划建立在对价值、对社会必要劳动进行计算的基础上，实践证明，这是很难做到的。这说明，孙冶方用价值规律内因论批判斯大林的价值规律外因论时，却依然受着斯大林商品生产外因论的困扰。孙冶方经济思想的进步性和局限性兼容在他的总体理论框架中，这真实地反映了一位真诚的经济学家对历史的抗争和历史对他的束缚。

孙冶方：以自己的生命敲击改革开放大门的先驱

进入90年代，我们党明确了社会经济转型的目标是建立社会主义市场经济体制。在市场化改革日益深入的大背景下，我们静下心来重温孙冶方经济思想，心情非常复杂。对照当今在发展着的市场化改革中出现的各种新问题，对照当今变化着的经济理论界和不断提出的新观点，对照我们的新宪法和党的各种文件，其所蕴含的经济理论、经济思想都远远超出了孙冶方经济理论的基本框架。但是，联系当今经济建设的实践，我们仍然能看到孙冶方某些经济思想所闪烁的光辉和科学预见，比如，价格体制的改革、国有经济及国有资产的管理等。

孙冶方经济思想和改革主张，是在上个世纪50年代中期至70年代末期形成的，那是一个令中国知识界心悸而沉郁的年代，孙冶方独树一帜，为在中国宣传和发展马克思主义经济学进行了艰苦的斗争，他的许多理论活动在当时的历史和社会背景下都具有开拓性，从而在中国社会主义经济学思想发展史上写下了光辉的一篇。孙冶方以自己创造性的经济学理论研究，为学界开辟了一条经济学发展的道路；以崇高的人德，为经济学人树立了光辉的榜样。

我们仅以《孙冶方文集》的出版，纪念中国经济学界的这位泰斗！

2017年6月29日定稿

目录

关于土地改革问题　1

给少奇同志的信　6

知识分子的思想政治教育　7

关于业务上垂直领导的公营企业与地方党委、政府的关系问题　11

战后五年计划期间苏联国民经济中的技术进步　19

关于在湖北、湖南、广东（11月12日—12月2日）的行程情况
　给暮桥、启允、思华、超伯、陶然的报告　42

关于浙江省统计工作座谈会的情况给暮桥、启允、思华、超伯、
　陶然诸同志的报告　50

加强劳动工资统计工作是做好工资工作的重要条件
　——国家统计局孙冶方副局长在全国工资会议物价小组会上的
　发言　52

把计划和统计放在价值规律的基础上　56

关于访问苏联的情况给暮桥同志并党组的报告　69

关于访问苏联的情况给暮桥、启允、思华、超伯、陶然的
　报告　71

关于访问苏联的情况给薛、贾、王、李、陶的报告　72

孙冶方等在莫斯科向李富春副总理汇报的几个问题　76

关于访问苏联的情况给薛、贾、王、李、陶的报告 82

关于富春同志让我们进一步向苏联专家请教一些问题的指示给
　　暮桥、启允、思华、超伯、陶然的报告 84

给洪克平的三封信（1956年） 86

全国物价统计会议开幕词
　　——国家统计局孙冶方副局长的报告记录 89

价值规律和改进计划统计方法问题 100

致李富春同志信 121

关于农家收支调查中的几个问题 124

从"总产值"谈起 141

关于江苏统计会议的情况给薛、贾、王、陶各同志的报告 156

关于在南京、无锡、扬州、镇江、苏州视察工作的情况给薛、
　　贾、王、陶局长的报告 158

江苏农村统计工作视察报告 165

就积累率问题致薛暮桥同志信 177

致谭震林同志信 179

致中国科学院哲学社会科学学部党组的信 197

考察苏联统计工作的报告提要
　　——国家统计局孙冶方副局长在第六届全国统计工作会议上的
　　　报告 199

介绍苏联国民经济平衡统计工作 214

关于生产资料和消费资料的划分问题 221

致李富春副总理信 229

利用发展经济科学的有利条件 233

1958年4月24日在对私改造调研工作座谈会上的讲话 235

在丰润韩城经济所和北大经济系工作组全体会议上的
　　讲话提纲　242
1958年我国工农业生产大跃进和全国农村的人民公社化向中国
　　经济学家提出了什么问题
　　　——1958年12月9—13日在捷克布拉格社会主义国家经济
　　　　研究协作会议上的报告　244
要懂得经济必须学点哲学
　　　——再读毛泽东同志《关于正确处理人民内部矛盾的问题》的
　　　　几点体会　258
关于苏联经济学界一般情况（报告）　283
苏联经济学界关于经济发展速度问题的一些看法（报告）　287
关于商品生产和价值规律的一些问题（报告）　291
关于经济学中运用数学方法问题的报告　294
要用历史观点来认识社会主义社会的商品生产　296
论价值
　　　——并试论"价值"在社会主义以至于共产主义政治经济学
　　　　体系中的地位　308

孙冶方

关于土地改革问题

瑞龙同志并请即转分局各同志：

最近我才在六地委看到1946年9月1日分局关于团结中农的指示。我对指示中中农的部分基本上是同意的；但对中农定义中仅指出"平常年成不亏空，够吃够穿"，我觉得还是不够的。因为不仅在理论上，而且从实践中，都可以证明，中农不仅在"平常年成不亏空，够吃够穿"，而且还可能有某些积蓄，以致上升为富农。如果这种积蓄和上升在顽占区是稍有的、偶然的现象，那么在我们解放区，这应是相当普遍的现象。吴满有就是这样发展起来的。我觉得，如果不如此说明，我们下面干部就很可能把稍有积蓄的中农算作富农，而使农村中省吃省穿、勤俭起家的良好作风，一律被看作是富农剥削行为（富农与剥削者本是同义语）。

其次，指示中规定侵犯中农的土地主要须靠加收的一成公粮来赔偿。但据我估计，这一成公粮是无论如何不够的。据淮阴夏圩乡的调查材料，中富农的自耕田地被献出1513.3亩。又据我们了解这些献田户中只有4户雇长工，可称作富农。即使把某些雇短工的亦作富农算，这1513.3亩田地中，至少有1000亩是中农献出的。再退一步讲，夏圩乡可能是例外的情形（自耕农特别多）。我们平均以每乡被侵犯中农田地作200亩计（这是最小估

---

* 作者于1946年10月25日给刘瑞龙同志的信。标题为编者后加。

计），仅淮海1000多乡至少有20多万亩。每亩代价以3石小麦计则须60万石小麦，每石以150斤计，须9亿斤小麦，淮海一年两季公粮全部赔偿还不够。这是值得考虑的。

至于指示中关于富农的部分，我在基本原则上，仍有些想不通的地方。因为不仅指示中第三节，在原则上允许富农"自耕土地，必要时亦须拿出一部"，而且指示第七篇中更具体规定"在土地改革拖延迟缓地区……政策上可采取……两头平（地主富农、贫农雇农拉平）的办法"。若根据此原则去实行，例如，我们克复七分区以后，切实执行这个两头平的政策，则富农自耕土地绝不仅仅是"必要时亦须拿出一部"而已，而且必然会一律划到与中农相平，甚至比中农所有地还少（在自耕农占多数地区）。结果必然会使得我们的土地改革变成同时向封建地主和资本主义富农两面开刀。我想这是不是会把革命的题目弄错了呢？是不是会影响到我们的反封建的民主主义的统一战线呢？

瑞龙同志在《华中通讯》第8期上所发表的文章也强调"地主、富农、贫农、雇农土地应当彻底平分，力求拉平"的原则（整个第8期《华中通讯》关于土地改革的文章以及9月16日《新华日报》巩固团结中农的社论，其基本精神是一致的，即纠正了平分中农田地的倾向，但认为平分富农田地是必需的）。瑞龙同志的文章也驳斥了借口妨碍农业生产而反对土地改革的谬论。此种谬论在中国是连表面的理由亦不存在的，因为中国的地主向来是以从事封建性的租佃剥削为主的，经营地主更是凤毛麟角。因此，中国的农业经营向来是分散的小农经济。土地改革只是变更了所有权，而未变更使用权，并未分散农民经营面积。这与西欧土地改革中拆散地主的大经营，因而授地主代言人以似是而非的反对土地改革的借口是完全不同的。

但是我觉得平分富农自耕田则又是另一回事了。因为这不仅是一个削弱了富农经济的问题（仅此一点，在经济的意义来说，还没有什么了不起），而且会影响到中农的生产情绪。因为中农看到苦吃苦做、勤耕劳作没有多大意思，再向上爬，反被拉下来，连中农地位都保不住了。这与我们过去的吴满有运动的精神是大相矛盾的。而中农的生产情绪低落之后，即将影响及整个解放区的农业生产，因为诚如分局"九一"指示所说，中农生产方式"在解放区最为普遍……中农生产积极与否，对整个解放区经济有决定影响……中农生产情绪降低，解放区经济无疑要遭受极大打击"。据我所知，说土地改革后影响农业生产，主要是指侵犯中富农利益而言，在我觉得这也并非没有理由。

关于土地改革问题

在这里，我又想引一下洋经典了。当苏联实行第一次五年计划，实行农业全盘集体化，消灭富农阶级以后，托派曾说，这是托洛茨基早已经提出过的呀！斯大林只是实行了托洛茨基早提出过的纲领罢了！当时联共中央，可能即是斯大林同志的报告中曾指出，当初托派所提纲领不仅本质上与联共后来所实行的有基本差别（托派是一般地不信任农民力量，主张侵犯所有农民的利益），而且根本是时期不同，情况改变了。没有工业发展，没有五年计划，就没有乡村的全盘集体化；而没有后者，就不能消灭富农阶级。因为富农所生产的粮食没有集体农场所代替供给，取消了富农经济就要使社会发生粮食恐慌。斯大林认为消灭富农阶级是与农业的全盘集体化以及消灭一般的阶级划分是不能分开的，而这一切是社会主义革命完成时期的任务。因此，消灭富农阶级若在五年计划以前提出便是不正确的了。如果我们彻底实行了平分富农土地，那么在基本上也等于实行了消灭富农阶级。但我们今天的革命不仅不是社会主义革命，而且连土地私有制也未根本取消呀！当然，中国革命不能用苏联的情形来做机械的比较的。然而，这只能说明一点，即是我们在处理问题，也即一般地处理资本主义剥削问题时，应比苏联更慎重些。

分局负责同志都是亲身领导过苏维埃时期的土地革命的，对于当初我党在"左"倾机会主义领导下,因对富农的政策过"左"而遭受的损失,当然是体会得很深刻的。六届七中全会《关于若干历史问题的决议》中有一段是值得我们今天参考的,毛泽东同志指出:"大资产阶级叛变革命之后,自由资产阶级仍然与买办资产阶级有区别,要求民主,尤其是要求反帝国主义的阶层是很广泛的,因此,必须正确地对待与尽可能地联合或中立各种不同的中间阶级,而在乡村中则必须正确地对待富农以至中小地主('抽多补少','抽肥补瘦',同时给富农以经济出路,给一般地主以生活出路)。凡此,都是新民主主义的基本思想,而左倾路线是不了解或反对这些思想的……它们(左倾路线)都混淆了民主革命与社会主义革命的一定界限,并主观地急于要超过民主革命……都主张整个地反对资产阶级以至上层小资产阶级……尤其强调反对富农。"

今天的中国革命还没有脱离新民主主义阶段是没有问题的了,然而是否"要求民主,尤其是要求反帝国主义的阶层是很广泛的"呢?我想不仅是的,而且在最近不仅很广泛,而且更靠近我们了。那么,我们在这时候,对这些中间阶层,尤其对富农不仅不进一步地去争取,而且反加强对他们的进攻是否应该的呢?是否策略呢?对此问题,我想了很久。我总觉得分局对富农的平分政策是值得考虑的。平分富农土地的唯一理由便是从发动群众的观点着想,但这从革命的战略观点来看都是不妥当的,对此,我在前信已详细说过,不再重复。

最后,我觉得分局以下各级党委对下面干部执行土地改革中有缺点或有不同意见时,不要轻易从干部出身成分上去批评检讨。固然,很多干部的地主富农的出身很可能影响到某一党委或地区的土地改革的深入,然而这种影响很可能是不自觉的,亦可能另有客观原因,或上级决定中本身尚有不尽妥善的地方。更主要的是即使确是干部的成分影响到了他的立场,但领导机关必须首先从思想上与他打通。我想既做共产党员，而且负有相当责任，一般地说，故意要保持地主富农的立场是不会的。若不从打通思想着手，而即检查其成分，必然使下级有意见亦不敢提。特别是关于富农土地问题，在强调审查成分的情况下，一般是不敢提意见的，因为谁愿意被上级说某人代表富农说话呢？据说，六地委对于侵犯中富农土地问题，当初也曾向分局提出过意见，后因分局曾去电六地委质问是否淮海党委干部中地主富农出身的太多，影响到了土地改革之彻底执行。从此以后，他们便不仅不敢再向分局提意见，而且火上加油地向中富农进攻了。

我想这妨碍了分局获得真相，对领导是不利的。

给少奇同志的信*

少奇同志：

我们正在研究列宁主义中"方法与理论"的一章，我在读了列宁的"做什么"以后，觉得在中国党的历史上，虽不曾有过"工人事务报"派那种公开赞扬自发性，反对自觉的领导的尾巴主义观点（对理论问题）；但在陈独秀时代，在党内教育政策上，似乎轻视理论教育的倾向是有的，当时任卓宣（叶青）领导下的旅莫支部的态度就是如此的，他们反对学生学习，有人稍稍埋头读书，即赐以"学院派"的美名，不过他们似乎并不曾公开反对理论对实践的意义，但说过，"理论学习是党的领导者的任务"（这话亦不曾公开向一般党员说过）。因此，不管如何，当时机会主义者在客观上仍是妨碍了党员理论修养之提高，间接是削弱了党对群众自发运动的觉悟的领导；虽然他们似乎没有把这种错误主张公开发扬成为一种"理论体系"。不知我这意见对否？我不知道当时陈独秀、彭述之等机会主义领导者本人，对此问题发表的意见如何？但只知道任卓宣等旅莫支部负责人的政策确是如此，学员们喜欢举中国例，故来问你，请给予答复，并致布尔什维克敬礼！

---

* 以笔名宋亮发表，原载《论党》，华北新华书店，1946。

知识分子的思想政治教育[*]

汤姆斯克是西伯利亚的若干古老都市之一,自苏维埃政权建立以来,它变成了一个大的工业文化中心。在那里有五所高级专门学校,十九所中等职业学校。在本市的高级专门学校和六所科学研究机关中,共有1000名以上的科学工作者。在高级专门学校和中等职业学校中共有17 000名学员在学习。

市内既然有这么多的科学工作者和工程师技师等知识分子,就使汤姆斯克的党的组织对于他们的思想政治教育负有很大责任。

这工作在我们这里搞得怎么样呢?

约有3000个党务工作者、苏维埃工作者、科学工作者和工程技术工作者独立自主地在研究布尔什维克党的历史和理论。为了帮助他们,曾举办过700次以上的疑难解答。参加解答的有联共市委会和区委会的现职工作人员,以及马列主义基础、哲学、政治经济学和其他种社会科学的教授。

同独立研究我党历史和理论的同志们普遍地举行理论座谈。这一种教育方式不仅给予综合和牢记知识的可能,而且扩大了这些知识。照例,理论座谈会是由最有修养的党务工作者和高级专门学校的科学工作者主持的。

---

[*] 联共汤姆斯克州委会宣传书记布尔柯夫著,孙冶方译。本文原载《新华文摘》1948年第三卷,第10-11期合刊,第338—339页。

在知识分子的思想教育上，演讲起着很大作用。在去年和今年，州委会和市委会的讲师做过1248次关于联共党史、政治经济学、五年计划，关于列宁和斯大林的生平和活动等问题的讲演。演讲的人除了专职的讲师以外，还有科学工作者和负领导责任的党政工作人员。

在马列主义夜课大学读书的有290人，参加教课的是最熟练的科学人才。例如，讲联共党史的是莫洛托夫医学研究所的马列主义讲座的主任，历史科学得业士（日译名，一种学位）弗独洛夫助教和历史科学助教密里郝夫；讲辩证唯物论和历史唯物论的是交通研究所的马列主义讲座主任西原卡叶夫；担任政治经济学课程的是古比雪夫国立大学政治经济学讲座的主任史谷洛史毕洛娃。大学的课程进行得很圆满。出席听讲和演习的人很多。党的组织（从联共基层组织到市委会和州委会）经常关心着马列主义夜课大学的工作，而且采取种种办法以改善它的事业。

鉴于很多我们的工作人员在政治经济学和社会主义企业经营法的范围内的修养很差，我们创办了一个市立经济学讲习班。在这里参加讲课的也是熟练的科学工作者。他们的讲演在听众方面引起了很大的兴趣，而且对他们的实践工作有帮助。在每一次讲课之后，听众领到了参考书和回家自修用的方法指导。在讲完一个单元之后即举行理论的演习。这一个讲习班，经常有很多工厂的经理、党的区委书记。联共市委和区委的各部部长、区苏维埃执委会的主席和各部部长去听课。

遵照联共中央《关于扩大和改善国内法律教育》的决定，对于司法工作人员的学习也颇注意。创办了一个法学系，在那里学习的有检察长、裁判长、律师、公证人等。为帮助法学系，从汤姆斯克各高级专门学校派了一批科学工作者，去讲课并进行问题解答工作。

在市内各区对中小学教师办了很多讲习班。对于历史讲师和宪法讲师经常开办有研究班,在这里研究苏联历史,以及我国国家机构和社会机构的各种问题。领导研究班的是高级专门学校的科学工作者和市委的讲师。教师们很好地到讲习班学习,特别是到研究班去学习。很多教育工作者成功地研究着马列主义古典著作而且很好地到函授学校学习。巴施盖维契、马高维叶娃、柳脱兴娜等三位教师用函授方法读完了高级专门学校的课程,获得了优等毕业文凭。党的基层组织和国民教育部给教师们种种帮助,给他们以自修的顺利条件。

在汤姆斯克的高级专门学校中还召集科学工作者的理论研究会,专门讨论马列主义理论、哲学等问题或列宁斯大林的个别著作。

在汤姆斯克的基洛夫工艺研究所举行过一次有趣的理论研究会,讨论新五年计划中的技术发展道路。在这会议上宣读了以下几个报告:论新五年计划中的动力观;论直流传送的电力;论各种金属高速度剪切的诸问题;论铸造的剪切工具;论反应技术;论矿业和化学工业中的技术发展道路。出席这讨论会的很多科学工作者和大学生,有汤姆斯克各企业中的工程师和技师。

课外的专题报告对于苏联学生界思想政治水平的提高和眼界之扩大起很大作用。例如,在古比雪夫国立大学中有四种专题演讲在进行着:名人生活、历史学的、文学的和音乐的。这种课外专题报告补充了社会科学的正课课程。这种专题演讲帮助学生们扩大了自己的一般的文化的眼界。

党的机关对于提高知识分子的思想政治水准的关心显著地表现在整个鼓动宣传工作和文化教育工作的改进上。很多企业的经理,如苏俄最高苏维埃议员拉甫灵凡叶夫、依凡诺夫、司灵谷、立芬、昨洛堵兴、布拉叶夫等对于自学都是很注意的;他们都积极参加了社会活动。他们向工人和职员们作政治报告,领导政治学校,大学研究科,帮助自修我党党史和理论的同志们。

科学工作者的政治积极性显著地提高了。他们之中有很多人在居民中做着很多的社会政治工作：他们作报告和演讲，出发到乡下去，帮助地方的文化、保健和农村经济等团体。

在联共中央2月全会之后，在汤姆斯克的高级学校和科学研究机关的很多研究室重新审查了自己的科学研究工作的计划，制定了许多与研究土壤和农作物害虫有关的新题目，以及与选择谷类和蔬菜的新品种有关的新题目。他们准备好了有关农学和农村经济的各种不同问题的二十种以上的小册子，补充参考资料和图表。

艺术工作者在居民中进行了很多的文化教育工作。由他们的力量创办了市立的音乐讲习班，在这讲习班中举行过六十次关于俄国古典音乐和苏维埃音乐的演讲。每次演讲都伴随着交响乐团和音乐爱好者协会的演奏。演讲不仅在讲习班的房子里举行，而且到各企业，各团体和各学习机关中去举行。在州立的话剧剧院中组织了文学艺术讲习班。

这是汤姆斯克对知识分子的工作中的好的一方面。但在另一方面也有很严重的缺点。还不是全部知识分子都已经被吸引到了马列主义的学习中来。很多党的组织至今还继承着党中央所早已检讨过的不干预党员和知识分子的自学而任其自流的办法。有些党的区委员会还是很少讨论基层党组织关于干部的思想政治教育状况的报告书。

我们正在努力去掉这些缺点，以便更提高知识分子中的思想教育工作的水准。

关于业务上垂直领导的公营企业与地方党委、政府的关系问题[*]

最近三个月来,我先后视察了工业部管辖下的南京各厂和淮南煤业,参观了裕溪口码头(铁路、航运、煤总、淮矿等都在那里设有机构),从旁也了解了一些淮南铁路的情况。我觉得财委会垂直管理的许多公营企业与地方党委、政府的关系不够密切,有些地方党委和政府对公营企业的配合也不够,有些同志对这问题的认识是有偏差的,这现象有相当普遍性。因此,有必要把这个问题提出来讨论一下,把我们的认识统一起来。否则,对我们的经济建设事业将有不好的影响。我现在把我自己所看到的,以及我个人的认识提出来,请华东局和财委会给予指示。

问题的发生还是远在抗战胜利之初,我们解放区从小的被分割的抗日游击根据地发展成为较大的地区。很多公营企业原来是在区党委或地委会的一元化领导下的,后来便直接归省或边区一级的政府直接经营。于是就开始发生了上级垂直领导的公管企业与地方党政的关系问题。随着解放战争的胜利和解放区的扩大,华东区的公营企业比以前更多,大半归华东财委会各部直接经营,这些企业散在各地,如何与地方党委、政府建立正确的关系

---

[*] 本文是孙冶方担任华东财委工业部副部长期间,1949年冬至1950年春赴南京地区考察后给上级的报告。

便成为办好这些企业的一个重要条件。有的地方党委和政府认为这些企业已经归上级接办，我们对它没有责任了，至多只是从旁"照顾""协助"而已。而有些在企业里面管业务工作的干部则认为我们的业务是归上级直接领导的，只是在地方上过组织生活，"政治上"受地方领导而已。而所谓"政治领导"，在某些同志心目中，是与企业业务不相连的、抽象的东西。意识不好的干部以上级业务机关的决定或厂长经理负责制为挡箭牌，与地方党委和政府对立，抗拒党委和政府领导。因此，地方党委和政府就觉得不好管。有的同志就这样来提问题：或者把企业完全交给地方办，不要统一管理；或者把企业的党群工作，日常政治领导统统交给上级业务部门，地方党委完全不负责。但是，如果我们仔细研究一下，这两个各趋极端的解决办法都不是妥善办法。

为什么公营企业的业务要垂直管理，企业支部和企业党委要归地方领导？现在是全国胜利的局面，华东各地很多公营企业，不仅要统一归华东一级的行政业务机构（华东财委会及其各部）直接管理，而且有的是归中央政府直接掌握的。因为现代经济中，不论金融、贸易、工业、交通，任何一个部门都是高度集中的。即以工业而论，不仅规模较大的工厂、矿山，它的生产具有全区域以至全国的性质，必须有全面的配合和计划；即以规模较小的一个铁工厂而论，如果没有统一集中的管理，那么在生产专业化、成品推销、材料供应、统一规格、图样设计、技术指导等各方面就有种种不便，使我们的工业仍如私人企业一样，各行其是，成为无政府无计划生产，不能比资本主义的无计划无组织生产提高一步。

企业的业务管理既然是垂直统一的，那么，企业支部和企业党委会能不能也离开地方党委系统，直接统一于上级业务部门如华东财委会呢？我们过去也曾这样做过，例如，在军事工业部门和环境不安定的作战条件之下，银行、工厂、商店都跟着部队行军,今天在西,明天在东,在这种情况下,我们的企业党内支部和党委也同部队的党一样是一条线垂直的,同地方党政的关系也就同部队与驻地党政的关系一样,仅发生横的联系,取得配合而已。后来,在城市解放初期,特别是在接管时期,例如,在胶济中段解放后一个时期,我们接收了不少工厂,接收之后,马上要恢复生产,我们曾派了不少干部和工人到这些厂里去工作,他们就建立了这些工厂的支部和党委。但这些地方在未解放之前很多甚至没有党的组织基础,解放后派在这里做地方工作的干部也不多。他们虽也着手恢复或建立地方的党委政府,但他们的重点是在搞农村工作,他们对领导城市工作和管理企业的经验也不多。因此,华东局曾决定,这些企业的党群工作仍由华东财委会的党委垂直领导,作为一个过渡。但是,济南解放后,情况就不同了。那时成立了市委会,它的任务是专做城市工作,特别着重在工厂的党群工作。因此,我们济南解放后,济南的工厂支部很快便划归地方党(市委)领导了。又如,在上海解放初期,公营企业的接管干部主要是老解放区来的,他们忙于接管工作,上海公营工厂中地下党的基础很强,但是他们忙于配合接管并整理原来组织。在好几个月之中,老解放区来的接管干部的支部和党委没有与原来的地下党在组织上合并起来,而仍归财委会的党委垂直领导。

关于业务上垂直领导的公营企业与地方党委、政府的关系问题

企业支部和党委的这种垂直领导都是在特殊情况之下的临时的办法,不是党的正规的组织法。在正常情况之下,这种组织系统是不合建党原则的,对工作是有妨碍的。因为如果所有的企业支部和党委会都直接归上级业务部门的党委领导,则其必然结果是:第一,业务部门的党委会事实上领导不了分散在各地的企业党委会,企业支部和党委会在事实上会变成行政部门的附属机关,成为经理厂长个人影响下的机关支部,实际上是取消了党;第二,地方党委会变成纯粹管理农村和都市街道支部的党组织,

同新中国的主要建设事业脱了节，同真正的产业支部脱了节；第三，企业党委会和企业业务行政工作本身也不能取得地方党的支持。

从组织原则上说，从革命的利益来说，这种垂直的党委领导，是根本要不得的。但有些行政干部由于旧的习惯，也由于这种组织形式适合于个人主义独断专行的作风，因此总是恋恋不舍于这种组织方式。

企业党委会和它的上级对企业支部的领导要具体深入，但与行政上有一定分工，企业里的党一定要归地方党委领导，没有地方党委会的直接且具体的领导是一定办不好企业的。我们要特别强调"具体"这两个字。因为有些企业的行政负责人并不反对地方党委的"一般的政治领导"，他们把政治领导看作抽象的东西。在他们心目中，所谓政治领导是指一些大的政策原则、时事教育、过组织生活、听政治报告等，是与具体业务无关的东西；或者认为党委对企业的具体业务是外行，请教他们没有用。有些做党务工作的同志，或许也认为工厂企业中的一些具体业务是技术性的、事务性的，对于掌握政治领导的党委是不屑过问的。但是马克思主义者绝不会承认那种不深入实际工作和没有具体内容（业务）的空谈是什么政治领导。

那么，一个企业，例如一个工厂，一方面要接受上级业务行政机关的领导；另一方面要接受地方党委的领导。而且这双方面的领导都要具体深入——这里面有没有冲突或矛盾呢？当然不会的，因为这中间有一定的分工。以工厂为例，经理或厂长和他们的业务行政部门的上级，即华东工业部的垂直统一的管理着重在确定生产计划、营业方针、财务管理、资财的管理调拨、人事任免、工厂行政管理制度等方面。企业党委和领导他们的地方党委所负责的则是：对生产的监督，对生产任务的保证、党务工作、职工运动、员工政治教育等。在业务行政范围以内的事，党委应深入了解（否则便无从谈监督或保证）。但应以厂长或经理的意见为主，党委应多尊重他的意见，不要包办代替，事事干涉。这并不是说，厂长或经理个人的地位在党委书记以至整个党委之上；而是因为厂长或经理的意见根据的是他的业务行政的上级，即华东工业部的指示；而工业部的一切有关计划、方针、制度的指示都是经过华东局华东财经委员会以至中财委的审查批准的。

至于在党委职责范围以内的事，则厂长或经理以共产党员的身份而言（如果他是党员）故应服从党委决定。即以一个非党员的行政负责人而言，也应多尊重党委会的意见。作为无产阶级先锋队的共产党，在新中国各项建设事业中的不可缺少的领导作用，是各党派和各阶级人民所公认的。但共产党的领导不是抽象的，而是具体地通过它的细胞——企业支部来实行的，我们必须使非共产党员的行政干部了解共产党的基层组织是毛主席政策的具体执行者，取得他的密切配合，是与行政上有极大好处的。在企业党委的职责中，特别要强调对生产的监督这一点。一般来说，业务行政干部对党委保证生产任务的作用是承认的，但是把这个保证往往只看作是在职工中做些政治鼓动工作而已。这就是说把我们在企业中的政治工作或群众工作看成是卖狗皮膏药式的空谈，这样的政治工作当然是可有可无，威信也不会高的。但是，党委若真要保证生产任务的完成，不仅必须做好党务、工会、员工教育等工作，而且必须把这工作与对生产的监督作用联系起来，必须具体深入地去了解生产工作。

什么叫对生产的监督呢？我认为，这首先就是工厂或是矿山的支部、支委会或党委会应当了解并研究上级交下来的生产任务，参与本企业的生产计划的制订，经常关心如何把人组织得更好些，把资金、原料、器材运用得更合理、更经济些，以便保证计划实现，完成生产任务。更重要的是要经常检查计划的执行程度，检查党员在生产工作中是不是都起了领导作用、倾听全体党

关于业务上垂直领导的公营企业与地方党委、政府的关系问题

员和非党员的意见。经常提醒行政负责人，不要成为脱离群众的官僚主义者。我们工厂和矿山里面的各级工厂管理委员会（现在淮南煤矿称为生产管理委员会和矿场管理委员会）应当不仅是使企业领导者与群众取得联系的一个机构；同时也是使得我们企业党委和工会筹委会或执委会参与企业的具体领导，并借以实行监督生产和保证生产任务的一个机构。因为行政负责人必须按期向管委会做报告，生产计划和工作管理上一切重大决定都必须交管委会讨论。

我们一定要把公营企业办好，把工厂矿山办好，而且要比私人资本家办得更好。我们应该有这信心，这倒并不是由于我们的企业领导者，我们的经理或厂长的个人能力一定比私人资本家高明，而是因为我们的公营企业是人民的企业，我们的企业不像私人企业一样，仅靠老板、经理或厂长个人来办。我们的公营企业靠全体员工、大家来办，靠党委、政府的直接领导，靠工会和其各种群众团体的直接支持。（这里特别要注意"直接"两字，因为我们的党、政府、工会并不是不领导或不支持私人企业，但私人企业为私人资本家所有。党、政府或工会普遍不能直接干预。）而企业中的党委会便是组织全体员工、领导工会来参加人民企业的管理的一个核心，哪个企业领导者忘记了这一点，他便是犯了大错误，他一定会把企业管理得比私人资本家还不如（事实上也已发现不少这样的实例）。因为，至少在今天以及最近若干年来，我们的企业领导者即使在技术上、在业务上不完全是外行，但一般不会赛过资本家，资本家们对管理企业是积累了一辈子甚至几辈子的经验了，而我们则是刚开始学习管理。何况，即使我们的企业管理者亦有资本家管理企业的全套办法，但这一套在人民的企业中还是行不通的。

因此，配备较强的干部来做企业党委会的工作，加强企业党委会的领导，提高企业党委会在群众中的威信是办好人民企业的条件之一。在企业中工作的党员，特别是在行政上负责的党员必须团结在党委会周围，服从党委会的领导。在行政上负主要责任的党员干部必须按期向支部大会或党代表会议，向支委会或党委会报告自己的工作。必须向非党员群众说明共产党企业支部和支部委员会或党委员会在企业中的领导作用。这一点在新解放区特别重要。因为，新解放区的群众有时是以他们自身的经验，即是以他们在过去看待国民党党部的目光来看共产党的。国民党的党部在企业中所起的作用是做官僚资本的看家狗，当主人要用着他们的时候，就趁机敲一些肉骨头来吃。因此，党部的地位和威信当然是在经理厂长之下。解放后的员工大多数会了解到共产党的企业党委会与国民党党部的本质上的不同，但是往往还以为党委会是附属于经理、厂长之下的一个机关；因此，他们还不大重视企业中的党委会的作用。尤其是当我们行政上的党员负责干部有自以为是的个人主义领导作风时，更会造成群众对企业支部和党委会的轻视。

关于业务上垂直领导的公营企业与地方党委、政府的关系问题

我们有些做党务工作和群众工作的干部，见到新解放区群众对党委会机关和党务、群众工作干部不重视，工作不容易做，但不知道怎样来教育群众、领导群众以提高自己和企业党委会的威信，他们用一种不正确的办法来解决这个问题，就是要求在行政上兼一个副职或部门负责人的名义来做党群工作，他们说："不兼一个行政名义不好做事。"有些行政的负责人特别是习惯于个人领导的人也很欢迎这种办法，因为这样他们就可以用单纯的行政负责人的地位来命令他的副职或下属们了。当然，我们不是说，行政上担任副职或负责部门工作的干部便不能做企业党委会的书记或委员，特别在某些小的企业中，不允许或不需要有很多脱离生产的干部专门来做党群工作的时候，书记、委员或工会主席等可以由行政部门做副职的或一个普通的员工来兼任的。但是，如果把党委书记或委员由行政上的副职或下属来担任作为一

种制度那是不对的,"不兼一个行政名义不好做事"的观念根本是要不得的。这种办法和思想对于提高企业党委的威信,对于开展企业中的党群工作只有坏处没有好处。因此,我认为在规模较大的企业中,支部书记或党委书记最好不兼行政职务,他应该直接以共产党支书或党委书记的名义,通过工厂管理委员会来领导企业工作,并与行政上的负责人(不论是党员与否)接洽。

  我们必须反对厂长或经理以机关首长对机关支部的态度去对待工厂支部或党委。因为机关首长作为一个个别的党员,他的生活行动固然应受支部监督,应向支部做报告,但作为一个机关首长,他对所负责的工作是不向支部做报告的。因为作为机关首长,他是受更高级的党委委派并领导的。但是厂长或经理必须向企业或工厂的支部大会或党代表大会,向支委会或党委会报告他的工作并受到检查。

战后五年计划期间苏联国民经济中的技术进步[*]

本书内容介绍

  这本小册子讲的是战后第一个五年计划期间苏联国民经济的技术进步。它对于若干重要工业部门,如发电、机械、化学、采矿、冶金等方面的新发明、新装备和新操作方法,做了具体而扼要的介绍。从这本小册子中,我们可以看到苏联的科学技术,在党和政府,特别是在列宁、斯大林的亲自照顾之下,是如何突飞猛进地发展着,成为世界最先进的科学技术。也正是有了这种最先进的科学技术,所以苏联能在短短的一个五年计划期间,不仅迅速地恢复了第二次世界大战中那么惨重地被摧毁了的工农业和交通事业,而且使工业生产水平超过了战前的73%。

      本书根据苏联《经济问题》杂志1951年第11号译出

一

  社会主义的国民经济制度保证了科学和技术不断加速的发展,以期充分利用天然财富,并提高社会劳动的生产率。
  布尔什维克党和列宁、斯大林曾屡次指出技术进步对于建立

---

[*]〔苏联〕阿·奥马洛夫斯基著,叶非木译,华东人民出版社,1952,11。

共产主义的物质技术基础所具有的特殊意义。

斯大林同志继承着列宁的伟大事业，制定了全国社会主义工业化和农业集体化的原则。斯大林同志是苏联国民经济中技术进步的鼓舞者和组织者。布尔什维克党和苏维埃政府对于技术之不断改善，对于新机器和新设备的制造，对于技术思想的发展，以及对于科学和技术上的成就如何迅速地推行到工业、农业和国民经济的其他部门中去，都表示异常关切。

伟大的十月社会主义革命和苏维埃政权的建立，给我们祖国生产力的发展打开了无穷的可能性。共产党和社会主义国家所教育出来的苏维埃人，做出劳动英雄的崇高榜样，而且在异常短促的历史时期中，把我国从落后的农业国变成了先进的工业强国。

苏联在战前几个斯大林五年计划期间，即在1928年到1940年间，建设成而且开了工的工业企业有8900所，其中包括马格尼督高尔斯克和库兹涅茨克两个冶金综合公司，斯大林格勒、哈尔可夫和契略宾斯克三个地方的拖拉机厂，莫斯科和高尔基市的两个汽车厂，罗斯托夫、哥美尔和塔什干三个地方的农业机器厂和其他许多巨型工厂。苏联在这短促的历史时期中建立起来的新的工业部门有：工作母机制造工业、汽车制造工业、拖拉机制造工业、化学工业、电动机制造工业、飞机制造工业、康拜因机制造工业、巨型透平机和巨型发电机制造工业、特种钢、铁合金、人造橡胶、氮、人造纤维等等。

社会主义生产技术的进步是空前的；这显示出苏维埃人民的自由的创造性劳动的巨大改造力量。斯大林同志曾指示过："很快地学会了制造机器，这不能用俄罗斯工人的特殊能力来解释，而要用别的原因来解释的，就是说飞机和飞机发动机、拖拉机、汽车、工作母机等等的制造，在我们这里不是私人的事业，而是国家的事业。在西欧，工人们是为着得到工资而去生产，对于其他一切，他们都漠不关心。在我们这里，认为生产是社会事业，

是国家事业,是荣誉的事业。这就是为什么我们这里能这么迅速学会新技术的原因。"❶

还在1937年时,苏联全部工业产品的80%就已经是在第一、第二两个五年计划期间新建成的或全部改建过的企业中生产出来的。这些企业装置有最完善的技术设备。例如,在1938年1月1日,全国国民经济中所有工作母机总数中,有50%以上是在第二个五年计划期间制造出来的,只有23.3%。已使用过10年以上。除了工作母机以外,工业部门还获得了大批巨型的透平机、辗压机、掘凿机、割煤机和其他各种设备和机器。在1940年,苏联国民经济中的金属切削机床与革命前的俄罗斯相较,几乎增加到10倍。

社会主义的交通部门得到了大量的机车、车厢、轮船和汽车。苏联农村经济在1938年时,总计有483 500架拖拉机,153 800架康拜因机,195 800辆载重汽车和其他各种机器。

在空前短促的期间,苏联的工业、交通和农业等部门用最进步而完善的技术装备起来了。斯大林同志在党的十八次代表大会上说过:"事实是如此:从生产的技术方面看来,从工业生产的新技术装备上看来,我国工业已占全世界第一位。"❷

由于规模巨大的社会主义工业的建立和农业集体化的结果,在战前几个斯大林五年计划期间,工业生产品的总量大大增加了。在1940年,工业生产总量差不多增加到了1913年水平的12倍。斯大林同志说过:"出产方面这样一种空前未有的增长,决不能认为是国家由落后达到进步的一种简单寻常的发展。这乃是使我们祖国由落后国变成了先进国,由农业国变成了工业国的一

---

❶ 《斯大林全集》,第13卷,第264页(俄文本)。

❷ 斯大林:《列宁主义问题》,第754页(苏联外国文书籍出版局,中文本)。

个突变。"❶

苏联人民在伟大的卫国战争胜利结束之后,在苏联国民经济的战后的恢复和发展期间,在技术发展上获得了巨大成绩。

在关于1946年至1950年间恢复与发展苏联国民经济的五年计划的法令中曾指出,必须"在苏联国民经济的一切部门中,保证技术进步之持续,作为巨大生产高潮和提高劳动生产率之必要条件……"。由于苏维埃人们的忘我的劳动,战后第一个五年计划的最主要的任务,就提前完成了。五年计划规定,到1950年时,苏联工业生产品的总量应比1940年增加48%。而事实上,1950年时所生产的工业生产品比1940年增加了73%,本年度❷所生产的工业生产品则为战前1940年的两倍。在推行最新技术成就的基础上,苏联正在把最新的机器配备给国民经济的各部门。在被敌人占领过一个时期的各地区,工业和农业在新的技术基础上恢复起来。在全国的各企业和集体农庄中,生产在改进着。从1946年到1950年间,恢复、建设而且开工的工业企业有6000个以上,其中还不包括国营的、合作社的和集体农庄的小型企业在内。当美国和其他资本主义国家的帝国主义分子增加开支以竞相扩充军备并实行全国军国主义化的时候,苏联却以巨额资金用于伟大的共产主义建设和改造自然界。

二

苏联的技术进步与电气化密切相关,这是国民经济一切部门中技术改造的最重要的手段。斯大林在说明列宁关于全国电气化问题的诸种计划的意义时,曾写道:为要走向共产主义,苏维埃

---

❶ 斯大林于一九四六年二月九日在莫斯科市斯大林选区选民大会上的演说(译文见人民出版社1951年出版的《战后苏联与国际形势》,第13页)。

❷ 指1951年。——译者注

政权就应当把全国电气化起来，应当把整个国民经济改造成大规模生产……"❶

1920年时根据列宁指示起草的"俄罗斯国家电气化计划"预定建设30个新的区域发电站，总的装备容量为150万瓩，每年发电88亿度。根据此一计划，为了全国电气化起见，预定普遍利用河道水力、当地的燃料（泥煤、油页岩）和劣质煤。

共产党领导之下的苏联人民提前完成了列宁的电气化计划。在1935年时，苏联各电力站的总发电量为"俄罗斯国家电气化计划"所规定的数量的2.5倍。

到1937年，以全年发电量计，苏联占全世界第3位（在美、德之后），赶过了英、法、意、日和其他资本主义国家。到1940年，苏联的发电量与1913年相较，增加到26倍，而且在电站工业部直属发电站所发电力中，72%的电力是利用当地劣质燃料的电站发出的，其中20%是燃烧泥煤的电站发出的。

在战后，动力工业以极高的速度恢复并进一步发展起来。战后第一个五年计划时期，在战争中被毁的很多城市的火力发电站和全部水力发电站都已经恢复起来。此外，建设起来并已全部开工的新发电站有：歇尔巴科夫电站、克拉斯诺卜亮电站、尼瓦第三电站、发尔哈特电站、赫拉姆电站、苏虎姆电站、什洛科夫电站和其他等等。就发电量说，苏联已占世界第二位。

旧电站的恢复和新电站的建设，是在新技术的基础上进行的。例如，德涅泊河的列宁水力发电站，装置有新的、在苏联工厂内制造的透平机，按其品质比战前原来的好。由于整套机器的自动化操纵，在这一发电站的机器间只要10个人工作。

在各火力发电站装置了高压的锅炉和蒸汽透平，其中有取汽式透平和单流锅炉，其蒸汽压力达100个大气压，温度为摄氏510度。

战后五年计划期间苏联国民经济中的技术进步

❶ 《斯大林全集》，第11卷，第311页（俄文本）。

在有些发电站，装置了氢冷却的发电机，锅炉的加煤和燃烧过程是自动化的。2/3 的区域水力发电站装有自动化的控制设备。

苏联在实践中解决了使用超高温高压蒸汽的问题，把汽压提高到 170 个大气压，过热温度提到摄氏 550 度。在 1952 年，将建设一个发电站，就设备的规模和技术水平而论，将是全世界独一无二的，所用燃料是当地的劣质煤，而电站的效率将达 37%，即是说将高于燃烧贵重的石油燃料的内燃机。全苏联热力工程研究所正在顺利地进行着一个 300 个大气压和高温摄氏 600 度的实验锅炉的科学试验工作。

祖国的科学和技术在动力机械制造方面，获得了最巨大的成绩。如果在苏维埃政权建立后最初 10 年内，国内工厂制造的蒸汽透平，和发电机的最大容量不超过 1 万瓩，则在 1938 年至 1939 年内，列宁格勒机器制造厂就已经制造了世界上最早的双汽鼓高转速的 10 万瓩的透平发电机。目前在我们国内，设计成而且已能制造的高效率的透平发电机，以转速、重量、尺度和其他标志而论，远胜过同型的外国造的机器。苏联工厂已经会制造好几种类型和大小的、完全自动化的水轮机，其中有为德涅泊河水力发电站造的 75 000 瓩的"Ф123—ВМ550"式的水轮机，为歇尔巴科夫水力发电站造的 65 000 瓩的"К91—ВБ900"式的活动旋桨水轮机，其转轮的直径达 9 公尺长。贝利亚同志在关于伟大的十月社会主义革命 34 周年纪念的报告中说过："今年我们将制造 15 万瓩的蒸汽透平，这么大力量的透平机在世界上还是初次制造；这证明了苏联科学和技术的成熟性。"

现代技术以及最新的发现和发明在热力工程范围内的应用，使得生产每一度电力所需燃料减少了。在 1950 年，电站工业部所属发电站，生产每一度电所需标准煤为 539 克，即较 1940 年减少 9.6%，差不多只有革命前俄国发电站的一半。

苏联的动力工作者，提前完成了第一个战后五年计划。1950

年的电力生产量为五年计划所规定的任务的110%，超过1940年水平87%，而在本年度❶电力生产量将为战前水平的2倍以上。大工业中每一工人的电力配备量（每工作小时所用电力的度数）在1950年为1940年的1.5倍。

在伏尔加河、德涅泊河、库拉河流域、里昂河流域、塞耳·达里亚河流域及其他河流，建设最优良的水利和动力的综合方案，其科学的基本原理已由苏联学者所制定。这些方案是学者、研究者、设计者集体劳动的成果，而且已经开始变为现实了。伏尔加河、德涅泊河、阿母河上的、大规模的水利工程的和水力发电工程的建筑是苏联科学和技术的最伟大的成绩。这些建筑将标志着苏联电气化的新阶段。古比雪夫水力发电站、斯大林格勒水力发电站、卡霍夫卡水力发电站和土库曼运河干线上各水力站的总发电容量为420万瓩。这些电站每年所生产的廉价的电力照常年平均水位计算有230亿度，即达革命前俄罗斯所有电站的发电总量的11倍以上。

苏联的机器制造业的人员为了这些共产主义的伟大建设工程，设计而且制造成了巨型的掘土机、铲土机、推土机、吸泥浆机和其他许多机器和设备。

这些机器中的一种，即吸泥浆机（浮动式的），在一年工作期间，可以吸出300万立方公尺土壤，并且把这些土送到4公里远的地方并浇成堤坝。这样规模的工程要是用掘土机来做，就需要13架具有3立方公尺容量的勺斗的掘土机全年不息地工作，还要有10个机车及10列自动卸货的敞车装运。

乌拉尔地方的奥尔藏尼基捷机器制造厂是全世界第一次制造"步行的"掘土机。这机器有5层楼房子高，它的勺斗的容量为14立方公尺，吊杆长64公尺。

---

❶ 指1951年。——译者注

以斯大林奖金得奖人巴尔干教授为首的一组科举工作者研究出了一种利用电力震荡机打钢桩或钢板桩的简单而又便宜的方法。照这种办法就可以不用打桩架子，在二至三分钟内把钢板打进地层10公尺。在松软的地带做勘测工作时，电力震荡机可以用于打钻眼，而操作成本比用普通方法便宜2/3到5/6。

社会主义的经济体系保证全国电力资源的统一运用。在苏联，建立了几个强大的电力系统：中区系统连接莫斯科、高尔基、伊凡诺夫、雅罗斯拉夫里和歇尔巴科夫；南方系统连接了德涅泊河流域及顿巴斯矿区各发电站；乌拉尔及其他系统，包括了各大经济区的各发电站。

电力系统的进一步的发展就进入于统一的高压电网的建立，这样的电网将包括全国领土，且将保证电力之最正确的利用。当春秋两季，水力电站处于洪水位时期，而能供应大量电力的时候，火力电站就可停歇检修；当夏季水量不足的时候，就把火力电站的力量补充进去。当春夏两季，都市里的电力需要减少的时候，很大一部分电力可以用到农业中去；这时农业中的用电量增加了（灌溉、电力耕地、打谷及其他工作）。这种情形在资本主义国家中是办不到的；在那里，生产资料的私人占有和资本家的唯利是图，不可能使天然财富为全社会的利益服务。

苏联学者研究出了远距离送电的新办法。古比雪夫和斯大林格勒两个水力发电站的电力将输送到莫斯科，其间距离为1000公里左右，电压是40万伏。在美国，电力输送的最远距离为430公里，电压是287 000伏。

在电力广泛深入于国民经济各部门的基础上，现有的生产部门就不断改进，而且创立了新的生产部门。电力不仅是转动工具和机械的原动力而已，在许多场合之中，它还执行着操作技术的功能，可以加速生产过程的进度。如果从前钢料要进行热处理必须送到热处理车间去，那么现在可以就在机械工场用高频电流来做热处理。高频电流也可以用之于木材的烘燥工作。用新的方法烘燥白桦木,已不像过去一样需要 350 小时,而只要 35 分钟,同时,产品的质量也更好。现今在大多数工厂里,每一机床都有单独的传动装置,这大大地减轻了工人们的劳动,节约了电力,有助于劳动生产率的提高和产品成本之减低。

在冶金业中,电力一方面用之于转动机器,特别是转动轧钢机,而同时也用之于操作技术的目的——如冶炼高级质量的钢,生产铝和铜皮等等。

在铁路交通运输事业中,更广泛地使用电气机车的牵引,这使铁路的生产工作及动力之有效利用更有保证。铁路之电气化可以把它的运转能率增加到现在的 2 至 3 倍,减少燃料的消耗,减少服务员工的人数。

在集体农庄的田野里,已有第一批电力拖拉机在工作。这种电力拖拉机不仅保证了田间工作的劳动生产率的提高,而且大大地减少了贵重燃料的消耗量。打谷工作中使用了电力,就可以减少打谷的时间,而且把劳动生产效率提高好几倍。牧畜业中广泛应用电力(饲料之准备、给水、挤牛奶、剪羊毛及其他工作),可以提高各该业务部门中集体农庄庄员的劳动生产率。

三

在苏联,技术进步的主要方向之一就是生产过程的机械化和自动化。斯大林同志在确定机械化对于苏联国民经济发展的意义时曾指示说:"……生产手续机械化,是我们所应实行的一个新颖的和有决定意义的办法,否则不能支持我们的发展速度,也不能维持我们的新的生产规模。"❶

---

    ❶ 斯大林:《列宁主义问题》,第 449 页(苏联外国文书籍出版局,中文本)。

在战前几个斯大林五年计划中，在苏联的工业、交通事业、建筑工程和农业中，在有关生产过程的机械化方面曾进行了不少工作。

在战后时期，苏联国民经济中的技术进步更为加速了。机器制造工业的产量到战后第一个五年计划终结时，达到战前水平的2.3倍。仅仅在1949年及1950年就创造了700种以上新牌号的和新型的高效率的机器。在1951年，机器制造业出产400种以上的新型机器。

在1950年，冶金设备的制造与1940年相较，增加到4.8倍，蒸汽透平的出产增加到2.6倍，电力设备的生产增加到3倍，石油工业器械的出产增加到3倍，拖拉机、康拜因机和其他农业机械的生产也增加很多。

在全国许多机器制造工厂中，有大量的由苏联设计家所创造而且是在祖国的工厂中制造起来的、自动化的机床流水作业线在工作。这种机床流水作业线，不用工人参与，就能制造复杂的零件。

由苏联的学者和工程师们设计，而由机器制造业者建造了一个制造汽车活塞的自动工厂。在这厂里，从浇铸机的上料到成品的包装，全部过程都是自动化的。自动工厂与普通生产相比，所需工人减少了4/5，所占工场面积缩小了2/3。这一个自动工厂的劳动生产率提高到8至9倍，但产品成本却大大降低了。这个自动工厂是世界上第一个综合的、自动化的金属加工企业。在这里电气冶炼和浇铸工作，车床、钻床、铣床和磨床的机械加工，成品之检验并刻印牌号、称重量，涂油脂和包装等工作全部都是自动化的。

在第一个战后五年计划期间，制造出250种新型的一般性的金属切削机床，1000种以上的专用的和复合性的机床。在这期间建立起26个自动化的机床流水作业线。与机床出产量的年复一年的增加相伴随着，机床的技术指标也提高了。

很多专用的和复合性的机床都装置有自动化的设备。此种设备大大提高了劳动生产率：这一方面是由于基本动作和辅助动作之加速，另一方面是由于多机床管理制之采用。在有些机床上可以在工作物加工过程中自动检验工作物。

在战后五年计划时期，高级精密机床的出产大为增加。苏联工业部门现在得到了钻模镗床、螺纹磨床、仿形铣床和其他许多提高了正确度的机床，因此，工作物的加工就有完全自动化的可能。新的机床在使用时比旧的牢靠，而效率比旧的高。金属切削机床的马力加强到 5 至 7 倍。新车床的转速达到每分钟八千转；而某些磨床的主轴每分钟转速 3 万转。辗压机和割煤机的马力为从前的 2 倍，汽车引擎的马力为从前的 1.5 倍。

苏联机器工业可以保证生产任何一种机器和装置，其数量足供国民经济一切基本部门的综合机械化的需要。

在革命前的俄国，采煤是手工进行的。在苏联，还在第二个五年计划的末期，采煤的基本进程便已机械化了 85%。在战后时期，采煤的机械化更广泛地推行。目前完成了机械化的有割煤、挖煤和送煤等生产过程，以及地下运输和装车的工作。已经开始了煤矿中的综合机械化工作，并对机器及机械装置的工作实行远距离的自动化的管理。煤矿工业部门从机器制造业者那里得到了成千种完善的、生产效能极高的机器和机械装置，如：采煤康拜因机、割煤机、矿渣装车机、煤炭装车机、电力运煤车、自动抓煤的运输装置、电动摩托车、水泵和其他许多机器和机械装置。这些机器和机械装置减轻了矿工们的劳动，提高了他们的劳动生产率。例如在顿巴斯煤矿中，采用了新设计的采煤康拜因机以后，大大提高了采煤工人的劳动生产率。战后所造的新式割煤机的生产效率，为旧的割煤机的 1.5 倍。与新机器和新机械装置被采用的同时，采煤的方法也不断地改进。广泛推广着轮回采煤法，而在某些煤矿中则采用了流水作业的采煤法。在个别煤矿中，流水作业的采煤法，使劳动生产率提高到原来的2至3倍，而采煤量则增加到原来的2倍。在露天采煤场应用水力机械化的办法，使每名工人的生产效率提高到原来的2.5倍。

在沙皇时代没有一个完全机械化的炼铁炉，而苏联还在1937年时就有60%以上的炼铁炉全部机械化了。苏联到第二个五年计划末期，马丁炉的上料工作有80%以上已经机械化了。

在冶炼工业中，机械化方面所获得的成绩，可以从下面的材料中看出来。要在手工操作的马丁炉中生产100万吨生铁，需要消耗700万工时的人力劳动（根据革命前俄罗斯的未机械化的炼铁炉上实际消耗的劳动量）。但在机械化的炼铁炉上生产100万吨生铁，所需人力劳动不到70万工时，即减少了90%。

战后时期，在冶炼工业中，费力和笨重的工作普遍实行机械化，而操作过程则实行自动化。

炼铁炉和马丁炉上，冶炼工作采用自动化的检验方法，这就使操作过程具有最大经济效果，并保证钢铁的高度质量。仅仅在现有的部分马丁炉上装了自动化的设备，一年就节省30万吨燃料。

黑色金属工业部所辖各企业中，普遍实行机械化和自动化，改善劳动组织，推行新的技术——这就使得炼铁炉的有效容积的利用程度在1950年比1940年增加25%，而马丁炉的每一平方公尺炉床的出钢量增加33%。

在木材工业中，普遍使用伐木电锯，运木材的拖拉机和绞车，自动装卸木材的机器，以及其他的机器和机械设备——这样便保证所有生产过程都机械化了。

在机器制造工业中，在轻工业部门，在食品工业部门和其他工业部门中，广泛地推行流水作业的生产方法。综合性的机械化和流水作业式的生产，保证了劳动生产率的提高和产品数量的激增。

在苏联,建筑工程的机械化达到了高度水平:土方工作有60%机械化,碎石子和拌泥浆工作有90%机械化,制造混凝土有95%机械化,砌混凝土有65%机械化。在几处伟大的共产主义建设工程上,建筑工程的机械化水平还要高。

农业机械化获得了很大成绩。在战后五年计划期间,苏联的农业从工业部门得到了536 000架拖拉机(每架折合15匹马力计算),93 000架粮食作物的康拜因机(内39 000架是自行的)❶,341 000架拖拉机曳引的耕犁,254 000架拖拉机曳引的播种机,249 000架拖拉机曳引的耘土机,还有大量其他耕地用的、播种用的和收获用的机器。

在战后五年计划期间,组成成千上万的机器拖拉机站、护林站、机器畜牧站和草地土壤改良站,建立了数十个修理厂及1500个左右的修理作坊。

机器拖拉机站的作用大大地增加了。1951年,在各集体农庄中,差不多所有的耕地工作都机械化了。机器拖拉机站在集体农庄中所完成的工作,在1950年比1940年增加了40%。如果在1940年,机器拖拉机站大约执行了90种左右的各种各样的工作,而在1950年,便执行了170种工作。这证明机械化在农业生产中更深入了。

在第一个战后五年计划期间,学会而且着手大量制造的、新的、高效率的农业机器有150种之多。在伟大的卫国战争之前,我们的农业从工业方面所得到的,基本上是燃烧火油和轻石油的轮子拖拉机,而在战后时期,机器拖拉机站和国营农庄所装备的是优越的、马力强大的履带拖拉机,所用引擎是燃烧柴油的。

在集体农庄和国营农庄的田野上,使用着力量强大的连挂康

---

❶ 自行康拜因机即自己能开动,不必另用拖拉机曳引的。——译者注

拜因机和自行康拜因机。苏联的设计家创造了，而机器制造业者则学会了制造棉花收获机、甜萝卜康拜因机、亚麻康拜因机、马铃薯康拜因机和其他种种有高度生产效率的农业机器。这些机器保证了粮食作物和原料作物的收获工作的多方面的机械化。

其他各种农业劳动，如蔬菜作物和原料作物的播种、培植、灌溉等工作，以及畜牧业中费力的工作也都机械化了。

苏联集体农庄制度的胜利和技术的不断进步，保证了农业生产的直线上升。装备有先进技术，并应用着苏联农业生物科学上一切成就的集体农庄庄员的劳动生产率，无可比拟地高出于使用简单生产工具的个体农民。

在苏联，科学和技术的发展，促进自然资源之最合理的使用，以满足人民的需要；因而这里正在进行改造自然的巨大工作——建筑最大的灌溉沟渠和人工蓄水池，培植保护土壤的森林地带，排干洼地的水。完成规模如此巨大的工程，是没有一个资本主义国家可以胜任的。

四

苏联化学工业在苏维埃科学技术的先进成绩的基础上的发展，对今后的技术进步具有重大意义。由于苏联学者在化学和电化学范围内伟大发现之应用于生产，创造了许多新的物质——如塑料、人造纤维和人造皮革、人造橡胶、人造液体燃料、合成酒精和各种树脂。

在苏联，技术上的进步表现在我们不仅改变和改进了现有部门的技术基础，而且创造了工业和农业中的新的部门。这样新的而且迅速地发展着的部门之一便是瓦斯工业。在我国，天然瓦斯的富饶资源之被利用，年复一年地更为广泛了。萨拉督夫到莫斯科和达舍瓦到基辅两条瓦斯管已经建成，而且成功地被使用着。

已铺设好了高赫脱拉、雅尔佛到列宁格勒的瓦斯管,从这道管子中将输送由油页岩中提炼出的人工瓦斯。

以煤炭在地下气化的办法来代替煤矿的机械开采,不仅是把开采办法大大地简单化,使成本大为便宜,减轻了矿工的劳动,而且大大地增加了已勘测过的煤藏量;因为现在可能把从前不值得开采的煤矿也加以利用了。

把煤炭在它蕴藏的地点变成可燃烧的瓦斯的思想,是伟大的俄国学者门德雷叶夫首先提出的。还在1888年他就写道:"……再过一个时候,大概会有这样的一个时代来临,那时就不用把煤从地下挖出来,而就在地底下把它变成可燃烧的瓦斯,并用管子分配到远距离去。"❶

列宁把煤炭在地下瓦斯化的方法之发现称作是巨大的技术革命。苏联的学者和工程师们是世界上最早从理论上研究出了而且在实践中实现了煤炭地下瓦斯化的方法。还在伟大的卫国战争之前,在苏联便建设了煤炭地下瓦斯化站。这个站会把瓦斯供应许多工厂企业。

在苏联,研究出了不用矿井的煤炭地下瓦斯化的方法。新的瓦斯站的工作是全部自动化的:瓦斯化的过程是在极深的地底下,在着火的掌子❷地方进行着,温度在3000度左右,而且完全用自动装置来控制并调度的。

在战前几个斯大林五年计划时代,在苏联建立了现代的化学工业。许多巨大的化学工厂和化学综合公司建设成功而且开了工;这些工厂和综合公司生产了各种矿质肥料、合成燃料和其他种化学品。

联共(布)党第十八次代表大会指出了化学对于苏联国民经

---

❶ 《门德雷叶夫全集》,第19卷。莫斯科—列宁格勒,1950年,第569页(俄文本)。

❷ 掌子原是煤矿坑道中工人直接挖煤的处所。——译者注。

济的巨大意义；同时提出一个任务："把化学工业变成主导工业部门之一，使它能够完全满足国民经济和国防的需要。"❶

苏联化学工业科学顺利地解决了以廉价原料或生产中的废弃物料代替稀少的和贵重的原料这一问题，顺利地解决了原料的充分利用问题。乙醇（酒精）从前是从粮食或马铃薯中提炼的，现在则从煤油、木屑和造纸工业的废料中提炼了。这一替代的经济效果可从以下事实中看出来：按照列别杰夫的方法用乙醇提炼一吨人造橡胶，大约要耗费2.2吨酒精。要生产这么多的酒精需用8至9吨黑麦或22吨马铃薯。现在用22吨普通湿度的木屑，即可提炼出同量的酒精来。

从木屑中还可以提炼出糖、蛋白酵母、醋酸和乳酸、甘油、塑胶、人造纤维和其他许多贵重的产品。

由于苏联化学家努力工作的结果，发现了广大的可能性把炭化氢作为提炼酒精、有机酸、发动机燃料、人造橡胶、溶剂、药物、染料和其他种生产品的普遍性原料。

现代有机化学发展的特点之一，就是大分子化合物的工业生产。而在这些大分子化合物之中，有许多比天然品的质地更好。塑胶可以成功地代替某些金属、玻璃、木材、建筑材料和植物纤维。生产人造物质（代用品）所需的劳动，比生产被替代的天然物所需的劳动要少好几倍。

在苏联工业中，电化学，特别是电解得到普遍的应用，因此在近数十年间，得以建立了好些新的生产部门；其中特别是铝、镁、钠、钾许多的稀有金属，苛性碱类、氯、氯酸盐、过氯酸盐等生产部门。用电化方法在金属物外表涂上一层薄膜以保护金属物腐蚀的办法（镀铬、镀镍、镀银和其他种电镀），现在应用得很广泛。

---

❶ 联共（布）党代表大会、代表会议及中央全会的各项决议，第2部，第732页。苏联国家政治书籍出版局，1940年（俄文本）。

新的改进了的燃料燃烧方法（快速燃烧，以及表面燃烧或无焰燃烧），不仅使蒸汽锅炉的效率提高了，而且可以利用炉里的瓦斯以生产许多化学品。

苏联农业中广泛使用现代化的机器和机械设备，以及广泛应用农业生物学的最新成就之结果，使农业的更深入而多样性的化学化得到了有利的条件。社会主义的农业对于化学肥料、杀虫剂、化学饲料和维他命、水源的化学消毒等等提出了更高的要求。

五

在社会主义经济的条件下，在学者、工程师和斯达哈诺夫工作者的创造性的友谊合作的基础上，现代科学技术的最新成就广泛地深入到了工业部门。

在冶金工业中，加氧鼓风法更普遍地被应用；这就保证了炼铁炉和马丁炉的生产效率的提高。

苏联的学者，冶金学家正在顺利地解决着：从矿石中把铁直接还原、无铸锭的压延和连续浇铸等问题。由于操作手续的减少以及使各种手续集合在一套复合机器之上，就使得操作技术过程大大地加速了。

在苏联工厂中，已经能够用生铁做出屋顶用的铁皮；这是按照斯大林奖金得奖人尼谷拉银科工程师、乌里督夫斯基教授及斯达哈诺夫工人格曼等的方法，用无铸锭压延方法制造的。这一种铺屋面的材料比用原来的办法制造的屋顶用的铁皮牢固，而且便宜很多。这种铁皮的生产省却了好几道手续：如马丁炉的冶炼，压延机上的压延等。

开采和提炼石油的技术，正在顺利地发展及改进着。苏联的石油工作人员已能掌握打深油井和斜油井的方法。打井打到2000

至 2500 公尺已是最平常的事情,现在已经有可能打到 4000 至 5000 公尺。对于打井起了极大作用的是从锤击钻打井法改为转钻打井法,这使进度加快到 15 倍。透平凿井法的采用,以及使上钻头、起钻管、下钻管等工作自动控制的许多机械装置的设计,都是苏联技术界的首创。由于这些方法和装置的采用,使打井工作中的劳动生产率大大提高了。在战后第一个五年计划的几年中,建立了许多配备着最新的本国技术的炼油厂和建筑,敷设了大型的总油管。

在机器制造业中,广泛采用了先进操作法和改进的生产组织方法。在制造毛坯的时候,用金属硬模浇铸、离心浇铸、压力浇铸、精密浇铸等办法,更广泛地被采用。

新的浇铸方法发生了很大的经济效果。例如在一个工厂中,用硬模子浇铸七个机器配件,由于减小了留作加工的裕度,减少了耗损,使得每一部机器节省了 1.65 吨钢水。精密浇铸法使得铸件精密到甚至可以完全不需要机械加工,或者是只需要作极小修正的程度。在战后五年计划的年份中,学会了用精密浇铸法来制造地下铁道的隧道中用的拱圈,用这种浇铸法所生产出来的拱圈,可不经过机械加工,就能装到隧道里去。根据新的操作法制造出来的 16 000 个拱圈,仅节省的机械加工费就有 500 万卢布左右,而且还节省了 1200 吨生铁;这些生铁在用普通办法制造时,都变成切屑了。用压的办法来制造毛坯以代替锻的办法的时候,采用封闭式的模子,同样也采用可变断切面压延法;这样就把劳动生产率提高到原来的三至四倍,而且提高了机件粗加工的正确性。

在机器制造业中,广泛地采用了粉末冶金术。这种冶金在各种工具、多孔轴承、摩擦材料等等的制造中采用得更广。用粉末冶金做的摩擦材料比石棉质的材料坚固耐用。在比较试验中发现,"C-80" 型拖拉机上用石棉覆盖层的摩擦盘,消耗起来比粉末冶金做的要快13倍。使机件表面坚固化的种种方法也都很流行，例如：用轧辊滚压圆柱形机件；用钢屑喷射表面；用高频电流或火焰淬硬；在机器容易磨损的表面覆盖硬质合金，多孔（松性）涂铬及其他等等。

苏联的研究工作者在世界上最早从事于研究金属加工中的高速切削问题，且曾证明把切削速度增加到原有的五至六倍是可能的。机器制造业中的革新者——斯达哈诺夫工作者，在提高金属加工的速度上，获得了极大的成绩。金属加工的新方法大大地提高了劳动生产率。例如用旋风法车切螺丝的时候，就把加工时间缩短到原来的1/20还不止。用拉切法来从事金属加工工作效果是非常好的。用拉切法来拉孔眼的时候（代替原来的扩展法）劳动生率提高到原先的8至9倍，而且有些特殊式样的孔眼（例如花梢孔），只能用拉切法来加工。

用压的方法来加工，也可以大大提高劳动生产率，并改善机件品质。搓螺丝比车螺丝要增加几十倍生产率。冷压的零件或则是完全可以不经过机床的加工，或则可以把加工工作减少百分之八十至百分之九十。

在很多机器制造厂中，采用了电解机械综合加工法❶，把设备的效能提高到10倍以上，把电力消耗减到只要1/6。

---

❶ 原文是 Анодномеханическая обработка металлов，是两次荣获斯大林奖金的古雪维（В. И. Гусевый）所发明的一种金属加工法，除开金属刀具的切削作用外，还利用了电解作用的热效应和化学效应以扩大切削效果。其法以工作物及刀具串连于低压（25 30 伏）的直流电路中，工作物接于阳极，刀具接于阴极，其间置特种电解质；在电流作用下，工作物表面上形成具有高压电阻的保护性薄膜。刀具接触工作物时薄膜被破坏，电流密度突然局部性地增大，由于热效应使工作物金属熔化，因此切削效果扩大。这种加工法中，刀具的切削作用倒是次要的，因此刀具一般均以普通铁皮为之。而一般刀具难于加工的金属如高速钢、硬质合金，却利用此法能够很顺利地进行加工。（参考书：1949年苏联机械工业文献出版局出版，Н. Р. Четыркин 著：*Анодно - механ - ическая резка метталов*）——译者注

在机器制造工业中,由于先进操作技术的推行,保证了质和量的指标不断地向上提高。

在建筑工业中,广泛地采用了流水作业的工作组织方法。建筑业者从个别生产过程的机械化而进一步转入全盘的机械化。建筑工程的新的组织方法保证了:各种工程在时间上的高度配合和严格的合拍的完工。把机械化的工厂中准备好的各种结构在建筑现场装配的办法能普遍推行,使建筑工程中的流水作业法可以充分地被采用。

建筑工程中流水作业的快速工作法之推行,使有可能大大地提高施工速度,提高劳动生产率,并且减低了建筑工程的成本。

由于改良的计算机之出世,大大地节省了社会劳动。在工程技术工作、会计工作、计划工作、统计工作和其他种种工作中应用了这种改良计算机的结果,不仅使工作大为轻便,提高了工作的效能,而且可以腾出一大批工作人员来。在有一个工业部门中,在原来的工作条件下,为了改善机件的设计而求出 30 至 40 种计算方案,就得花费两年左右的时间。由于使用最新的计算机的结果,设计人员在几个星期之间就求出了 2000 个左右的计算方案。

六

国民经济一切部门中的技术进步,是与工人、集体农庄庄员和苏维埃知识分子的普通文化教育和技术教育之不断提高相伴随着的。在战后第一个五年计划期间,工厂艺徒学校、手工艺训练班和铁道训练班等等,替国民经济培养了 340 万熟练工人。在生产中进行的个人学习和生产小组学习以及训练班式的学习,对于新干部的培养和工人职员的技能的提高,起了巨大作用。

在战后斯大林五年计划期间,国民经济各部门得到 65.2 万个受过高等教育的专家和127.8万个中等学校毕业的工作人员。

1950年时,在国民经济各部门工作的专家人数比1940年增加84%。

技术之发展和干部水平之提高是生产进一步发展的保证。我国劳动者一经掌握了生产技术就会更好地使用机器和技术设备。为更好地利用技术设备而展开的、全体人民的社会主义竞赛,标志着苏联人民争取技术进步的新成就。

在苏联,由于国家计划和经济机关的指令和规定,使每种新的发现能被直接采用;这样就保证了科学和技术上的成就得到有计划的推广。苏联的定期刊物、科学技术出版物,以及教育大纲和教科书等等的介绍,同样也起有很大作用的。每次新的教科书再版或出版的时候,高等教育部一定要把科学上的新发现和生产革新者的新经验编进去。

在工业中,推广先进工作经验的最好办法之一,就是开办斯达哈诺夫运动生产教育学校及各种训练班、展览会、博物馆和演讲会等等,以便把先进工作者的经验传播给大家。在农业中,苏维埃农业技术的成就,和集体农庄先进庄员的新的工作方法之交流和传播,是用举办农业展览会和农业技术研究组等方法、用召开农业先进工作者会议的方法、用演讲和出版等方法来达到的。

苏联的高速度的技术进步是社会主义扩大再生产所特有的本质,这是促使体力劳动者和智力劳动者之间的界限、都市劳动者和乡村劳动者之间的界限归于消灭的因素之一。更多数量的先进工人和集体农庄庄员提升到了智力劳动的工作人员水平,他们开辟了科学和技术上的新道路。关于这一点的最有力的说明就是:在工业、交通和农业各部门中,因杰出的发明和生产工作方法的根本改善而获得斯大林奖金的得奖人数的增加。在伟大的卫国战争开始之前,因发明和生产工作方法的根本改善而荣膺斯大林奖

金得奖人称号的计有170人，到1947年获得这称号的就有254人，在1948年有467人，在1949年有763人，1950年有1227人，1951年有2000人以上。

文化技术水准上升的标志之一，就是劳动者的参与生产合理化建议运动。仅在1949年至1950年间，工厂企业中的工人和工程师、技术人员就提出了100万件以上的合理化建议和发明，以求得生产之根本改善。

在资本主义各国，可以保证劳动生产率之空前发展的种种科学发展和技术改良还未被利用。例如，最大的几个美国汽车公司独占了汽车制造业中的一些科学技术发现，其意图为的是不让别的公司在制造中采用这些发现。而这些大公司自身却只利用了这些发现中的极少一部分。

在资本主义生产方法之下，科学和技术的发展是用以加强对劳动者的剥削；与此相反，在苏联，科学和技术的成就被利用来提高社会的劳动生产率，来提高劳动大众的福利。

在苏联，在电气化和远距离电气操纵机械、机械化和自动化、化学化和喷射推进技术等部门中最新的发现和发明，都用来为国民经济的和平事业服务。例如，在帝国主义者手中，原子能是制造杀人武器的来源，而在苏维埃人的手中，就可以而且应该成为空前的技术进步的有力手段，将用来发展全国的生产力。

斯大林同志在回答《真理报》记者关于原子武器的问题时指出，苏联坚持停止原子武器的生产，而把已制造成的原子弹完全用于民用事业。斯大林同志说："苏联曾好几次要求禁止原子武器，但是每一次总是被大西洋集团国家拒绝了。这就是说，一旦美国进攻我们国家，美国统治集团将使用原子弹。就是由于这种情况，苏联才不得不备有原子武器，以便能全副武装地来对付侵略者。"❶ 原子能之被利用于国民经济的和平事业将保证苏维埃科学技术的更巨大的发展,而且将促使我们祖国技术和文化的继续进步,促使劳动大众的物质福利和文化水平的进一步发展。

斯大林同志在说明共产主义社会的特征时曾指出:这将是这样的一种社会,在那里"按计划组织起来的国民经济,不论在工业或是农业方面,都是以高度技术为基础的。"❷ 斯大林同志于 1946 年 2 月 9 日在莫斯科市斯大林选区选民大会上的演说中描述最近几个五年中全国国民经济发展的远景时,他曾说过:"党拟定了组织国民经济的新的巨大的高潮;这种高潮将使我们有可能把我们的工业水平提高到战前水平的 3 倍。"

这一任务之实现是与技术进步不可分割的,技术进步是生产中新的巨大的高潮和劳动生产率提高的主要条件之一。在社会主义逐渐过渡到共产主义的时期,今后技术进步的基本道路将是:生产的电气化、化学化、机械化和自动化之新的巨大的发展,以及最新的科学技术成就和先进的劳动组织法在国民经济的各部门中到处广泛地被推行。

战后五年计划期间苏联国民经济中的技术进步

---

❶ 斯大林同志关于原子武器答《真理报》记者问的译文,见 1951 年 10 月 7 日各报。——译者注

❷ 《列宁文选》(两卷集),第 1 卷,第 51 页(苏联外国文书籍出版局,中文本)。

关于在湖北、湖南、广东
（11月12日—12月2日）
的行程情况给暮桥、启允、思华、
超伯、陶然的报告[*]

暮桥、启允、思华、超伯、陶然诸同志：

　　我们是11月12日夜由京动身南来，到今天（12月2日）刚好整整20天。20天来生活相当紧张，偶尔夜晚有空，但总是有些疲劳，精神涣散，懒于动笔，故除每到一地，电话告行止外，未给你们写信作过报告。我们一行，除周宏、何焕炎及农业部统计处的常青华三人仍留广东，拟到高要县再做一星期左右的深入了解，其余的都在广州至杭州途中。今天是20天来最清闲的一天（以往坐夜车多）。利用此时间，给你们写此信，主要是我个人在此20天走马观花之后的不成熟的感想。因车厢震动很大，字迹潦草，请谅！

一、我们的行程

　　二十天内我们共访问了湖北、湖南、广东三省局，武汉、广州两市局（谈话与省局在一起的），黄陂、咸宁、番禺、顺德、

---

　　* 此报告写于1955年12月5日晚10：30。标题为编者后加。

中山五个县和五个区十个乡四个合作社。我们在武汉停留了整整六天（14日晨光熹微中到达，19日坐车离开），在省里停了四天，在县里停了两天，我们在京已经计划是11月21日（星期一）离武汉去广州，只有去湖南的计划。在武汉时知交际处组织当地的苏联专家去毛主席故乡参观，他们曾来邀请参加。但他们是星期六坐车动身，星期日由长沙去湘潭，我们如与他们同行将继续计划中的最后一次与省市局的业务所局科级干部的座谈会。但如照原计划在星期一乘车离武汉则星期日整天地无非在武汉逛马路。星期一则完全消耗在火车中毫无慰藉。经商量后，我们决定于19日（星期六）乘夜车离武汉，星期日晨到长沙，当天游了韶山乡，晚上回长沙，星期一与省统计局做了一整天的谈话（上午由周春华、舒城汇报，下午与省科长级干部作集体谈话），晚上省计委两位同志招待吃晚饭时，我们又与他们就统计局的机构、领导、与计委的关系等问题交换了一些意见。第二天晨乘车离长沙，并于23日拂晓前，照我们在京原定计划到达了广州。我们在广州停留了九天，除费一天时间逛了温泉名胜外，在省里谈话花费了四天左右时间，在县区里访问也有四天左右。我们的活动方式是除了听省市局长汇报和最后一次总结性座谈会是两位专家和我们工作组同志全体参加的以外，到县区乡访问以及与省市统计局科长的谈话则是两位专家分头进行的。专家与各专业科长谈话时，我一般不参加，而利用此时间与省的领导同志或局长谈话。专家下乡由我和省局长分头跟进，小组的其他同志则或随专家活动，或单独到较偏远的区乡活动。

我在出发前，原计划此行一方面是了解省里的情况，另一方面则是陪专家到各地看看（参观），不想把行程安排得太紧张。但专家们并不愿意，在星期日之外，把时间用在游山玩水或逛马路等方面。每到一地放下行李就要正式开始汇报工作，往往晚间也要排上工作，午晚饭则经常不准时吃。他们对工作的认真负责

关于在湖北、湖南、广东（11月12日—12月2日）的行程情况给暮桥、启允、思华、超伯、陶然的报告

态度很使同志们感动。同时我们自己也总是每到一个省、县、区、乡或合作社，总是不断发现新的情况、新的材料，好似刘姥姥进了大观园琳琅满目、美不胜收。我们的每一个半天的谈话，虽然总要耽误了吃中饭或吃晚饭的时间才能结束，但总觉得还有许多事情没问清，许多事情没问完。因此，我们在武汉时只花两个小时逛了一下东湖，花一个晚上的时间看了人民剧场画报，临行时专家们也没有把武汉的市容看清，马克西莫夫同志至今尚有遗憾，在广州总算花一晚又半天的时间到从化温泉洗了一个温泉，找一个黄昏参观了苏联的展览馆。临上车前争取到两小时看了农民讲习所和红花岗，但竟没能到越秀山。

我们原定30日离广州，因当日无加车，被迫在一日才动身去杭，原定在杭州只留三天（其中包括一个星期天），照我的意见只与省局同志谈两个半天话，让专家游玩两天我们的"地上天堂"，但谢光特夫金同志硬说要拿一天时间去看一个县，或看一个乡，而只拿一天时间游杭州。马克西莫夫也随声附和。到底能否说服他们，暂无把握。

二、若干收获

我们这次出来了解工作完全是走马看花式的，当然不可能对当地工作有全面深入的了解。但即使如此，还是有不少收获的。首先，我们每到一处对当地统计工作肯定是有很大推动作用的。虽然我们这次了解的重点是区乡统计工作，是农业统计，但我们在省，甚至在县里了解工作时是较全面的；尤其在省里，两位专家除听取局长的全面性的工作汇报外，还分头与所有专业科科长或主要科员谈话，最后除做了总结性的发言外，专家还作了问题解答（这次在任何地方均未做大报告）。由于专家们懂理论、业务水准高，而且对我们自己的代表、方案及各省报送情况也掌握有材料，所以往往几个问题就把我们的干部问倒了。专家的批评一般说是正中要害的。专家的某些建议在中国实行，虽尚需经过一番努力过程，但确是应提到议事日程上来，急应提请大家注意的。因此专家的批评有时虽尖锐直率，但就我看，大家都还心服。省里同志对我们的某些意见和建议则是认为非常及时的。我们的到达至少是促成地方负责同志对自己的工作做了一番较全面而又相当深刻的检查。湖北、湖南两省局的负责人已决定在我们走后，即召开省统计局和业务局统计科的干部座谈会，研究专家和我们发言中所提出的一些意见。广东省局原定12月20日开全省统计会议，以总结"实割实测"为主，现同意对县区乡统计工作做一全面讨论和全面规划。在此次会议上将把农业司起草的三个方案和一套基础报表发给大家研究，以便向全国统计会议提出意见。宫雨屏和周春华两局长决定在我们走后，再到下面去研究农村统计工作问题，以准备在全国统计会议上提出意见。

其次，我们和专家在湖北曾和刘副省长兼计委主任谈了足足五个小时，在湖南曾和计委两位副主任谈过话（徐羽同志虽仍挂着统计局长名义，但实际已完全不管），在广东曾和分局委员、副省长兼计委主任贺希明同志及另一位省副主任谈了两次，省副主任出席听了专家和我在统计局干部座谈会上的总结发言。这三省的党政或计委负责同志在与我们谈话后，均表示将把我们在谈话中所提出的一些问题，如加强统计工作领导、充实机构、统一区乡统计工作领导、统一计划统计口径、计委不自己搞数字、加强业务厅局的报表报送纪律等问题，向省委建议并提请省委专门讨论一次统计工作问题。依我看，这倒并不是在苏联专家面前敷衍。他们是讲得很严肃的，他们说有些问题他们过去的确是忽视了，有些问题，他们也感到严重，就是老没有机会提出来讨论并解决。我个人也亲自去访问了湖北和广东的农村工作部，并与正副部长交换了关于农村统计工作的意见。我们取得了一致结论：

关于在湖北、湖南、广东（11月12日—12月2日）的行程情况给暮桥、启允、思华、超伯、陶然的报告

广东的农村工作部长且当场要陈应中副局长用双方名义，对统一区乡级现在实际在搞数字的兼职或专职的干部于一个委员会或统计小组及继续举办农民家计调查一事向省委写两个报告。

最后就是这次出差对我们和苏联专家本身的好处。我们出来跑了20多天，看到听到了不少东西，对许多问题，过去我们只有抽象的概念，因此很多意见在过去都是不敢肯定的，而现在则可较肯定地提出或加以修改了。此行对专家们了解中国的实际情况当然帮助更大。

我想我们局的领导人今后每年必须出京走一两次，少则一两星期，多则个把月，尽可能也要让专家出来走走，这对了解情况推动下面工作都有极大好处。

三、我们看到的若干问题和我个人的一些初步感想

过去20天中看到听到的东西真是太多了。因为坐下来想想的时间太少，我们还没有来得及把这些材料加以消化，我在这里仅仅就我们接触到的几个大的问题及我们的初步感想说一说，待我们回京后，专家和我们都作正式报告。

1. 省县对农业统计是非常关心重视的，而我们在这方面最不能满足地方需要。我们在这方面所看到的也正是陶然等同志上半年在浙江考察时早已证实了的，一句话：下面的滥发"非法"报表是由于合法报表不能满足需要。1953年的清理报表有肯定的作用，但也有副作用：我们否定了旧的，没有拿出新的东西来。如果1953年以前，提出报表不下乡有一定理由，则1953年以后经过统购统销、三定、合作化等运动，报表不仅已下了乡，而且下到了乡以下，有了分户甚至分垱分口的数字。1953年清理报表的副作用也表现在某些省县的负责干部与我们谈话时是有很大戒心的。例如，我在湖北和广东都曾拜访过省农村工作部长。我听

我们的省统计局长说,这两位部长一贯对统计工作都很支持的。我同他们一见面就说明自己的来意是倾听党政领导对统计工作的要求,以便统计更好地为各级领导服务,同时想与他们就如何统一组织区乡力量、分工合作共同搞数字问题交换意见。可是谈了半天,我总觉得话不投机,后来才发现他们还是以为我是去"统"他们的,是去禁止他们的"非法"报表的。可是等到我揭开天窗,打破了他们的怀疑和顾虑后,他们是完全支持我们的意见的。

2. 乡里现在的统计工作实在是比我们想象的,尤其是比我们所希望布置的要繁复和细致不知多少倍。这是过去许多同志已说过的。应补充指出的是在这些"滥发"的表格中,数苍蝇蚊子或统计嫂子拉叔子脸等的是极少数的。进度统计占比较大的分量,但也不是主要的(同时大部分进度统计对县区乡也是少不了的)。在基层统计工作占最大比重费工也最多的则还是人口、耕地、播种面积、产量、牲畜等指标和与统购统销、合作社有关的统计工作。这些数字的统计正是从乡直至中央都需要的农业基本指标,对这范围以内的统计当然不是取消,而是给予领导问题。

3. 我们应该承认,即使把苍蝇蚊子之类"统计"完全取消,把进度统计缩到最低限度,把重要农业指标统计减去重复加以合理化之后,在区乡一级剩下的统计工作分量还是很大,与我们的主观力量不相称。在我们跑过的三个省中,湖北已有一半区(三百多)设专职统计员,另一半区设有兼职统计员,现在省的领导正在考虑把另半区的兼职统计员也改为专职统计员。湖南、广东则连兼职统计员也没有正式固定下来。(广东贺希明同志谈,他们刚得中央批准增加8000名区乡编制名额,以加强合作化运动,因此可考虑恢复区的专职统计员。)依我看,以现在区里的工作量而论,设立一个专职的统计员,在平时就够忙的(在他的日常工作中,应包括对全区各乡统计小组的领导和对那些乡义务统计员的培养训练),在调查统计任务到来时,一个人就更忙不开,还必须拉其他人员帮忙。如当地党政领导能批准的时候,我们当然应争取设置一个专职的统计员,但我们不能把一切希望放在设置专职统计员这一点上。更切实际的办法是把现今在区里兼搞数字的工作人员组织在一个调查统计小组(或委员会或办公室)之内,并指定一人为兼职的小组长,在统一领导下,分工负责完成全区统计工作任务。事实上,目前在区里兼职搞统计数字的干部很多,把他们的工作集中起来,应远远不止一个人的工作量。这些兼搞统计数字的人员在广东中山县就有财粮助理员、会计辅导员、兽医(该县牲畜调查就靠他所领导的乡的畜牧兽医小组——每组三四人,乡乡有)、民政助理员、文教助理员和购生猪的食品公司等。在番禺县还有区委会的调查统计员。这些人都在搞调查统计,可是各搞各的,互不联系,互相重复又互相矛盾。我们如何把这些人组织起来,指定一人负责,由县统计科在业务上加以领导,有计划地分工合作地进行工作,则必然事半功倍,在大体上是可以担负起今天客观形势对我们提出的统计工作要求的。因此我在广东省局科长以上干部座谈会上向他们提出,解决今天的主观力量薄弱与客观任务繁重的矛盾,其方法就是全面规划工作,把现有人力组织起来,而不是把一切希望寄托于增加编制。我想这不仅对广东对全国其他很多地方也是适用的。

  以上主要是12月20日全日及三日早晨在火车上写的。三日前到了杭州,至今已第三日,只补写完了以上最后一节,如要把我一些零碎感想写完再发此信,不知要到何时。来杭后,专家对了解工作抓得很紧。昨日星期日,白天总算玩了一天,晚间又与许局长谈到11点钟,今天苏联宪法节还是搞了一整天又一晚,现在(已十时)刚休息,这里还在开专署直属市县科长会议,今天专家去解答了半天问题,明天还要求我去出席,听取他们的意见。同时这里,根据我们的基层草案改制了一套,共80余张,专家已令翻译译出，明日拟与省局研究一天（我们初步意见是此草案太烦琐）。看来至早要后天（七日）才能离开此地了。

　　先将此信寄出，以后有空随时再给你们写信。我要写的大概还有：合作社的统计工作问题（实际就是一张会计结算表，各社均有）；统计纪律性问题；各省对两个家计调查均甚热心，如何在统一方案指导下，要各省市自己搞的问题；对今年下半年4个调查的意见等。

　　没有时间多考虑，写的不扼要，也来不及重抄；请原谅！
　　敬礼！

孙冶方
12.5 晚十时半

关于在湖北、湖南、广东（11月12日—12月2日）的行程情况给暮桥、启允、思华、超伯、陶然的报告

关于浙江省统计工作座谈会的情况给暮桥、启允、思华、超伯、陶然诸同志的报告[*]

暮桥、启允、思华、超伯、陶然诸同志：

到杭州后，正逢浙江省统计局召开专署和直属市、县计统科长统计工作座谈会，会议主要解决今年各项年报安排，讨论清理和建立基层统计报表以及统计工作全面规划等问题，省统计局局长许铁夫同志汇报会议情况后，向专家提出了一些问题要求解答，他们的会议原想在专家解答之后即结束，但解答之后，当场即有人提出意见要求延长会期，要求国家统计局副局长听取他们对于统计工作的意见。倾听基层工作同志的意见是必要的，也是我们希望的。于是不得不留下来听听各市、专同志一天的汇报和发言，会上发现宁波、嘉兴等专署的同志，对统计工作流露出相当严重的消极情绪，他们甚至主张取消计统科！参加这次座谈还了解到不少情况和问题，待以后再详细汇报。在与许铁夫同志谈话中，还发现省统计局与省计委间及其他方面的工作内容很不正常，省统计局本身许、方、沈三位正副局长间对许多重大问题的认识也不一致，这些都影响着浙江省统计工作的开展，因此，我

---

[*] 此报告写于1955年12月7日晚。标题为编者后加。

找省计委正副主任、省委第二书记谈了两次话,明天还想与省统计局三位局长谈谈,这样,我们不得不一再延迟至明日。8日下午才能动身去上海,(原计划六日到上海)回京日期恐也要比原计划推迟一两天了。

　　敬礼!

关于浙江省统计工作座谈会的情况给暮桥、启允、思华、超伯、陶然诸同志的报告

孙冶方
十二月七日晚

加强劳动工资统计工作是做好工资工作的重要条件[*]

——国家统计局孙冶方副局长在全国工资会议物价小组会上的发言

今天国家统计局一共向会议提供了四份资料：一是全国42个大中城市职工生活费指数资料；二是全国各部门1952—1955年工资情况统计资料，包括有关货币工资、实际工资和劳动生产率的资料；三是全国42个大中城市的职工生活费指数权数资料；四是全国42个大中城市物价差率资料。我首先想对生活费指数资料说几句话。这一资料是在1954年6月间就开始编制的。编制出来以后，就随时提供有关机关使用，但是没有向领导写过专门的报告，也没有利用这资料来计算全国和各省市、各产业的实际工资。这是我们工作中的缺点。这资料是根据全国42个城市所报的职工生活费指数资料编制的，已经经过一年多的整理和积累，我们认为还是比较完善的。根据这资料计算的实际工资也是大体上能反映真实情况的。生活费指数资料主要是表示各地生活费的上涨或下降幅度，也即是用以表明各地职工实际工资的增长或下降情况的。但这一指数并不能说明各地区实际生活费水平及地区间差别。举例说，假定1954年某一沿海城市的一个职工的生活费包括一定数量和品种的日用必需品和其他生活开支是每月50元，在

---

[*] 本文写于1956年3月。

1955年因物价上涨而增为55元，则生活费上涨5元，指数上涨率为10%，但在内地的某一城市，同一内容的生活必需品及其他生活开支在1954年为每个月40元，1955年因物价上涨而增为50元，上涨绝对数为10元，百分数为25%，均超过了上述沿海城市的指标。但是这个沿海城市的生活费在1955年为55元；那一内地城市为50元，前者仍比后者高。编制生活费指数还是比较容易的，但要确定各地区间的生活费绝对水平则困难甚多。这里牵涉到生活习惯问题，消费品的种类和牌号问题，居住和交通条件等等问题。我们对于这种地区间生活水平的计算方法研究不够，把握更小，所以犹豫未定，始终未着手编制出有关这方面的系统的资料。这次在领导同志督促下，决定根据国务院制发的"职工生活主要消费品价格计算表"和国家统计局所掌握的全国42个城市零售物价的资料也编制了一份资料，供会议参考。关于编制生活费指数，和各地区生活费水平若干具体问题由国家统计局贸易统计司杨波同志另作说明，我不多讲。

加强劳动工资统计工作是做好工资工作的重要条件

在这里我要对整个劳动工资的统计工作说几句话，这是与我们会议所研究的问题有密切关系的。这次周总理、陈副总理、李副总理都严厉地批评了过去工资工作中的缺点。李副总理指出，过去对工资计划执行情况缺乏年度中的检查，直到年度终了检查时才发现未完成计划，便已经是迟了。在这一点上，我们统计工作者是负有很大的责任的。因为要在年度中经常检查工资计划的执行情况，就要经常掌握有关劳动统计资料，离开了统计资料是没法检查计划的。例如，我们要知道某一时期内全国，或某一工业部门，或某一省市的平均货币工资增长情况，就得掌握这一时期内全国，或是某一工业部门，或某一省市的工资总额和平均人数。如果要分析工资增长的因素，还得掌握工人的等级和新添工人的人数等资料。如果要计算实际工资的增长情况，还得经常掌握全国大中城市的生活费指数资料和职工家庭收支调查（家计调查）的资料。但是我们应该承认，过去我们对于劳动工资统计是不够注意的，因此这方面的统计资料很不全。有时虽然也提供了关于某一时期、某一产业部门的平均工资并未增加甚至降低的资料，但往往只是在季度国民经济执行情况综合报告中一般地提出，并未作专门详细的分析，更未写成专门报告，提请有关方面注意。为了纠正这一缺点，我们除了按照周总理、陈副总理、李副总理的批评和指示，在思想上检讨过去对劳动工资统计注意不够的错误并以此教育我们的统计干部外，希望各省、市、各部局的领导同志多方面给我们帮助和指教。

第一，经常督促和检查各部、局、企业和省市的统计工作，特别是劳动工资统计工作。应该说，轻视劳动工资统计工作的倾向是相当普遍的。例如，我们的国营工业尤其是八个工业部和铁路的统计工作是比较好的，但也还是偏重于产量、产值、货运量的统计，而对于职工人数、工资总额等统计便不够重视，报送不及时，质量也差。至于非工业部和地方工业的劳动工资统计工作则做得更差一些；商业、基建、国营农场、文教、卫生和机关的劳动工资统计工作就还要差。但是如果缺少了一个部门和一个地区的资料，就很难计算全国的平均工资；如果一部分的资料报送不及时就将影响全国资料的提供。

各部门和各省市的领导同志协助统计工作的最好办法，便是责成各该部门和省市的统计部门按时提供有关劳动工资的可靠统计资料，要多多使用统计部门，给他们事做，检查他们。这样，就能逐渐迫使统计部门成为领导研究工资问题的得力助手。

第二，有些关于职工生活的实际情况的资料，是不能在劳动工资的定期统计报表中取得的。为了补救这一点，为要更细致地研究这个问题，例如，确实知道生活水平的地区差额，要知道工人家庭消费的商品品种等等，必须举办职工家庭收支调查（家计调查）。过去许多城市的业务部门（如银行、贸易公司）和工会等群众团体,为了了解职工生活的实际情况,职工消费品构成内容,地区间工资水平和生活水平的比较等,曾经分头举办过这一类的调查。但是由于调查方案不统一,指标不一致,所取得的资料无法做全国范围内的比较。又因这些调查往往未能坚持下去,所以无从做历年比较。去年国家统计局曾经草拟了全国统一的职工家计调查方案,拟在全国27个城市中举办6000户职工家庭收支情况的经常性登记。李副总理在原则上已同意了这个调查方案,后来因为限于编制,统计局自己无法解决举办这一调查所需要的干部,因此决定把这一调查方案发给各省市统计局,由各省市统计局报请当地党政领导机关决定,特别是争取工会、劳动局……等,来共同进行。全总也曾表示愿意支持我们这个调查。现在据我们所知,全国很多城市已在积极进行,而且,许多地方的积极性远比我们的希望更大。例如:我们原计划在上海调查660户,现在上海领导方面已决定调查1200户;我们原来决定在武汉调查320户,现在武汉市领导方面已决定调查1000户;我们原计划在河南省只在郑州市进行调查,现在河南省已决定在开封、洛阳、新乡、安阳、信阳五市也举办这个调查。但是也有不少省市对这一调查并不重视,尤其天津市似乎对这一调查也还未有具体布置。我们希望各省市领导同志能支持我们这一个工作。在已决定进行这个调查的城市中必须遵守国家统计局统一拟定的草案进行。为满足地方需要可以适当增加调查户数但不要减少我们所规定的户数,不要改变我们所规定的各产业间的比例。在尚未考虑举办这一调查的城市,希望市委和市人民委员会能给统计部门配备一定数量干部,督促统计机关把这一工作迅速举办起来。

加强劳动工资统计工作是做好工资工作的重要条件

我希望人家支持这一调查,至少在我们规定的27个城市中一定要举办,能有更多的城市进行调查更好。我们在这里特别提出请劳动部门和工会要大力协助这个调查,籍以取得研究工资和工人生活问题所需要的各种资料。

把计划和统计放在价值规律的基础上[*]

很久以来，就存在一种说法，认为价值规律是商品经济的范畴，它是与社会主义的计划经济互相排斥的；计划管理范围越广泛，越深入，那么价值规律的作用范围便越受约束。如果说，在社会主义社会内，价值还起着一定作用，那只是因为：在社会主义社会中，除了全民所有制的国营经济外，还存在着集体所有制和个体所有制；因而在这些所有制之间还存在着商品交换，职工工资也仍以货币形式支付。这就是说，在将来的单一全民所有制的共产主义社会中，价值规律将完全消失而不起作用；而在社会主义社会中，价值规律也不是这个社会中最基本的所有制（全民所有制或国营经济）的生产过程本身所客观存在的规律，而是由于它与其他种所有制发生交换关系才产生的，是流通过程的范畴。因此至少在国营企业的生产领域中是可以不考虑价值规律的作用的。

为了说明我们的问题，我们先要说一下：到底什么是马克思的劳动价值规律，以及这一规律在商品经济中是如何起作用的。我们从两方面来说明这个问题：

第一，马克思关于价值规律的学说告诉我们：在商品经济中任何商品的价值都是劳动创造的，因而商品的价值量是由生产这种商品所耗费的劳动量决定的，即由劳动时间决定的。然而这并

---

[*] 本文原载《经济研究》，1956（6）。

不是说，工作条件愈差，技术愈落后，工作者愈不熟练，价值便愈高。因为商品价值不是由生产者的个别劳动时间决定的，而是由社会平均必要劳动时间决定的。因此，条件差，技术落后，不熟练的生产者所耗费的劳动量便高于社会平均必要劳动量。他赚钱便少，甚至要蚀本；如果长期不改变便会被淘汰。反之，如果生产者的个别劳动消耗量低于社会必要劳动量，他便能赚到额外利润，他的事业便日益发达。商品生产者为了赚大钱，为了自己的事业的发达，至少是为了不蚀本，避免被淘汰，便日夜钻研，改进技术，改善自己的经营管理。这样，价值规律便通过同一行业之内的生产者之间的互相竞争，像一条无情的鞭子一样，不断督促着生产的进步。马克思在《共产党宣言》中曾说，资本主义社会像用魔术一样唤醒了沉眠在社会劳动里的巨大生产力，使得不到一百年间创造了比先前一切世代总共造成的生产力还要宏伟众多。这魔术不是别的，便是在这个竞争中自发地作用着的价值规律。这就是说，价值规律在商品经济中起着促进技术进步和生产力发展的作用。

把计划和统计放在价值规律的基础上

第二，但是竞争不仅存在于同一生产部门之内的各个企业之间，而且存在于各生产部门之间。由于商品生产是盲目自发性的，因此供求永不能平衡，市场价格就环绕着价值（社会平均必要劳动量）不断涨落。在这价格的涨落中，某一生产部门中若有多少商品生产者发了财，而另一生产部门中便有多少生产者破了产。在这种价格的涨落中，能够站住脚而且发展的也是那些能够不断改进技术、改善经营的企业。但是在各个不同的生产部门之间的竞争不仅也像同一部门内的竞争一样，促进了技术的改进和生产力的发展，而且使社会资本和劳动力从一个生产部门流入了另一个生产部门。价值规律便这样自发地起着生产调节者的作用，执行了分配社会生产力的任务。

现在我们来看一看，上述内容的价值规律，在社会主义社会，特别是共产主义社会中，是否还继续起着作用。

首先，商品是历史范畴，在共产主义社会中将不再有商品交换，生产品也不再是商品；社会生产的直接目的是使用价值而不是价值——这些都是可以肯定的原则。然而叫作生产品也好，或直接叫使用价值也好，它总是劳动所创造的或者说是花了一定量的劳动消耗的代价换来的；这代价当然不是目的而是手段，然而不能改变事情的本质。花了代价就不能不计算一下代价的大小，至于你把这代价叫作"价值"，还是直接叫作"社会平均必要劳动量"，那倒是无关紧要的。

其次，在商品经济中，价值规律自身变成了一个自发的，然而是极灵敏地计算产品的社会平均必要劳动量的自动计算机，它随时提醒落后的生产者要他努力改进工作，否则便要受到严酷的惩罚；也随时鼓励先进的生产者并给他丰厚的奖赏，要他继续前进。它是赏罚分明，毫不留情，不断督促着落后者向先进者看齐。

在社会主义社会或共产主义社会里，我们限制或消除了市场竞争所带来的消极的破坏性的一面。这是好的。但是我们不能不计算产品的社会平均必要劳动量。否定了或者是低估了价值规律在社会主义经济中的作用，事实上也便是否定了计算社会平均必要劳动量的重要性。因而现在我们的计划统计指标着重于表现物量，而忽视了价值；着重于表现生产的成果（所谓"总产值"，即毛产额），而不着重于分析这成果的内容如何（新增产值和转移产值各占多少，也即是净产值和物质消耗各占多少）；更不着重于分析如何以社会平均必要劳动量的计算来提高劳动生产率，以达到增加物质财富的最后目的。

虽然说我们的计划统计指标是很多的，企业管理工作者之间有所谓七大指标的说法（指总产值、商品产值、产品产量、劳动生产率、成本、利润和流动资金）；但是在目前的计划制度和管理制度之下，我们大家抓的主要指标是一个以不变价格计算的"总产值"，就是说是一个物量指标。它在整个指标体系中不是一个综合性的指标，它不能带动其他指标，甚至完成"总产值"计划往往同完成其他计划指标发生矛盾。"总产值"对于促进企业财务管理，推动生产率的增加不是一个有力的杠杆。因为它不是一个价值指标。

否定或是低估了价值规律的作用，也等于是否定了根据社会平均必要劳动量的计算，来改造落后企业的必要。我们知道，在农业中，农产品价值是以生产条件最坏的土地上的劳动消耗量（最大的消耗量，而不是社会平均必要消耗量）决定的。这是客观自然条件（土地的有限性）所造成的。这便是级差地租的来源。现在我们为了让最落后的工厂能够活下去，工业中的产品价格也是以这些落后工厂的劳动消耗量来制定的。但是这样做，除了把落后固定起来以外，还有什么好处呢？（当然，由于这种价格所形成的"级差利润"是我们的积累的来源之一，但积累一定要通过这一形式吗？难道不能以其他形式，如税收形式来完成吗?）要让落后工厂能活下去，就得帮助它改造技术、改进管理制度，经常提醒这些企业的职工，尤其是领导者：他们的劳动消耗已经比社会平均必要劳动量高出了多少；而不是用一个落后定额来安他们的心。

这一个社会平均必要劳动量的价值规律对资本家来说，是在睡梦中也忘不掉的：它有时变成了蚀本和破产的恶魔威胁着他；有时变成了额外利润，繁荣发财，像一个迷人的妖精般引诱着他。不论是以什么面目出现，这规律总是推动了资本家不断地前进再前进。对资本家来说，生产而不计财务成本，简直是不可想象的。但是在我们，"不惜工本"似乎是社会主义建设的应有气魄。"价值、价值规律是商品经济的范畴!""资本、利润，——啊！这是资本主义的概念!""资本主义概念""资产阶级看法"

等也像魔法一样迷住了我们，使我们往往不敢把问题反复想一想。

不错，价值规律在商品经济社会中，是一个盲目性的自发规律，因而它是与市场竞争、经济危机、失业以至殖民地掠夺、侵略战争等一系列的消极、破坏因素联系着的。在社会主义制度下，我们把这个盲目、自发的规律变成为我们自觉掌握的规律，因而也就排除了它的消极、破坏的一面，而保留并且发扬了它的积极建设的一面。

我们应该肯定地说，通过社会平均必要劳动量的认识和计算来推进社会主义社会生产力的发展——价值规律的这个重大作用在我们社会主义经济中非但不应该受到排斥，而且应该受到更大重视。

发展生产的秘诀就在于如何降低社会平均必要劳动量，在于如何用改进技术，改善管理的办法，使少数落后的企业劳动消耗量（包括活劳动和物化劳动）向大多数中间企业看齐，使大多数的中间企业向少数先进企业看齐，而少数先进的企业则更进一步提高。落后的、中间的和先进的企业为了降低社会平均必要劳动量水准而不断进行的竞赛，也就是生产发展，社会繁荣的大道。

资产阶级在认识上是不承认马克思的劳动价值学说的，但是资本家在实践中能很好地运用这规律。这因为不论你承认不承认它，价值规律在商品经济中会通过市场竞争自发地发挥作用的（促进生产，调节生产力）。我们是信奉马克思的劳动价值论的，但是想把这一学说同自由市场一起从社会主义领域中除了籍。价值规律在没有自由市场或自由市场受约束的条件下，它变得不灵敏了，可是它存在着。因此我们更应重视它，通过计算去寻找它、发现它、尊重它，并进一步掌握它，使它为我们服务；要不然它将比惩治资本家更残酷地来惩治我们。

现在我们再来看，上述价值规律的另一个内容，即是生产调节者的作用，或是分配社会生产力的作用，在社会主义经济中是否还继续存在。过去也认为在社会主义社会中，价值规律只是在一定范围内，即是仅仅在商品流通的范围内，起着一定的调节者的作用；至于在生产领域内，价值规律便不再起调节作用，它并不能调节各个不同生产部门间的劳动分配的"比例"。至于到了共产主义社会的第二阶段，当商品流通完全消灭之后，价值规律便将作为一个历史范畴而消亡，在任何范围内也不再起调节者作用，劳动的分配将不依价值规律来调节，而是依靠社会对产品的需要量来调节。支持这样说法的有力的事实似乎就是：在社会主义国家中，用全力去发展的是那个赢利较少而且有时简直不能赢利的重工业，而不是赢利较多的轻工业。生产力的分配，或投资的分配，是国家计划机构根据政策来决定的。

但是我们首先要问：为什么在社会主义国家里，重工业一定要比轻工业赢利少，以至不赢利呢？企业不能赢利不外两个原因：（1）企业本身管理不善；（2）价格不合理。我们不能相信，重工业企业一般地都比轻工业企业管理得坏。因此，使重工业企业少赢利或不赢利的唯一理由便是上述第二个原因了——重工业产品价格不合理，即比之轻工业产品一般是偏低了。因此，这不是使我们否定价值规律的调节者作用的理由；倒反而证明了这是价格政策违反了价值规律的不良后果。

其次，认为在全民所有制经济中或在共产主义社会的第二阶段，各个生产部门间的劳动分配将不依价值规律来调节，而是只依靠社会对产品的需要量来调节。这理由也是片面的。因为对产品的需要量还只是事物的一方面；而不可分割的另一方面是：如果生产某一种产品的劳动生产率增加了，那么这一生产部门所需要的劳动量，也即是投资额，也会相对地甚至绝对地减少的。

因此，从上面所说的价值规律的基本内容来看，不论在共产主义社会的最高阶段或是初级阶段，这规律将始终存在而且作用着,所不同的只是作用的方式而已,只是这规律体现自己的方式而已。在商品经济中,它是通过商品流通,通过市场竞争来起作用,来体现自己的,因而它是带着破坏性的;而在计划经济中,是应该由我们通过计算来主动地去捉摸它的。

其实这些意见并不是当代什么人的独创之见。下面马克思《资本论》中的一段话就是说的上面的意思:

"在资本主义生产方式消灭以后,但社会生产依然存在的情况下,价值决定仍会在下述意义上起支配作用:劳动时间的调节和社会劳动在各类不同生产之间的分配,最后,与此有关的簿记,将比以前任何时候都更重要。"❶

对马克思以上一段话所需要加以补充的说明是:这里所说的簿记应包括:统计、会计和业务技术计算三种计算在内的广义的计算工作。

过去,理论界为什么会忽视马克思的以上这一重要原则性的启示呢?到底是因为忘记了马克思的这一段重要启示,在理论上否定或低估了价值规律在社会主义经济中的作用,才造成了现在普遍遭受批评的那些计划统计方法和无视价值的价格政策的呢?抑是正因为有了这样的实践才无视马克思的上述重要启示并制造出了社会主义社会中价值规律逐渐消亡的说法的呢?这的确很难说了。理论与实践是互相影响的。对我们现在来说,重要的是为了我们的实践,应广泛地批评那种认为价值规律在社会主义经济中不起作用的说法。否定或低估价值规律在社会主义经济中的作用只有害处没有好处;反之承认并强调这一规律的作用,并在实践中尊重它,对我们的社会主义建设事业,却是只有好处没有坏处。

当然,在马克思和恩格斯的著作中,还能够找出更多的,似

---

❶ 马克思:《资本论》,第3卷,第1116页,北京,人民出版社,1953。

乎是可以用来证明相反的论点的引语。例如，马克思在《哥达纲领批判》中说过："在基于生产手段公有之上的合作的社会里，生产者并不交换他们的生产物；在这里，在生产品生产中所消耗的劳动也同样不大表现为这些生产物的价值，不大表现为这些生产物所具有的物的特性；因为现在，和资本主义相反，个人劳动已不是在一个间接的方式上，而是直接当做总劳动的一个构成部分存在着。"❶ 恩格斯在《反杜林论》一书中也说："直接的社会生产以及直接的分配排除……产品向价值的转化。"❷

马克思在《哥达纲领批判》中说，到了全民所有制社会中，"劳动不大表现（或不表现）为价值了"。恩格斯在《反杜林论》中也说，到那时候，"排除……产品向价值的转化"了。这同前面引证的，马克思在《资本论》中所说的"价值决定就仍然在这个意义上有支配作用"这句话如何协调呢？这两个论点之间有无矛盾呢？

我想，如果说这里有什么矛盾的话，那只是表面上的矛盾而已。

首先应该指出，马克思在《哥达纲领批判》和恩格斯在《反杜林论》中讲到不表现为价值，或不须转化价值的时候，他们是联系着商品交换，联系着社会劳动与私人劳动之间的矛盾，来谈到价值问题的。他们的目的是在于证明，到了公有制社会，每一个社会成员的劳动直接成为社会劳动的一部分，而不必再等到他

把计划和统计放在价值规律的基础上

---

❶ 参阅马克思：《哥达纲领批判》，第19页，北京，人民出版社，1955。这一段引证中"在这里……"以下半句是本文作者根据俄文本改译的；人民出版社版原译文为："在这里，变成生产物的劳动也同样不表现为这些生产物的价值，不表现为……"来不及同德文原文校对。但是根据意思猜测，"变成生产物的劳动"不如"在生产品生产中所消耗的劳动"近乎情理。"不大表现"和"不表现"在语气上是有差别的，俄文是用的"Мало"一词，而不是用"He"一词，姑且大胆改译加上，以后请懂得原文的人订正。——作者

❷ 恩格斯：《反杜林论》（参见《马克思恩格斯全集》，第20卷，第333—334页，北京：人民出版社，1971）

的产品在市场上卖掉之后才算得到证实。因此，马克思在这里用了"不大表现"这种语气，而恩格斯则用了"排除……转化"这样的说法。在这里希望读者注意的倒还不是"不大"和"不"这几个字的语气上的轻重之分，而在于"表现"和"转化"这种说法。这就是说，马克思和恩格斯在这里讲到价值的时候，与其说指的是作为实体的价值，倒不如说，是指的那个交换关系，或交换价值。而马克思在说到"价值决定就仍然在这个意义上有支配作用"和"决定价值的本质要素"的时候，他所说的"价值"或"价值决定"是指的作为实体的价值。

当然，我不敢说自己对于马克思和恩格斯的这些话，已经有了正确的体会。希望研究理论的同志对有关这问题的马恩著作深入的本质上的研究。然而，我想有一点大概是可以肯定的，这就是：马克思和恩格斯关于政治经济学的著作，主要是研究资本主义商品经济的。他们往往是为了阐明资本主义商品经济规律，才提到前资本主义社会的经济规律；对于未来的共产主义社会的经济规律，他们讲得更少。这是科学的社会主义学说不同于乌托邦社会主义的主要特点。我们不能要求马克思和恩格斯在当时就对未来的共产主义社会经济规律做过多的预言。在他们的有关未来社会的经济规律的分析中有一个意见是完全明确肯定的，这就是：凡是与私有制与商品交换和自由竞争相联系的东西，即价值规律在商品经济中体现自己的特殊方式，它的作用方式将随商品交换的消失而不再存在。然而，在他们的著作中，从未说过，作为价值实体的那个社会必要劳动量的计算，以及它的调节作用和支配作用，在共产主义社会中将失去意义。

反之，马克思《资本论》第3卷的上述一段引证中恰恰非常肯定地指出，"价值决定"在劳动时间的调节和社会劳动在不同各类生产之间的分配这个意义上仍然起"支配作用"，而且"会比以前任何时候变得重要"。马克思没有说"价值规律"而只说

"价值决定";但是难道这个用字上的区别有什么决定意义吗?马克思着重注明是"这个意义上"的"价值决定"。这就是说,这已经不是商品经济意义上的那个"价值决定"了;但是,"价值决定"终归还是"价值决定"呀!

很多人大概还记得1930年前后,马克思主义经济学者中间关于政治经济学对象问题的论争。那时也有一些人以为马克思的政治经济学著作的内容基本上是论述商品经济,特别是资本主义商品经济,是分析那个隐藏在物(商品)的背后的人与人之间的生产关系;因此,就认为一旦私有制废止,商品经济取消,人与人的生产关系可以不必通过商品与商品的关系,而直接体现出来的时候,政治经济学这门科学也就因为没有研究对象而消失了。大家知道,这种见解后来受到了批判。正确的见解是:政治经济学不仅研究商品经济的生产关系及经济规律,而且研究一切社会的生产关系和经济规律。起先,很多人还把政治经济学分成了狭义的和广义的两种。现在则干脆不这样分了。因为这样划分法,到底不大妥当。

现在对于"价值规律"的看法也同多少年前对政治经济学本身的看法有些相仿。先是企图使价值规律同资本主义经济,至多是同商品经济共存亡。现在看来,价值规律远比我们过去所设想的要长久。然而是不是也要给它加上一个"广义的"和"狭义的"区别呢,或者就借用马克思的说法,分为"这个意义上的"价值规律和"那个意义上的"价值规律呢?看来也没有必要了。价值规律就是价值规律,至于这规律在不同的社会形态中如何体现自己,如何起作用,却正是政治经济学这门科学应该加以研究和阐明的。

我们既然承认价值规律在社会主义社会中甚至共产主义社会中将仍然起着作用,那么我们又要进一步问:价值规律同有名的斯大林的社会主义经济的基本规律(或法则),即是同斯大林的

把计划和统计放在价值规律的基础上

"用在高度技术基础上使社会主义生产不断增长和不断完善的办法,来保证最大限度地满足整个社会经常增长的物质和文化的需要"❶ 这个规律如何联系的呢?同社会主义国民经济有计划按比例发展的规律又如何联系的呢?

首先来谈第一个问题。把斯大林的这条规律换一个说法便是:高度发展劳动生产率以保证最大限度地满足社会需要。最高限度满足社会需要是社会主义国民经济发展的任务和目的;高度发展劳动生产率就是完成这任务或达到这目的的方法。但是要高度发展劳动生产率就得掌握价值规律。

在过去,由于在理论上否定或低估了价值规律在社会主义经济中的意义,认为社会主义社会发展国民经济的直接目的是最大限度满足社会需要,是在于物质财富而不在于价值;因此,计划和统计都着重于抓物量指标而不大注意价值指标。显然,这种看法是片面的。

使用价值和价值,用同量的劳动创造更多物质财富和创造同量的物质财富耗费更少的社会平均必要劳动量是一件事或一个过程的两个方面,是不能分裂开来看的,不可偏废的。在计划和统计方法上多抓价值的一面,多注意劳动量消耗的计算,为的是促进生产率的发展。这与生产以增加物质财富为目的是完全不矛盾的。

现在我们再来说,价值规律同国民经济有计划按比例发展的规律是如何联系的。我们可以肯定说,价值规律同国民经济的计划管理不是互相排斥的,同时也不是两个各行其是的并行的规律。国民经济的有计划按比例发展必须是建立在价值规律的基础上才能实现。那些无视价值规律,光凭主观意图行事的经济政策(包括价格政策)和经济计划,到头来就是打乱了一切比例关系,

---

❶ 斯大林:《苏联社会主义经济问题》,人民出版社1933年版,第35—36页。

妨碍了国民经济的迅速发展；主观主义的强调计划，它的结果只是使计划脱离了实际。

只有把计划放在价值规律的基础上，才能使计划成为现实的计划，才能充分发挥计划的效能。因而统计工作者也不应该把自己的任务仅仅限于国民经济计划执行情况的检查；而应该以更多的力量来掌握价值规律，来挖掘发展国民经济的潜力。具体地说就是：统计工作应该不仅注意生产水平的统计，即物质财富的统计，而且更应该注意物质生产的价值方面的计算，即是应该比现在更多地注意成本和劳动生产率的计算与分析研究，更多地注意国民经济平衡表的编制和国民收入的计算与分析研究，更多地注意国民收入同财政收入的比例关系，生产和积累、消费的比例关系的分析研究。只有这样才能使统计更充分地为计划工作和企业管理工作服务，才能更充分地发挥计划和统计的作用。

后　记

这篇文章是根据作者在国家统计局为研究计划统计指标而召开的讨论会上的几次发言整理起来的一篇稿子中的一段。由于原来的目的不是想全面说明价值规律在社会主义经济中的整个作用问题，只是为要说明计划统计中的若干指标和方法，而牵涉了这样一个基本理论问题，再加上作者对政治经济学的学习荒疏已久，因此全文逻辑不严密，论点错误更是难免。根据《经济研究》编者的建议把这篇文章发表在这里，其目的无非是抛砖引玉，希望能在较广泛的范围内展开对这个问题的讨论。

还是在今年初夏，吴绛枫同志就提出价值规律在社会主义经济中的作用问题来同我研究，并且就把马克思在《资本论》第3卷的那一段关于价值决定的引证指给我看。我在那时虽然感觉到这是一个重要的理论问题，可是因为即要出国去苏联考察统计工作，而未能对这问题做深入学习。此外，那时在自己的认识中，也没有意识到一个理论性的问题对统计工作有如此直接的联系。

但是到了苏联之后，当我们向苏联中央统计局的同志们请教关于不变价格、总产值、国民经济平衡表和国民收入等问题的时候，苏联同志又屡次提到了价值规律在社会主义经济的作用问题，而且给了我们许多精湛的说明。（在这里，我特别要感谢苏联中央统计局国民经济平衡司司长索包里同志，他给了我们最大的启示。）到这时，我方才意识到，价值规律问题并不是什么抽象的"纯"理论性的问题，也不仅是牵涉了社会主义国家的财政经济政策和计划工作，而且是直接与自己的统计业务工作有密切联系的。到这里，我才意识到了自己这几年来钻在狭窄的业务圈子里，不注意学习的结果，理论水平和政治水平是太落后了。

这篇东西也算是我的学习笔记，这里面所讲到的有关价值规律和计划统计工作的一些范本见解都是在考察时拾自苏联同志的牙秽。当然，这里如果有体会或解释错了的地方应是学生的过错，而不是老师的责任。

1956年11月28日恩格斯诞辰

关于访问苏联的情况给暮桥同志并党组的报告[*]

暮桥同志并党组：

我们一行于10日下午平安抵达莫斯科。叶若夫同志等和商参处同志在机场接我们，专用车送我们到旅馆安置好住宿等。几天来，工作顺利，同志们一切均好请释念。

11日上午我们到中统局接洽工作时，和各位副局长、有关处的处长等见了面，彼此简单表示意见后，具体工作由叶若夫同志负责接待。生活工作各方面，他们都很照料，尤其是叶若夫同志懂得中国同志的习惯，处处均安置得好。工作方面，几天来看上去是尽力毫无保留地向我们介绍的，比在国内了解更深而多，且有许多新情况。谢米杰夫金专家不像在国内那样，而是帮助我们更好地提出问题，了解问题，生活、行动方面更是处处做向导，照料得很好。

斯塔洛夫斯基局长休假未回，尚未见面（今日已回）。

12日开始谈话，每天九时半到四时半，中间吃点心、午饭各一次，约莫一小时半，谈六小时许，谈完我们回旅馆讨论准备次日的谈话。现在已把组织领导问题谈完了，今天开始国民收入计算问题的介绍。

---

[*] 此报告写于1956年7月18日。标题为编者后加。

大使馆给我们找了三个学生做译员，现已来一人，其余二人含分别问题来工作的。

　　这次来，外交手续这里商参处一直未与苏方有关机关办妥，有点像冲进来的，幸亏上次用暮桥同志名义给中统局长写了信，否则就会出问题的。

　　请秦秀荫同志把她抄的在国外开支标准寄来，以便这次掌握。

　　我们和李副总理见面，他要我们观察一个月后再找他谈。

　　敬礼！

　　如有指示，请委托叶若夫同志转我们。

孙冶方
七月十八日

关于访问苏联的情况给暮桥、启允、思华、超伯、陶然的报告[*]

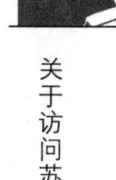

暮桥、启允、思华、超伯、陶然诸同志：

到此后不久，已由剑拓同志起草一信，报告到此后的大概情况。近半月来每日早九时半到下午五时在中央统计局谈话，相当紧张。考察团同志的初步印象是我们在理论问题和实践问题上都获得了不少新知识，有些是我们过去所不知道的，有些是过去知道不全或了解错误的。大家都觉得不虚此行。但同时又考虑到如何把我们所学到的向党组和同志们报告，责任重大。现在的问题是听的时间多，温习笔记、漫谈、消化的时间太少。因此昨日考察团全体同志开会公决，为了更好利用时间，今后除星期日、星期三、星期六晚间外，均不再出去参观，以便更好复习笔记，组织讨论。

我们原从国内带了一些自来水笔，预备送给给我们讲课的苏联同志作为纪念，现在同我们上课的很多是苏联统计界的前辈，有的接连给我们讲九天，每天讲四五小时。给他们每人送一支笔，似太菲薄。因此希望办公室再给我们到故宫博物院买十五册宋人名画复制品。详待以后报告（每册约二三十元）。托便人或从邮局寄来。

详待以后报告。

敬礼！

孙冶方

7月26日

---

[*] 此报告写于1956年7月26日。标题为编者后加。

关于访问苏联的情况给薛、贾、王、李、陶的报告[*]

薛、贾、王、李、陶局长：

我们自昨日起已由集体谈话转为分组谈话。因过去四周的谈话相当紧张，每日谈话总在六小时以上，加上吃饭及来去路上时间平均每天有十小时以上在外面，晚上回到寓所连温习笔记和漫谈时间也不充裕。所以谈话记录迄今未整理出来。在这里，我们想先把关于总产值问题听到的意见报告你们以供局里向八大提供资料时参考。

关于这问题，他们这里的平衡司司长索包里[(1)]同志曾向我们做了详细报告。上星期六斯达洛夫斯基同志和我们谈话时，也做了扼要的说明。归纳他们的意见如下：

总产值这一指标从19世纪20年代开始规定的时候起，就遭人反对。但总产值是与实物的增长速度相联系，与马克思的商品价值概念相符的（$c+r+m$），商品的价值是不能只计重新创造的价值，而不计转移价值的。因此，用总产值计速度，编计划和检查计划执行情况还是适当的。（只有用总产值指标，才能表明各部门间联系。——关于这点见附件）但就这一点上来说，也还有缺点，即产品构成变化时，反应速度也不正确。这就时常发生完

---

[*] 此报告写于1956年8月7日。标题为编者后加。

(1) 又译为索包利、索波里。下同。——编者注

成了总产值计划，而未完成产品品种计划的事情。因此，总产值计划常促成投机的企业领导者，为取得奖金而多制造转移价值高的产品，而少制造新创造价值高的产品。苏联中央统计局平衡司司长兼杂志总编辑索包里同志主张，在计划上除总产值指标外，加一纯净产值指标。具体意见如何未听说，以后再问。

总产值指标的作用，如上所述，主要为计算速度，把它来作别用，则如索包里同志所说，就好比用割草机来刮胡子了。索包里同志和斯达洛夫斯基同志均说计算生产规模，计算工农业比重均以用纯产值为妥。

"用总产值计算比重的最大缺点就是我们所知的重复计划。索包里同志说，随着工业化的发展，农产品绝大部分已提入工业加工（碾米、磨粉、轧花），因此工业中几乎已包括全部农产值，而工业上分工越细。则这一农产品的总产值在工业中重复计划的次数越多。"因此，自一九三几年，斯大林在一次报告中提了一下工产业比重之后，就再也不曾发表过工农业比重的资料。斯达洛夫斯基同志也劝我们慎重，以免发表了之后陷于被动。

斯达洛夫斯基同志说，苏联不发表比重指标，还有另一个原因就是价格脱离实际，农产品价值太低，重工品价值也低，因此算出来的比重更不正确。我想，在价格问题上的情况，在我国虽比苏联为好，但也不是完全没有问题。因此我们提供八大资料时，如仍提供以总产值计算的比重资料，则最好建议中央不要公开发表。

我们在集体谈话时，主要是谈理论和原则（也谈了不少组织领导、机构编制、督导工作等具体问题）。集体谈话时间比我们原定计划延长了一天。同志们急着想到各司摸一摸专业，摸一摸具体问题。但对集体谈话时所接触到的理论问题和实际工作中的一些原则问题，兴趣也高，同志们都感觉到过去读书太少，知道

的太少，了解一些高深的问题比较吃力。但大家都感觉到兴趣很高，得益不少。每次谈话后，每个人都感觉听了不少新东西。有些理论上和方法制度上的问题，可能还要请索包里同志同我们再做一二次集体谈话。有些问题，过去我们不是没有看到，就因理论上原则上没把握，或被我们一些旧观点束缚住了，因此不敢大胆去想，更不敢做。有些事，只要原则通了，具体办法是可以想得出的。

从索包里同志的谈话中可以看出，苏联在过去，一二十年中吃价格政策的亏很大，所以现在很强调价值法则和价格政策的重要性。严厉批评了过去那种否定价值法则在社会主义社会作用，认为社会主义社会注意的是使用价值（物质财富）而不是价值的说法。因此很反对脱离价值太远的那种价格政策，几乎所有谈及这问题的人都认为中国农产品采购价基本上按市场价格规定是我们的一大优点。

索包里同志认为马克思的价格总额及价值总额在全社会内一致的原则，在社会主义社会是不适合的。因为国家机关、团体、军队的集体消费品可长期按成本（低于价值）出卖而不发生亏本问题。

昨天我们列席了苏中央统计局的科学方法委员会会议，讨论的是商业和交通业的利润率计算方法问题。索包里同志也提出了一些新的问题，他认为成本利润率计算法在理论上和实际上都是错的和有害的，他主张用资金总额（固定资金加流通资金）来计利润率。他从原则上否定了社会主义社会允许有不赚钱的个别企业的问题提法（斯大林提过的）。

我们这次来，大家有一个体会，就是苏联中央统计局对我们真正已做到知无不言，有问必答。除统计资料（我们也没有要过）以外，在方法制度上，真是连底儿都端给我们看的。

在我出国之前，我是主张对系统内报表审批问题早作决定的，如大势所趋要求我们放松，就放弃了再说。明确的决定总比拖泥带水、迟钝不决的好。但同志们到这里听了苏联同志的谈话后，都觉得这个问题还得慎重考虑一下。如杨波同志在出国前，他是倾向于我们放弃审批之责的。但他听了几次谈话后提出希望局里且慢作最后决定。据我们现在了解，苏联现在在统计干部的管理及对地方服务这一点上，也有向下放的趋势。但在报表管理这一点上却并不放松，甚至从某些方面来说，且更集中了。苏联同志说，他们在这一点上有过教训，因此劝我们要慎重。（再者我记得系统内报表审批问题在局里是经过不知多少次讨论的，但这里几位司长都说从未正式在局务会议或党组扩大会上讨论过。）

关于访问苏联的情况给薛、贾、王、李、陶的报告

　　拉杂写来，已是很多。先供参考，正式记录及报告，从现在看来，只能待回国后再写了。

　　同志们身体均好（杨波同志初来时病了两天），生活也渐习惯，大多数人长胖了。给我们寄的衣服已带到。前信所提的赠送各司长的画册，盼速托便人或空邮寄下（外交部原则同意送纪念物性礼品的）。

　　敬礼！

孙冶方
八月七日

孙冶方等在莫斯科向李富春副总理汇报的几个问题[*]

李富春副总理、张玺、杨英杰副主任：

我们在苏联中央统计局访问已30多天。过去的时间主要用于集体谈话，现在已经转向局内各司作分组谈话，并到业务部的统计机构各级地方统计机构，工厂、农场、商店等基层统计机构去作考察访问，因为时间关系，我们还没来得及把笔记整理出来。现在根据你们指示，先把这时期内就几个重要问题所听到的一些新论点，向你们做一简要汇报。

一、总产值问题

总产值这个指标主要用于表示生产的发展速度和各生产部门之间的经济联系，总产值包括了产品全部价值，即转移价值和新创造价值这两部分，所以总产值的增长直接反映了实物的增长和生产中的物质联系，同时计算方法也简便。但即以表示速度而论也不是毫无偏差的，例如当产品构成（转移价值大的产品和转移价值小的产品）发生变化时，速度上涨就会有出入。苏联中央统计局平衡司长索包里同志（兼杂志总编辑）主张编制计划和检查

---

[*] 报告经李富春同志批阅后，由国家计委转呈国务院领导同志。标题为编者后加。

计划时除用总产值外最好再加一个纯产值指标。

至于计算国民经济各部门之间的比重，则因总产值中有重复计算，不能真实地反映各部门的生产规模，应该用纯产值来计算。随着工业化的发展，农产品转到工业部门加工的部分必然大大增加，因此工业总产值本身就已包括了农业总产值，工业化越发展，这部分农业总产值在工业中重复计算的次数越多，以此表示工农业的比重就越不符合实际。因此，苏联自斯大林在1937年报告中提了一次工农业比重以后，就再未发表工农业比重数字，苏联同志也劝我们发表这一指标要郑重以免今后束缚住了手足，陷于被动。（工农业比重不提是否可以？应切实查一下，工农业比重在第二个五年建设中是否不提了，只提工农业总产值，工业增长速度和农业速度。——富春同志注）

孙冶方等在莫斯科向李富春副总理汇报的几个问题

二、不变价格问题

不变价格的任务是要去除现价变动的因素，反映生产的实物量的增长，即使用价值的增长，但通过价格表现来反映使用价值，终究只能是相对的？一种使用价值与另一种使用价值终究是不可比的东西。尤其不变价格使用期间过长便脱离实际，容易造成生产指导中一些混乱（脱离实际的原因不仅在于现价在变动，而且在于新产品的不断出现）。因此每一个五年计划编一次不变价格，就较能接近实际，减少不变价格的副作用。（此点有道理，很可注意。——富春同志注）

三、社会主义企业的盈利问题和利润率计算法

我们列席旁听了苏联中央统计局的一次科学方法委员会议。会议讨论的是交通运输企业的利润率计算方法问题。在会议上对

利润率计算方法的原则提出了讨论。首先对社会主义社会中允许存在"计划上亏本"企业提出了原则上不同的看法，认为企业不赚钱，或者是由于产品价格规定太低（这就会引起消费者的错觉，把高价的生产资料当作低价的使用，鼓励浪费）；或者是由于经营不好；这两种情况都不应该允许存在，因此，在原则上不应该允许"计划上亏本"的企业存在。（中国尚无此种情况。——富春同志注）

会上发言人反对成本利润率，而赞成资本利润率，即主张以利润同全部资本（固定资本＋流通资本）相比。因从道理上说利润率是利润对全部资本的对比，而不能仅是利润与成本的对比。从实践来说，计算成本利润率而不计算资本利润率，就是忽视了基本建设投资效果。（过去为什么只计算成本利润率，而不计算资本利润率。——富春同志注）

四、固定资产的无形磨损和折旧率问题

过去苏联不考虑固定资产（主要是设备）的无形磨损，只考虑物质磨损，因而设备的折旧年限很长，折旧率很低（要找出苏联折旧率的年限和我国作比较。——富春同志注）。好处是爱护物资，强调保养。资本主义国家，特别是美国，均计算无形磨损，折旧率很高。过去认为这是资本主义的观点。但据说，去年七月苏共中央全会认为苏联技术落后，阻碍新技术广泛应用的原因之一就是不考虑无形磨损和折旧率太低。因此，原则上已决定要计算无形磨损，提高折旧率，但无形磨损如何计算牵涉极复杂的技术问题，方案还在研究中（但据云苏联财政部方面对计算无形磨损提高折旧率的问题还有不同看法，主要是因为折旧率提高后，成本就要增加，利润要降低会影响财政收入）（什么是无形磨损？要计算无形磨损的原因？——富春同志注）。

五、财政结余和货币发行在计算国民收入时的处理方法问题

财政金融系统内各机构的互相往来及其结余在计算国民收入时根本不必处理。财政预算结余只是表明财政部动用此结余的法律上的权力，但对国民经济中的现实活动不起作用，这一法律上权利（结余）所代表的实际的物质财富不是存在于生产领域，而是存在于流通领域，或者是以国家储备物资形式存在，不论它存在什么地方，以什么形态存在，在编制平衡表和计算国民收入时都已经计算进去，若在此之外，再记上一笔财政结余，那就是把这一笔国民收入重复计算了一次（上半年人代会上发表的数字即重复了这一笔）。（但也有既不在流动领域，也不在生产领域，也不在物资储备而有为国家在银行存款的情况。——富春同志注）

货币发行是国家对人民的负债，在编制平衡表时应与居民存款，或公债发行作同样处理。国家以发行货币的方法从流通中吸收了物资，投入生产建设，办了若干个工厂，并创造了新的财富，则这若干个新办的工厂及其所制造的财富会通过生产领域的活动在我们的平衡表及国民收入中表现出来，如此增加发行的货币于流通或其他领域，则同样会在流通和其他领域的经济活动中表现出来。

六、农产品收获量计算问题

在国内时听说，当苏联宣布粮食收获量已达 80 亿普特的时候，实际收获量只有 50 多亿普特。我们过去以为这只是入仓收获量与带根框测的收获量（所谓生物学上的收获量）之差。因此怀疑这个差额为什么会如此大。现在知道除了计算方法上的差别以

孙冶方等在莫斯科向李富春副总理汇报的几个问题

外，造成虚假数字的另一个更重要的原因是机器拖拉机站的本位主义。原来在1932年时国家征购计划未完成，追究原因，说是由于统计局发表的分区的收获量数字太低。于是收获量的统计就交给部长会议所直属的收获量估算委员会负责。在基层估算委员会中对估算数字有最后发言权的是机器拖拉机站代表。因当时集体农庄支付机器拖拉机站的报酬，一部分依据工作量，一部分依据收获量，因此，机拖站代表的估算数字总偏高。基层统计工作者及其他有关人员提出较合实际的报告，常受到打击，因此后来便造成宁可偏高不敢实报的倾向。

七、价格和价值法则问题以及计算劳动消耗量问题

同我们谈话的苏联同志都认为过去苏联的价格政策有缺点（主要是农产品征购价格和重工业品价格偏低）给生产带来不利的影响，而认为中国农产品采购价格与市场价格靠近的政策是非常明显的，他们认为苏联这种价格政策是与理论上否定和低估价值法则在社会主义社会的作用有关。过去在理论上强调社会主义制度下应关心的是使用价值，而不是价值，认为在计划经济下可以不考虑价值和成本，完全凭政策规定商品价格，结果是打乱了国民经济各部门之间的比例关系，掩盖了经济真相，使自己走入迷途。

因此，现在很强调价值法则在社会主义社会的作用，强调社会产品的劳动消耗量的计算（要防止另走极端。——富春同志注）。认为用劳动生产率的直接指标来表示劳动生产率的提高是不够的，必须补充价值指标，所谓劳动生产率提高的直接指标，就是每一单位劳动时间所制造的产量或产值的增加；所谓价值指标就是每一单位产量或产值中所包括的劳动消耗的减少。（还有技术问题。——富春同志注）

八、计算国民经济平衡时,军费如何处理问题

官兵薪水、津贴、给养及一切福利,算居民消费;机关日常开支算作社会集体消费;装备、弹药及一切长久性建筑算社会集体性消费资料的积累(消费资料的积累)。

九、苏联中央统计局的报表管理,组织领导和人员编制等问题

行政上的垂直管理制度虽未变动,但干部的提升和管理权已逐渐向下放。因地方计划工作的任务和范围有所扩大,故为地方服务的调查统计工作比以前照顾得较周到,但尚需经过中央统计局的批准。自苏联提倡地方分权,把很多企业和事业交地方管理之后,中央的有些部取消了,很多机构比以前紧缩了,但中央统计局的机构和人员编制反而增加了;因为很多业务部门的统计任务、资料档案全部并入了中央统计局。苏联同志说,正因许多事情分给地方管了,因此中央更应加强集中统一的调查统计工作,以便了解这些分散经管的企业和事业的情况,并给地方以指导。因此苏联对报表的集中管理仍是很强调。他们认为,地方分权与调查统计工作的统一领导和报表的集中审批并不相矛盾。

从全苏联而论,这两年精减报表的结果,全苏统计局系统的人员已从 3.4 万人减为 2.8 万人。他们正在考虑精减原始核算表式,以进一步大量减少行政人员。

统计工作考察团

1956 年 8 月 16 日

关于访问苏联的情况给薛、贾、王、李、陶的报告[*]

薛、贾、王、李、陶局长：

上次由商参处寄回岳巍同志整理的计算工农比重问题的材料及我的一封信，谅均收到，现在我们已转到各司（统计局）及业务部门谈话，也去过集体农庄及工厂。今日到俄罗斯联邦共和国统计局访问，明日还要去继续谈，下星期一拟去列宁格勒做四五天访问。从列市回来后，再组织几次总结性谈话便将结束我们的考察了。

来此后，只在参观莫斯科运河时（初来不久），向富春同志约略报告了一下我们的任务，及考察进行情况。他因忙，迄未能听取我们的汇报，一星期前，我向张玺、杨英杰副主任做了一次简要汇报。张副主任要我们把所听到的新论点写一书面报告，送李富春副总理。我们已匆匆写了一个。这只是"有闻必录"性质，因笔记未整理出来，我们的理解体会也可能有出入。现趁杨副主任回国之便，寄上一份以代替我们向党组的汇报。

明天我们将去向李副总理和杨副主任当面汇报，他们如有重要指示当另外向你们报告。

我们来此后，知苏中央统计局平衡司的工作，远比我们过去

---

[*] 此报告写于 1956 年 8 月 20 日午夜。标题为编者后加。

所想象的更重要，范围也极广，现由岳巍同志将该司工作项目另纸开列，以此内容而论，恐远非"研究室"这一名称所能包括的。

敬礼！

孙冶方
二十日午夜

再者，叶饶夫同志告诉我，根据苏联政府新规定，他们应每年召集专家回国汇报工作，并每年派人到中国检查专家的工作（并传达苏联国内新情况），明年四月叶饶夫同志将来中国，拉格乔夫同志假期于八月下旬结束，苏联中央统计局要他在假期结束后再留在这里半个月，以便了解最近一年多以来苏联统计工作的新发展，因此拉、谢二位专家都将在九月初回北京，可能与我们一同走。

冶方又及

关于富春同志让我们进一步向苏联专家请教一些问题的指示给暮桥、启允、思华、超伯、陶然的报告[*]

暮桥、启允、思华、超伯、陶然诸同志：

昨天富春同志找我们谈了话。他就我们的书面汇报提了一些问题，要我们进一步向苏联同志请教。这些问题也是我们原来想在总结性谈话中提到的，不能算是超计划的任务。但在另一方面，富春同志要我们到基层去深入摸一摸，到底这一套在实践中是如何的。因实践往往不如理论那样美满理想。各专业司的同志这两天正在基层了解工作，我和综合司两位同志也到过区辅导处和集体农庄去访问过。但我们过去在基层访问主要还是一般地谈制度和方法，主要听统计人员谈。富春同志要我们更具体地了解（在基层）统计数字反映实际到什么程度，听听各方面的意见。因此我们的基层访问计划和方法要重新考虑过。我同中央统计局的同志正在研究中。后来我们预备于下月10日，按照访问计划规定日期返国，若访问要更深入和具体，日期也可能要延长若干天。

我们给富春同志的书面汇报副本，于昨日让杨英杰副主任带

---

[*] 此报告写于1956年8月23日。标题为编者后加。

回了一份。富春同志也把我们给他的那一份交杨副主任带回国了,在给富春同志那一份报告上,富春同志亲笔写了不少批示。他昨天的谈话内容主要反映在这些批示中。请贲纯同志去把这些批示抄了来,我不在此重复了。

  昨天谈话中,富春同志只谈了一些关于方法制度的问题。关于统计工作组织领导方面的一些问题,他没来得及谈。他答应于回国前再约我们谈一次,未知能否实现。

  敬礼!

孙冶方
二十三日

关于富春同志让我们进一步向苏联专家请教一些问题的指示给暮桥、启允、思华、超伯、陶然的报告

给洪克平的三封信（1956年）*

克平⁽¹⁾：

一向很忙，久不给你写信，也没有接到你第二封信。不知你是什么时候从大连返回的。身体好否？常在念中。

这一个多月来，我们每天谈话总在6小时左右，路上来回，再加上吃饭、跑路时间，每天总是早8时后出门，晚8时后回房间。晚上就是不开会便是参观游览，上床要至半夜，相当疲劳。团员中已有两位晕厥过，一在工作时，一在参观时，都是过度疲劳、睡眠太少所致。幸我尚能支持。

现在我们在列宁格勒市访问，是前天（28日）到的，约在下月2日回莫斯科。回莫斯科后再有7天到10天便返国了。回国想乘火车，因此到北京约在下月20日左右。

今年苏联的夏季非常凉，我还带了毛线背心。有些同志没带毛衣的受不住，不得不写信回国要。秦秀荫也从暮桥处借了两件给我带来，因此更不愁受冻了。

现在你们学校快开学，想来你又忙了。家里已雇到女工否？甚念。

希望回莫斯科时能接到你的来信（来信由秦秀荫转，不用上

---

* 标题为编者后加。

（1）1956年7月至9月作者率国家统计局"统计工作访苏团"访问苏联，8月30日早晨在列宁格勒写给洪克平同志的信。

次那地址)。

祝好！

孙冶方

八月三十日晨

克平⁽¹⁾：

我们原已决定于 13 日由莫斯科动身返国，车票已买好。但在动身前两天接到通知，捷克国家统计局邀请我们去捷克做 7 天的访问，并已得我们周总理批准。因此我们又临时改变计划，退了东回的车票，买了西行的车票。于昨日由莫斯科动身去布拉格，明晚到达，停留 7 天，24 日飞回莫斯科，27 日才能乘火车动身回国，10 月 5 日可到家。我在 10 日给你写了一信，因行期改变未发出。前几天又因辞行，接洽去捷克的手续等忙得不亦乐乎，未能给你重写。现在我们在莫斯科—布拉格车中，乘停车时给你写这信。

这一时期我相当忙，但身体尚可支持，可见我的病已大好了。当然药也有帮助（我继续在吃）。

车开了，写起来很不方便，等一会就要吃早饭，饭后便要开会。到了布拉格再给你写信吧！

祝你健康！

冶方

十六日

（1）1956 年 9 月国家统计局"统计工作访苏团"应邀访问捷克，9 月 16 日赴布拉格途中，孙冶方写给洪克平同志的信。

克平[1]：

我们于26日由布拉格飞往莫斯科，明日上午9：35（莫斯科时间）乘车返国，7日下午到家，离家刚是2个月28天。

此次到捷主要是参观，前后9天，除去时坐火车，返来乘飞机，所经路程不计外（返时飞机在华沙停45分钟，也算踏上了波兰土地），共坐汽车走了1700公里，几乎走遍全国。看了几个有名的工厂（包括前拔佳鞋厂在内），几处温泉及疗养名胜地方。眼福不小。

见面在即，余面详。

祝你健康！

冶方
9.29

（1）1956年9月29日国家统计局"统计工作访苏团"结束访问后，作者在莫斯科写给洪克平同志的信。

全国物价统计会议开幕词*

——国家统计局孙冶方副局长的报告记录

这次全国物价统计会议是由商业部、粮食部、农产品采购部、全国供销合作总社、食品工业部财务总局、森林工业部木材公司和国家统计局联合召开的。出席会议的有各省（市）、自治区统计局、商业厅（局）的同志，有部分省（市）粮食厅、采购厅（局）、供销合作社的同志，部分省辖市统计局（科）、商业局的同志，还有中央各有关部、各有关总公司和人民大学的同志参加。会议的任务是：①讨论和通过全国物价统计报告制度；②讨论、确定和布置1957年物价统计任务；③交流物价统计经验。

在会议开始之前，我代表国家统计局和同志们讲两个问题：

第一个问题是如何加强和改进今后物价统计工作；第二个问题是如何开好这次会议。

一、如何加强与改进今后的物价统计工作

大家知道，物价政策是整个国民经济政策的重要组成部分，它直接关系到工农业生产的发展，商品流通的扩大，人民生活的提高，国家资金的积累和工农联盟的巩固。物价统计的任务就是把一些错综复杂的价格数字即物价资料，经过科学的统计方法，

---

* 本报告记录于1956年11月8日。

使之成为简单的、系统的、概念明确的价格统计资料（例如，物价指数，工农业产品比价，各种差价，比价以及对某一专门价格问题的调查研究分析等），提供领导机关作为掌握市场物价变动情况，拟订有利于工农业生产发展的价格政策和价格方案；同时也需要通过统计数字检查价格政策的实施情况。现在将物价统计工作在以上几方面所起的作用，做一简单的说明。

1. 物价指数统计工作对稳定市场物价所起的作用。物价指数就是反映市场上某一商品或市场上所有商品价格变动的相对数。物价指数不是表明绝对数的，它可以反映物价变动的总趋势。因此，物价指数可以作为领导机关掌握物价变化情况及时采取措施稳定物价的参考。如1950年5月全国统一财经工作以前，物价波动得很厉害。当时负责管理全国物价的贸易部便每天统计物价指数，并且参考着物价指数的变化情况，及时采取各种措施，来打击投机，稳定物价。1950年5月全国财经统一之后，开始根本扭转多年以来物价连年上涨的局面，物价便逐步走向稳定。这是物价指数在统一财经、稳定物价工作中所起的作用。另一个例子是在城市副食品供应问题上的。自从大规模经济建设开始后，由于城市和工矿区人口增加较快，人民对于副食品的需求的增长速度大于副食品供应的增长，在物价指数上即表现为1952年以后逐年上升的趋势，如以1952年为100，则1953年为112.9，1954年为116.21，1955年为118.7。根据副食品类指数上升比较突出的情况，领导机关做出决定，加强大城市副食品供应，特别是稳定副食品中主要商品的价格水平。这个决定对于稳定物价、改善人民生活、保障人民实际收入稳步增长都起了很大作用。因此，物价指数是各级党政领导部门需要经常掌握和研究的，它是国民经济中的重要指标之一。

2. 物价统计工作对研究农产品收购价格，主要农产品的相互比价所起的作用。为了有计划地按照国家需要生产各种农产品，必须制订合理的收购价格,并且保持这些价格间适当的比例关系。几年来我们根据抗战前、解放前主要经济作物地区各种农作物间的价格统计数字,结合目前我国的实际情况,制定了合理的主要农产品的收购价格与比价政策,取得了良好的效果。如在1953年以前,国家为了扩大植棉面积,刺激棉花增产,参考抗战前的比价(战前约为1∶7),参考其他相关资料,提出1斤棉花可以换8~9斤粮食的粮棉比价政策。因此,1953年以前,我国的棉花种植面积逐年扩大,棉花产量逐年增加。如果以1950年为100,则棉花种植面积1951年为145,1952年为147.3;棉花产量1951年为148.8,1952年为188.3。1953年提出了在现有棉田基础上,改善植棉技术以提高单位面积产量为主要增产棉花的办法,降低了棉粮比价(比1952年降低1斤左右)。由于比价降低多一些,1953年的棉田面积马上比1952年缩减7.1%,产量减少了9.9%,1954年棉粮比价重又提高了半斤,于是棉花种植面积与产量又重新增长,种植面积1954年比1953年增加5.4%,1955年又比1954年增加5.7%,产量1954年比1953年减少9.3%(由于受灾)。1955年比1954年增加42.6%,超过1952年16.5%。由此可见,正确的比价政策与合理的收购价格能指导广大农民按照国家的需要生产,反之能导致相反的结果。

3. 大家知道工业品和农产品之间,也应该保持合理的比例关系,如此才能促进工农业生产的发展与巩固工农联盟。

因此这个比价更重要,它不仅关系到经济,而且关系到政治,关系到人民政权的命根子——工农联盟。

几年来,党和政府经常通过一系列的统计数字,密切地注意着工农业产品的比价关系。如李先念副总理在党的第八次全国代表大会上提出物价工作的重要成绩之一,是工农业产品比价即剪刀差缩小了17.25%。也就是说农产品价格提高了,工业品价格降低了,农民可以用较少的粮食换得更多的工业品,增加了农民的福利。这个成绩就是用统计数字来说明的。很明显，如果我们不经常地有系统地统计和积累价格资料和计算这些价格数字，不研究它们之间的变化趋势，从而得出不正确的结论；或者我们的资料算错了，结果就会错误地拟定不适当的比例关系，就会产生一系列的不良后果，影响整个社会主义建设事业的进行。

4. 在配合对私人资本主义工商业进行利用、限制、改造政策方面，物价统计也起了一定的监督检查作用，使这个政策得到贯彻执行。如1950年，为了扩大城乡物资交流，在全国第二次物价会议上提出了产运销三者有利的政策；以后为了限制大批发商捣乱市场，稳定物价又采取了城城无利、城乡微利的政策；去年又执行了综合差率。这些政策的贯彻执行，都需要通过物价统计中的地区差价计算工作来进行检查，并根据检查的结果掌握政策，使能灵活地适应情况。又如为了限制大零售商，使他们得不到过多的利润，在批零差率方面，曾对各种商品规定了8%～12%、12%～18%、18%～25%不同的幅度，这些规定的贯彻执行，也需要通过正确计算各地的批零差率来加以检查。

由此可见，物价统计是一种政策性很强、有高度综合性的统计工作，物价统计中所算的平均价和百分比，直接关系到国家决定政策和领导工农业生产与人民生活的改善各个方面。所以应当把物价统计工作当作整个社会主义建设事业中重要的一环，把这个零件、这个螺丝钉和整个国家建设联系起来，重视这一工作。

在这里顺便谈一谈政治经济学中的一个问题，就是价值规律在社会主义社会中的作用问题。

关于这个问题，薛局长在人民日报上发表了一篇文章，在报纸杂志上也发表了其他同志的一些文章。在苏联和其他兄弟国家，目前也把这个问题当作一个政策问题和经济理论问题提出来研究。价值规律在社会主义社会中的作用问题，也就是与物价政策有直接关系的一个问题。不过当联系到价值规律来谈物价政策时所涉及的范围要更广泛一些。我们通常只是研究物价政策在流通范围内所起的作用，但是从更根本的方面来看，物价政策不仅是流通领域内的问题，根本上还是生产领域中的问题，这是因为生产决定流通，而不是流通决定生产。过去在经济理论方面，在物价政策方面，曾流行着一种很普遍的认识，认为价值规律只是在商品流通领域内起作用，如果商品经济不存在，价值规律的作用也就会消失。即把价值规律和计划经济看成是互相排斥的东西，认为计划经济的范围扩大，价值规律的作用就会缩小。他们认为，在社会主义社会中主要是计划领导，价值规律不是起指导作用的规律。这种见解受到了批判，而且在苏联有人现在又提出了新的论点，认为不仅在社会主义制度下，还存在着商品流通的条件下，价值规律还要发生作用，否认价值规律的作用是错误的，就是在共产主义社会中也将起着作用，因为一切产品都是劳动创造的，但它的价值不决定于个别的劳动，而决定于社会平均必要劳动量。马克思主义的政治经济学告诉我们，商品的价值是由社会平均必要劳动量决定的。社会主义生产的目的就是在高度发展的技术基础上，满足人民日益增长的需要。一句话，社会主义生产的基本任务就是提高劳动生产率，不断降低每种产品所含的社会平均必需劳动量，或者换句话说，是使每一单位劳动量能够生产出更多的产品。大家知道，一定时间内所生产的产品数量越多，每个单位产品中包含的社会必需劳动量就越少，而劳动生产率就越高。故如何提高产量，如何降低产品的社会必要劳动量，到了共产主义这笔账还是要算的。马克思曾经说过"在资本主义生产方式废止以后，但社会化的生产维持下去，价值决定就仍然在这个意义上起支配作用。劳动时间的调节和社会劳动在不同各类生产间的分配。最后，和这各种事项有关的簿记会比以前任何时候都变得重要"。（这里所说的簿记应包括统计、会计和业务技术计算三种计算在内的广义的计算工作。）因此，就是在消灭了私有制以后，社会必需劳动量的核算（统计的和会计的）还是需要的。

过去，社会主义阵营国家的许多理论家都忽视了这个问题，在决定价格时，只注意到政策，只从流通的观点，从国民收入的分配和再分配的观点来考虑而很少考虑到价值，结果，造成各种产品之间的比价失调。从流通的观点，从国民收入分配和再分配观点，从政策的观点来考虑价格政策当然也是必要的，但是政策不是主观制定的，不能为政策而政策。确定价格政策的依据，判断价格政策是否正确的客观标准，归根结底，不是在流通中，而在生产中的社会必要劳动量，在于价值。必须按客观的价值规律来决定价格。价格政策的灵活性不能超出价值规律发生作用的范围。如果超出这个范围，把政策变成主观愿望，那就要碰钉子，就要犯错误。

有些兄弟国家在这方面曾犯了错误，把农产品的采购价格降得很低（我国的农产品采购价格基本上和市场价格相接近），把重工业的价格定得低于其价值，甚至低于其成本而称为计划价格。在这种理论的指导下，价格完全是主观制定的，轻重工业品、机器、房屋、农产品的价格都和价值相脱离，打乱了国民经济各部门的比例关系，账算不清了。计划价格的目的是要取得主动，但结果反而失去了主动，整天喊经济核算，结果在全社会没有经济核算。这就是违反价值规律的结果。

我们的物价统计主要是反映市场物价的变化，不是研究生产成本的，但也不能不与工业生产相联系，要考虑到价值规律的作用。

这是一个理论问题，但并不是一个与实际工作无关的纯粹抽象的理论问题。然而它不属于这次会议的研究范围，所以这里只是提一下，不必花时间去讨论。

但是需要补充说几句，虽然生产是基本的，价格基本决定于生产而不决定于流通，但这绝不是说，流通领域中的工作，包括物价统计工作在内就不重要，生产与流通是分不开的，是一个整体。贸易统计虽然是观察商品流通的现象和过程的，但有它的重要性和特殊性。流通中的物价敏感性较大，而劳动消耗量和生产成本则是比较静止的。因此，对物价统计来说，它的时间性和准确性都应当要求高一些。工业统计只要有一套统计报表制度就可以了，但市场物价千变万化，因此你们的困难也就多一些。物价统计的任务就是要利用流通中敏感的一面，及时地反映情况，反映问题，不允许我们在价格政策上犯主观主义的错误。

几年来，物价统计工作在各级统计部门、商业部门和其他各有关部门的共同努力下，曾取得了一定的成绩，但是也还有一些缺点，根据我们和有关部门交换意见的结果，这些缺点归纳起来主要是：

1. 物价指数所反映的价格水平变化情况，有时与实际情况不相符合。如1955年职工生活费指数比1954年上升0.4%左右，但实际上却大于此数。造成这种情况的原因，一方面是我们在统计指数时商品选择太少，同时每种商品又只用一个代表规格来编制指数；另一方面所选的代表规格产品都是中央和地方掌握的标准规格的商品，价格经常不动，因此，统计出来的物价指数低于实际价格变化，而与实际生产脱节。因此，在中央和各地研究工资改革工作中，各地对我们所编的职工生活费指数都有很多意见，我认为这些意见必须考虑研究，并在今后工作中逐步改进。

2. 价格资料不全，不能满足工作需要。过去我们只注意掌握主要商品的价格统计资料，而对于一些关系当地人民生活的土特产品，次要的工业品或主要工业品的次要牌号，次要规格商品的资料掌握不全，因此不能全面地研究各种商品价格之间的变化关系，不能研究各种商品价格变化与其质量是否互相适应等。如小土产价格偏低的问题，长期没有发现，影响了这些商品的增产，因此，今后必须加强原始价格资料的记录整理工作。

3. 由于我们没有根据客观情况的发展，适时地取消一些不必要的计算工作，有重点有目的地进行必要的物价统计分析，因此表现在物价统计工作上是数字多，但不准确，而且没有文字分析，不能满足各方面领导的需要。例如，我们过去计算的各种差价和比价，不分商品、不分对象一律统计，工作的分量很多，但用处不大，浪费人力。又如我们提供给领导的材料，往往是一张布满数字的表格，而没有加以分析，没有说明其中的情况，没有提出其中存在的问题。

在党的第八次代表大会上，提出了关于建立统一的物价管理机构，中央和地方在物价管理上适当分工，同时在社会主义的统一市场内，附有一定范围的国家领导的自由市场，某些商品实行选购等这一系列的新问题。这些新情况迫切地要求我们加强物价统计工作。

随着商业部门的分工划细，市场物价的管理工作已由一个部门单独负责，逐渐改变为几个部门共同负责，编制物价指数所需的材料，不是一个部门所能全面掌握的。所以继续把编制物价指数的工作放在商业部门就不够恰当。因此，今年3月国务院决定将原来由各级商业部门编制的各种物价指数一律移交给各级统计部门负责，这个决定是正确的。今后在进行统计分析的时候，应当注意指数资料的使用。在贸易统计分析中，应当消除物价变化因素，然后再研究各项质量指标的变化情况（如劳动生产率指标、商品流转费指标等）。在制定工业生产成本计划、国家税收计划、劳动工资计划和银行现金出纳计划等也应当参考物价指数的变动，消除物价变化的影响，因此物价指数作用日益加强。

把物价指数编制工作交给统计部门以后，对如何加强和改进物价统计工作，我认为还必须做到以下几点。

1. 根据中国的实际情况，制订出一套适合中国国情的统一的物价统计报告制度。因为越是把物价管理的权限下放，越是允许商品在市场上自由作价成交，就越有必要掌握各地市场物价的变化情况。为了便于综合汇总得出反映市场全貌的价格资料，就必须把各部门的物价统计报告制度统一起来，以求口径一致。在苏联也有这种情况，第二十次党代表大会以后，很多工作都下放了，有的中央机构取消了，但是正因为业务工作往下放，统计工作集中起来了，道理是同样的，垂直领导在许多地方行不通，改变了，但是在方法制度上更强调集中。

2. 加强分工配合，方法制度要统一。但要加强分工配合，在制度草案中提出由各级业务部门和基层国营商业企业负责，收集整理和积累价格资料与提供编制物价指数所需要的月平均价格资料，负责提供价格调整变动原因、市场物价变动情况等资料，统计部门负责提供物价指数、指数分析和其他有关的综合性资料。具体专业性的原始资料的收集是业务部门的事，把各方面资料综合起来编指数是统计部门的责任。因此，今后的物价统计工作必须团结互助，互相交换情况，交流统计数字。在制度草案中，虽然在资料的互相提供上做了一些规定，但是必须要求今天参加会议的同志共同贯彻执行。为了把今后的物价统计工作搞好，各省（市）最好定期召开碰头会，研究物价统计工作中存在的问题，如统计部门所编的指数是否真实反映了当地的价格水平和市场情况等，都要共同来研究。统计部门的优点是掌握各部门的资料看问题比较全面，缺点是和实际业务接触不多。业务部门的优点是对具体的情况了解的比较多，如果双方各走 端工作就搞不好。

3. 必须加强分析研究工作。今后物价指数工作改为按季编制后，各级统计部门除了按期编制指数和根据各级业务部门的市场物价材料和统计部门所掌握的一些材料（如产量、工资、指数等）写出指数分析外，还应当有计划有目的地根据物价工作中存在的问题做一些专题性的研究工作。此外，还应当随时了解市场物价的变动情况，研究由于价格调整对人民生活生产各方面的影响，研究价格构成是否合理。我们不仅要研究个别商品价格中存在的问题，而且也要综合各部门的物价统计资料，结合我们统计部门所掌握的各种有关资料来进行分析研究。

4. 为了加强和改进今后物价统计工作，必须加强物价统计的组织领导。各级统计部门应当加强对物价统计工作的监督检查。各级物价统计工作的专职或兼职干部应当尽可能地固定下来，不要随意调动。做物价统计工作的同志也应当清楚认识本身工作和整个社会主义建设事业的关系，加强工作责任心，报告要及时，数字要准确，必须加强马列主义理论的学习（特别是政治经济学），要经常研究我们所运用的统计方法是否与中国目前的实际情况相符合。克服脱离实际闭门造车的教条主义的学习方法和工作方法。要加强本身的业务知识，提高工作效率，进一步完成国家所赋予你们的艰巨任务。

二、关于如何开好这次会议的问题，我们提出以下几点要求

第一，要抓紧时间掌握重点。国家统计局在向各省市发出第一次制度草案时，曾提出在这次会议上除了确定制度以外，还要交流经验，平衡权数，但会议时间有限，所以希望大家集中力量认真讨论研究制度，经验交流可以在讨论制度时结合进行，平衡权数工作如果时间不允许可以留待今后再做，把研究制度作为中心工作，只要把全国物价统计制度讨论确定下来，就可以认为我们这次会议基本上完成了它的任务。

第二，充分发扬民主，发扬了民主才能把各种发表出来的观点综合起来求得思想认识的统一。物价统计报告制度草案虽然经过了中央各有关部的几次座谈修改，但终究还是中央一级机关坐

在屋子里拟定的，一定还有许多不切实际的地方，希望同志们提出修正意见。草案中一些未做明确规定的具体问题，也要求同志们在研究时提出解决的办法，通过讨论解决这些问题，问题由大家提出，也由大家共同研究解决。在会议结束以后，将把这些问题和解决办法统一印成一个小册子，叫作"问题解答"随同制度一起发给各地。将来具体工作中的实际问题，可以由各省、市、自治区参照制度和问题解答的精神，结合当地具体情况自己处理，以减少公文往还，免得有了问题到北京来问，结果坐在北京的同志答复得也不切合实际。对于有关物价统计制度和今后物价统计工作中的问题，必须进行充分讨论，达成思想认识上的一致。对于和实际工作关系不大的纯理论性问题，譬如刚才讲的价值规律的问题，就不一定要花很多的时间去讨论，因为时间有限，这些问题不是能在短时间内讨论解决的，将来还可以继续研究。

第三，要加强团结。出席这次会议的将近200人，会议的规模不小，除大会秘书处要做好生活福利工作和保障会议的顺利进行外，还需要依靠大家的共同努力。参加会议的人是各方面的，有业务部门的同志，也有统计部门的同志。业务部门还不是一个系统，制度中包括有业务部门所需要的报表，也有统计部门所需要的报表。每个人、每个部门对于制度的不同部分关心程度不同，这是必然的。但是我们希望每个同志对整个会议、对整个制度负责，积极而全面地提出意见，在对整个制度做一个全面的研究讨论之后，会议可分为两个大部分，业务部门同志和统计部门同志分成两个大组，业务部门的同志将专门深入研究价格报告制度的问题，统计部门的同志将专门深入研究指数工作方面的问题。

价值规律和改进计划统计方法问题[*]

现在环绕着改进计划和统计的方法制度等问题，展开了热烈的讨论。这问题有两个方面。一方面是有关体制的问题。现在大家对于问题的这一方面，谈得比较多，大多数人几乎一致的意见，是要改变过去的、过分集中的计划制度。大计划小自由的方针不仅适用于数以万计的公私合营的小型企业，而且也适用于中央国营的小型企业。但体制问题只是改进计划和统计方法的一个方面的问题。问题的另一方面，至少是同样重要的一面，是计划统计的指标和方法的问题，也即是抓什么指标，以及如何计算这些指标的问题。这两个方面是密切相关，不可分离的。一定的计划、统计体制需要采用一定的指标和方法；而改变指标和方法，如同我们在后面将讲到的一样，也要求体制做适当的改变。在这里所谈的主要的是指标和方法方面的问题。

一、不变价格和总产值

我们现在所抓的主要的计划指标，也即是主要的统计指标是以不变价格计算的总产值。大家对于这个指标的最普遍的非难是说总产值中有不少重复计算，一只马达因加工或安装了多少遍，便重复计算了多少遍。其实，这还不是这指标的主要弱点，而且

---

[*] 本文原载《社会主义经济的若干理论问题》（续集）（增订本），北京，人民出版社，1956。

就每个企业而论,一个产品(例如马达),一般地只计算一次。因而这总产值也与实际相符,并不重复。在整个国民经济范围内,产值的重复计算正是反映着各生产部门的联系(特别是生产资料部门和消费资料部门的联系),反映着全社会的周转;国民经济平衡表正是通过这种重复计算来反映这种联系和周转的。至于计算国民经济各部门之间的比重,本来就是指的各经济部门在创造国民收入中的比重,当然应该以净产值计算,而不应该以总产值来计算。因为这原来就不属于总产值这个指标的任务范围之内的。

总产值这个指标的最大缺点,也可以说它的致命伤是在于这指标不能反映企业实际情况,不能反映生产的规模,因而不能根据它来评定企业工作的好坏。

原来总产值包括新创造价值和转移价值(原材料和固定资产折旧)两部分❶,而且这两部分的比重对于各个生产部门,甚至每一生产部门或每一企业中的不同产品是各不相同的。但是对于社会繁荣来说,重要的不是转移价值部分,而是新创造价值,即纯产值部分;只有后者的增长才能表明物质财富的增长,才能表明生产的成绩。所谓发展生产,指的不是转移价值的增加,而是

---

❶ 总产值在俄文中叫 ВаловаяЛроπукцня,在英文中叫 Gross production,直译应为"毛"产量,相对净产量而说的。"总产值"这一译名不能反映与"纯"相对的"毛"的意思。除此以外它还有一个缺点,就是造成了一种错觉,似乎"总产值"是表现生产品的价值的。其实相反,以不变价格表现的"总产值"不是表现生产品的价值,而是通过货币形式来表现的使用价值。这是本质上完全不同的两个概念。我们的计划和统计方法上很多缺点的根源,就在于偏重了使用价值的计算,而忽视了价值的计算。关于这一点,下面要专门谈一谈。在俄、英文中"产量""产值"是一个词。为要表明我们在中文中用"量""值"两个不同的汉字来表明的那个差异,就分别称为"以实物表现的毛产量"和"以货币表现的毛产量"。这当然没有"总产量""总产值"那么顺口,可是却不会把本质上两个完全不同的概念混淆起来(这种混淆在今天已给实践带来很大害处)。本文中为避免混淆,仍沿用现在通用的译名。——作者注

新创造价值的增加。

举例说,农民在第一年以1斗种子收了10斗粮食;第二年耕地面积扩大了,他下了2斗种子,但是只收了11斗粮食。如果用总产值这个指标来表现,那就是第二年比第一年增产10%,看似农民的纯收入增加,但他的财富并没有比第一年有所增加;而且如果扣去肥料、人工等成本,那么他的纯收入或纯产值一定比第一年反而减少了。不仅如此,如果用总产值这个指标来观察,那么第二年即使收了10.5斗粮食,还是表示为增产5%,虽则以扣除种子计,第二年的收成已比第一年减少了5.5%(如扣除其他成本,则减产更多)。

又如,有一个农具制造厂,上半年是制造的双轮双铧犁,因这是料多工少的产品,所以比较轻易地完成了全年任务的2/3。下半年改造摇臂收割机,比较起来,这是工多料少的产品。因此,下半年职工虽然在生产上,在改进技术上做了不少努力,但只勉强完成全年1/3的任务。根据总产值这个指标,上半年应该对该厂奖励,下半年应该给予严厉指责。但是据了解,该厂上半年的工作并不算怎样好,下半年倒很不坏。

又如在量具刃具工厂,经常根据订户需要,生产几千种规格的产品。一般说来量具是料少工多,而刃具是工少料多。即使以刃具而论,有直径好几寸的大钻头,也有像缝衣针那样的细钻头。最精密的量具其准确度不能超过一根头发丝的几分之一的误差。这种量具的料是不值多少钱的,产值主要就是人工,而且需要非常熟练的劳动。然而有些粗重的刃具的产值主要就是料价构成的。因此,如果工厂接的订货主要是精密的量具,那它就很难完成总产值计划。因此,不管有没有订户,不能不带做一些较粗的刃具以作平衡。这样便形成了仓库中的经常的积压。

总产值这个指标往往不是推动生产者节约原材料,用廉价的原材料代替贵重品;而是相反地推动他们去多生产贵重材料的产品，把很贵重的材料极不相称地用在普通的产品上。因此总产值这个指标就不会推动企业去制造轻巧、灵便、价廉、物美的产品，而只会推动企业去制造笨重而又价钱贵的产品。

在苏联，曾经有一个时期，拿了布料找不到缝衣铺缝制，但是拿了贵重的毛料绸料去，便很顺当地被接下了。原来也是这"总产值"指标在作怪，做布料活很难完成总产值计划。因此，现在苏联缝衣工业的生产计划已经改为按加工价值计算，而不按总产值计算了。❶

总产值这个指标的另一个缺点就在于它是按不变价格计算的，而企业中一切财务会计账目都是按现价计算的。在会计账上某一个产品的单价是4元，在不变价格的价目单上可能是5元；另一个产品在会计账上的单价可能是10元，但是在不变价格价目单上可能只有9元。不变价格的总产值和现价的总产值往往相差很大。依靠这种与实际情况不相符的账来管理企业的财务当然是不行的。那么，为什么要编这么一本可以说是虚假的账呢？原来用不变价格计算产值是为编制整个国民经济的计划用的，是为了观察各部门生产增长的速度而设的。发展国民经济的目的是要增加社会的物质财富。然而物质财富是使用价值。使用价值不好相比，也不能加总。因此，仍旧不能不借用货币这个共同的尺度来计算。不过必须把价格固定在一个水准上，即是去掉价格涨落的

---

❶ 在最近一期苏联出版的《鳄鱼》杂志上，刊登了一张漫画，讽刺缝衣工业中争取完成计划的锦标主义现象：衣架上挂着一件时装大衣，从领子到衣袖、衣襟已经缝满了15只狐皮和貂皮，可是裁缝手里还拿着好几只狐皮、貂皮，他还在研究如何把这些贵重的皮料统统缝上去，以完成计划。这对"总产值"这个指标真是莫大的讽刺。——作者注

因素，来观察物质财富的增长速度，即物量的增长速度。❶

因此，我们有两本账，一本是大账。这是为了决定政策，为了编制国民经济计划，观察各部门之间的比例关系，研究动态数列用的。这本账着重于研究物质生产的使用价值的一面，着重于物量的变化。这便是以不变价格计算的总产值的计划统计数字。

另一本是细账。这就是以现价计算的，有关资金、成本、利润、工资等企业财务管理（即经济核算）所绝不可少的财务会计账。

这两本账，我们都有的。领导上也经常号召企业管理人员：要全面完成计划，就是不仅完成总产值计划指标，而且要完成财务、产量、质量等所有指标才算完成计划。但实际上，企业管理人员并不很关心企业财务会计账而只关心总产值计划。因为上缴的利润定额是固定的，叫作计划利润，不论企业财务情况如何，到期银行就自动扣去了。工资标准也是不能侵犯的。减低成本不是很容易的事。因而解决企业财务困难的关键在于流动资金定额和银行信贷，而这都是照总产值指标计算的。劳动生产率也是根据总产值计算的，因此只要完成了总产值计划便是名利双收。如果总产值计划完不成，那么即使新创造的净产值是增加了，即使成本、利润计划也完成了；但仍旧不算完成国家计划，而且流动资金、银行信贷都会发生问题，企业财务发生大困难。这样就促成大家偏重于完成总产值计划，而且造成了许多虚假现象或假报

---

❶ 物质财富的增长是使用价值的增长而不是价值的增长。在一个较短的时期内（如一个五年计划），整个国民经济中，劳动人数的增加是不会很大的；因此，所创造的价值不会有很大增加（价值量等于劳动时间数）。经济的发展，或劳动生产率的增长，表现在同量的劳动创造了更多的物质财富，或创造同量的物质财富只需要较少的劳动量，也即是它的价值更少了。因此价值指标不能反映生产的发展，只有物量指标才能反映生产的发展。理论上这是很明白的，但是在使用总产值这一指标的时候，往往在认识上就模糊起来，把它当作价值指标看待了。——作者注

告。例如，在机器制造业中，只要已经开始"放样"，就可以把运入车间的材料以"在制品"名目算入总产值中去（"行话"叫象征性开工）。有的企业自己完不成生产计划，就可以把工作包出一部分给别的厂做，然后拿回来做完最后一道工序。于是这全部产品便可以算入自己的总产值中去了。

这一切告诉我们，以不变价格计算的总产值这个指标，是整个国民经济中算大账的指标，用来观察企业的经营管理的好坏，尤其是代替或钳制了企业财务管理的会计账是多么不合理。

但是如何来使这两本账（计划统计指标和财务会计账）不脱节而且做到相辅相成呢？也可以提议把产品产量指标和质量指标定得更详细具体些，以防止钻总产值指标的空子。这条路是一个死胡同，越走越窄。因为现在这些指标已经太集中，太烦琐，太死板，妨害了业务部门，尤其是企业的积极性，妨碍了生产。这类指标在国家和部局计划中只能更粗更少些。这不能作为国家计划的综合指标。

为了寻找解决这个矛盾的出路，为了改变现在的一套计划统计方法，先暂时离开一下计划统计方法这一现实问题，来谈一谈从表面看来似乎是政治经济学中一个纯理论性的问题：价值规律在社会主义社会中是否起着作用和如何起作用的问题。由于现在的一套计划统计指标和方法，就是建立在这个问题的错误的解释之上的。因此不弄清这个理论问题是没法解决现在计划统计方法中的许多实践问题的。

二、全民所有制和价值规律

很久以来，在理论界存在一种说法，认为价值规律是商品经济的范畴，它是与社会主义的计划经济互相排斥的，计划管理范围越广泛，越深入，那么价值规律的作用范围便越受约束。如果

说，在社会主义社会内，价值规律还起着一定作用，那只是因为：在社会主义社会中，除了全民所有制的国营经济外，还存在着集体所有制和个体所有制；因而在这些所有制之间还存在着商品交换，职工工资也仍以货币形式支付的。这就是说，在将来的单一全民所有制的共产主义社会中，价值规律将完全消失而不起作用，而在社会主义社会中，价值规律也不是这个社会中的最基本的所有制（即全民所有制或国营经济）的生产过程本身所客观存在的规律，而是由于它与其他种所有制发生交换关系才产生的，是流通过程的范畴。因此，至少在国营企业的生产领域中是可以不考虑价值规律的作用的。

从以上这一前提出发，就得出了这样的结论：社会主义生产的目的是物质财富，即是使用价值而不是价值。因此，一切计算工作应该是着重于计算使用价值而不是价值，如我们在上面所说的一样，以不变价格计算的总产值所表现的便是这个使用价值而不是价值。

为了说明我们的问题，我们先要说一下：到底什么是马克思的劳动价值规律，以及这规律在商品经济中是如何起作用的。在马克思的关于价值规律的学说中，至少包括以下三个基本内容：

第一，任何商品的价值是劳动创造的，因而商品的价值量是由生产这种商品所耗费的劳动量决定的，即由劳动时间决定的。这可以说是劳动价值规律的基础。

第二，然而这并不是说工作条件愈差，技术愈落后，工作者愈不熟练愈懒惰，价值便愈高。因为商品价值不是由生产者的个别劳动时间决定的，而是由社会平均必要劳动时间决定的。因此，条件差，技术落后，不熟练而又懒惰的生产者所耗费的劳动量便高于社会平均必要劳动量。他赚钱便少，甚至要蚀本，如果长期不改变便会被淘汰。反之如果生产者的个别劳动消耗低于社会必要劳动量，他便能赚到额外利润，他的事业便日益发达。商品生产者为了赚大钱，为了自己的事业的发达，至少是为了不蚀本，避免被淘汰，便日夜钻研，改进技术，改善自己的经营管理。这样，价值规律便通过同一行业之内的生产者之间的互相竞争，像一条无情的鞭子一样，不断督促着生产的进步。马克思在《共产党宣言》中曾说，资本主义社会像用魔术一样唤醒了沉眠在社会劳动里的巨大生产力，使得不到一百年间创造了比先前一切世代总共造成的生产力还要大，还要多。这魔术不是别的，便是在这个竞争中自发地作用着的价值规律。这就是说，价值规律在商品经济中起着促进技术进步和生产力发展的作用。

第三，但是竞争不仅存在于同一生产部门之内的各个生产者之间，而且存在于各生产部门之间。由于商品生产是盲目自发性的，因此供求永不能平衡，市场价格就环绕着价值（社会平均必要劳动时间）不断涨落。在这价格的涨落中某一生产部门中若有多少商品生产者发了财，而另一生产部门中便有多少生产者破了产。他们为了逃避破产争取发财也要不断改进技术，改善经营。但是在各个不同的生产部门之间的竞争不仅也像同一部门内的竞争一样促进了技术的改进和生产力的发展，而且使社会资本和劳动力从一个生产部门流入了另一个生产部门。价值规律便这样自发地起着生产调节者的作用，就是执行了分配社会生产力的任务。

现在我们再来看一看，包含上述三点基本内容的价值规律，在社会主义社会，特别是在全民所有制的经济中，是否还继续起着作用。

首先，商品是历史范畴，在共产主义社会中将不再有商品交换，因而生产品也不再是商品，社会生产的直接目的是使用价值而不是价值——这些都是可以肯定的原则。然而叫作生产品也好，或直接叫使用价值也好，它总是劳动所创造的或者说是花了一定量的劳动消耗的代价换来的。这代价当然不是目的而是手段，然而不能改变事情的本质。花了代价就不能不计算一下代价的大小。至于你把这代价叫作"价值"呢，还是直接叫作"社会平均必要劳动量"，那倒是无关紧要的。马克思就用过"使用价值的价值量"的说法，似乎没有必要使"价值"这概念一定要与商品这概念共存亡。

其次，在商品经济中，价值规律自身变成了一个自发地，然而是极灵敏地计算产品的社会平均必要劳动量的自动计算机，它随时提醒落后的生产者要他努力改进工作，否则便要受到严酷的惩罚；也随时鼓励先进的生产者并给他丰厚的奖赏，要他继续前进。它是赏罚分明，毫不留情，不断督促着落后者向先进者看齐。

在社会主义社会或共产主义社会里，我们限制或消除了市场竞争所带来的消极的破坏性的一面。这是好的。但是我们不能不计算产品的社会平均必要劳动量。否定了或者是低估了价值规律在社会主义经济中的作用，事实上也便是否定了计算社会平均必要劳动量的重要性。因而现在我们的计划统计指标着重于表现物量，而忽视了价值；着重于表现生产的成果（所谓"总产值"，即毛产量），而不着重于分析这成果的内容如何（即新增产值和转移产值各占多少，也即是纯产值和物质消耗各占多少）；更不着重于分析如何以社会平均必要劳动量的计算来推进劳动生产率，以达到增加物质财富的最后目的。因为如前面所说的一样，成本、利润等指标只是总产值这个指标的陪衬；事实上，在企业管理中起作用的是总产值这个指标，而不是对企业管理最需要的企业财务指标。

否定或是低估了价值规律的作用，也等于是否定了根据社会平均必要劳动量的计算来改造落后企业的必要。我们知道，在农业中，农产品价值是以生产条件最坏的土地上的劳动消耗量（即最大的消耗量，而不是社会平均必要消耗量）决定的。这是客观自然条件（土地的有限性）所造成的。这便是级差地租的来源。现在我们为了让最落后的工厂能够活下去，工业中的产品价格也是以这些落后工厂的劳动消耗量来制定的。但是这样做，除了把落后固定起来以外，还有什么好处呢？（当然，由于这种价格所形成的"级差利润"是我们的积累来源之一，但积累一定要通过这一形式吗？难道不能以其他形式，如税收形式来完成吗？）要让落后工厂能活下去，就得帮助它改造技术，改进管理制度，经常提醒这些企业的职工，尤其是领导者：他们的劳动消耗即成本已比社会平均必要劳动量高出了多少；而不是用一个落后定额来安他们的心。

这一个社会平均必要劳动量的价值规律对资本家来说，是在睡梦中也忘不掉的；它有时变成了蚀本和破产的恶魔，威胁着他；有时变成了额外利润，繁荣发财，像一个迷人的妖精般引诱着他。不论是以什么面目出现，这规律总是推动了资本家不断地前进又前进。对资本家来说，生产而不计财务成本，简直是不可想象的。但是在我们，"不惜工本"似乎是社会主义建设的应有气魄。"价值，价值规律是商品经济的范畴！""资本、利润，——啊！这是资本主义的概念！""资本主义概念""资产阶级看法"等也像魔法一样迷住了我们，使我们往往不敢把问题反复想一想。

我们应该肯定地说，通过社会平均必要劳动量的认识和计算来推进社会主义社会生产力的发展——价值规律的这个重大作用在我们社会主义经济中非但不应该受到排斥，而且应该受到更大重视。

发展生产的秘诀就在于如何降低社会平均必要劳动量，在于如何用改进技术，改善管理的办法，使少数落后的企业向大多数中间企业看齐，使大多数的中间企业向少数先进的企业看齐，而少数先进的企业又如何更进一步提高。落后的、中间的和先进的企业为了降低社会平均必要劳动量水准而不断进行的竞赛，也就是生产发展、社会繁荣的大道。

资产阶级在认识上是不承认马克思的劳动价值学说的，但是资本家在实践中很好地运用了这规律。这因为，不论你承认不承认它，价值规律在商品经济中会通过市场竞争自发地发挥作用的（促进生产，调节生产力）。我们是信奉马克思的劳动价值论的，但是却想把这一学说同自由市场一起从社会主义领域中除了籍。价值规律在没有自由市场或自由市场受约束的条件下，变得不灵敏了，可是它存在着，因此我们更应重视它，通过计算去寻找它、发现它、尊重它，并进一步掌握它，使它为我们服务；要不然，它将比惩治资本家更残酷地来惩罚我们。

现在我们再来看，上述价值规律的第三点内容，即是生产调节者的作用，或是分配社会生产力的作用，在社会主义经济中是否还继续存在。过去也有人认为，在社会主义社会中，价值规律只是在一定范围内，即是仅仅在商品流通的范围内，起着一定的调节作用，至于在生产领域内，价值规律便不再起调节作用，它并不能调节各个不同生产部门间的劳动分配的"比例"。至于到了共产主义社会的第二阶段，当商品流通完全消灭之后，价值规律便将作为一个历史范畴而消亡，在任何范围内也将不起调节者的作用，劳动的分配将不依价值规律来调节，而是依靠社会对产品的需要量来调节。支持这样说法的有力的事实似乎就是：在社会主义国家中，用全力去发展的是那个赢利较少而且有时甚至不能赢利的重工业，而不是赢利较多的轻工业。生产力的分配，或投资的分配，是国家计划机构根据政策来决定的。

但是我们首先要问：为什么在社会主义国家里，重工业一定要比轻工业赢利少，以至不赢利呢？企业不能赢利不外两个原因：（1）企业本身管理不善；（2）价格不合理。我们不能相信，重工业企业一般地都比轻工业企业管理得坏。因此，使重工业企业少赢利或不赢利的唯一理由便是上述第二个原因了——重工业产品价格不合理，即比之轻工业产品一般是偏低了。因此，这不是使我们否定价值规律的调节者作用的理由，倒是证明了这是价格政策违反了价值规律的不良后果。

其次，认为在全民所有制经济中或在共产主义社会的第二阶段，各个生产部门间的劳动分配将不依价值规律来调节，而是只依靠社会对产品的需要量来调节。这理由也是片面的。因为对产品的需要量还只是事物的一方面，而不可分割的另一方面是如果生产某一种产品的劳动生产率增加了，那么这一生产部门所需要的劳动量，也即是投资额，也会相对地甚至绝对地减少的。

因此，从上面所说的价值规律的三个基本内容来看，不论在共产主义社会的最高阶段或是初级阶段，这规律将始终存在而且作用着，所不同的只是作用的方式而已，只是这规律体现自己的方式而已。在商品经济中，它是通过商品流通，通过市场竞争来起作用，来体现自己的，因而它是带着破坏性的，而在计划经济中，是应该由我们通过计算来主动地去捉摸它的。

其实这些意见并不是当代什么人的独创之见。马克思《资本论》中的一段话就是说的上面的意思："在资本主义生产方式废止以后，但社会化的生产维持下去，价值决定就仍然在这个意义上有支配作用：劳动时间的调节和社会劳动在不同各类生产间的分配，最后，和这各种事项有关的簿记，会比以前任何时候变得重要。"❶

对马克思以上这段话需要加以补充说明的是：这里所说的簿记，应是包括统计、会计和业务技术计算三种计算在内的广义的计算工作。

过去，大家为什么会忽视马克思的这一重要原则性的启示

---

❶ 马克思：《资本论》，第3卷，第1116页，北京，人民出版社，1953。

呢？到底是因为忘记了马克思的这一段重要启示，在理论上否定或低估了价值规律在社会主义经济中的作用，才造成了现在普遍遭受批评的那些计划统计方法和无视价值的价格政策的呢？亦是正因为有了这样的实践才忽视了马克思的上述重要启示并制造出了社会主义社会中价值规律逐渐消亡的说法的呢？这的确很难说了。理论与实践是互相影响的。对我们现在来说，重要的是为了我们的实践，应广泛地批评那种价值规律在社会主义经济中不起作用的学说。否定或低估价值规律在社会主义经济中的作用只有害处没有好处；反之，承认并强调这一规律的作用，并在实践中尊重它，对我们的社会主义建设事业，却是只有好处没有坏处。

由于社会主义社会中，生产的目的是使用价值，是物质财富的增长而不是价值和利润，因此就认为计划统计的指标应该偏重计算物量的说法也是不对的。使用价值和价值，用同量的劳动创造更多物质财富和创造同量的物质财富耗费更少的社会平均必要劳动量是一件事或一个过程的两个方面，是不能分裂开来看的，不可偏废的。在计划和统计方法上多抓价值的一面，多注意劳动量消耗的计算，为的是促进生产率的发展，这与生产以增加物质财富为目的是完全不矛盾的。

三、从何处着手来改进计划统计方法

在这里并不想涉及所有的指标和方法，而只是试图研究一下：（1）计划和统计应该抓什么基本指标以及如何计算这个指标；（2）为了改进计划统计方法不得不牵涉有关计划体制和财政政策上的个别问题。

改进现有计划统计方法应该根据以下四个基本原则：（1）计划和统计的基本指标应该是能够反映生产增长的真实情况；（2）计划统计指标和企业管理所依靠的财务会计这两本账应该统一起来，绝

对不允许让两本账互相牵制妨碍;(3)计划和统计指标不能偏重于反映物量即使用价值,而应兼顾劳动消耗量即价值的计算,在基层企业中,更应着重反映后者;(4)所谓基本指标应该是企业管理的一个中心环节,抓住了它便能带动其他的指标。

如同在前面第一节所说过的一样,我们现在所抓的"总产值"这个指标是不符合上述原则的。"总产值"的增长往往不是新增产值的增长,而是转移价值的增长。因此,在苏联,早有人提出过用"纯产值"来代替"总产值",或是用前者来补充后者的不足。苏联缝衣工业所采用的"加工价值"这个指标,也就是放弃"总产值"而企图向"纯产值"接近。("加工价值"不扣除固定资产折旧,因此不完全"纯",但计算较方便。)

但是过去为什么不采用"纯产值"这个指标呢?为什么在苏联,也仅仅缝衣工业采用"加工价值"这个指标呢?这是由于计算不变价格的"纯产值"在技术上有困难。因为"纯产值"是由"总产值"中扣除物质消耗来求得的;在会计账上,有每一个产品的物质消耗的数量和现价价格。但是要基层企业计算每一产品所用的成百成千种的原材料、零件和部件的不变价格几乎是不可能的。

然而,我们知道,使用不变价格是为了编制和检查长期计划,是为了历年数字可以对比,是为了计算国民经济各部门的大账。因此我们要问:为什么编制和检查年度计划、编制和检查企业计划也要用不变价格呢?如果企业的年度计划就按现价编制和检查,五年计划用的不变价格数字照样可以根据企业年度计划的现价数字,按系数折算。这样,企业的财务会计资料就可以直接提供纯产值和利润的数字,计划和统计就可以把这作为基本指标。于是,计划和统计所抓的指标也就是企业管理所需要抓的指标。这不仅可以真正促进企业的经济核算,而且可以因为两本账合成一本账而节省了不少人力。

有的人听到用纯产值做计划，就觉得不发生原则上的问题，只是计算技术上有困难而已。但是提到用利润做计划的基本指标，似乎就发生了原则性的问题。

其实，为了我们的目的（编制和检查企业生产计划），纯产值和利润没有原则上的差别，后者比前者多扣除工资，只是更"纯"了些（纯产值是马克思公式中的 v + m；利润只是一个 m❶）。因此，利润是企业经营好坏的最集中的表现。我们不要因为社会主义社会的生产是为了物质财富，资本家的生产才为了追逐利润，于是便不敢使用"利润"这个指标。尽管社会主义生产的目的是与资本主义根本不同的，但有利于我们的企业经济核算的方法，却不要因为资本家曾经使用过就不敢问津。

那么会不会因为用利润作为计划基本指标而造成企业管理人员唯利是图、不顾国家利益的资本主义经营思想造成市场混乱呢？

基本上不会的。因为第一，除了把利润作为计划和统计的基本指标外，并不取消其他指标，如产品、产量等（但产品产量指标，应分级管理）；第二，唯利是图的资本主义经营思想，只有在价格不合理、没有市场管理的条件下才有可能。如果确立了合理的价格、并且能够定期调整，如果市场管理得好，那么就无空子可钻。我们在大量私营工商业企业存在的时期，还能做到稳定市场，取缔了投机倒把，难道我们面对着数量较少的有组织有领导的国营企业，干部反而无法控制了吗？

把利润作为基本指标的主要缺点，是怕企业管理人员因为追逐利润计划的完成而影响了工人的工资。工资标准虽然是由工资

---

❶ m 里面还包括税，但税不一定全是本部门生产的，可能有一部分，甚至大部分是在别的经济部门生产，而在这里实现的，因此不应计算在内。至于利润，则在合理价格的条件下，基本上应是本部门创造的。关于价格的问题，下面还会讲到。——作者注

条例规定的，但是工人升级由企业管理人员掌握。为防止这一点，可以考虑把"利润"和"纯产值"并列作为基本指标。

"纯产值"和"利润"这两个指标的最大好处，就在于它反映了生产的实际情况，完成这两个指标非但不妨碍其他指标的完成，而且必然会带动其他指标的完成。要完成纯产值计划或利润计划便必然要抓成本，必然要注意劳动生产率的提高。因此按现价计算的纯产值和利润本身虽然是一个价值指标；但是随着纯产值和利润的增长必然会带来物质财富的增加。

如果我们在理论上承认了价值规律对社会主义经济的意义，如果计划和统计上要采用"纯产值"和"利润"作为基本指标；那么为了正确计算这些指标，更重要的是为了在企业和整个国民经济中推行真正的经济核算制，加强财务管理，在经济政策和财政制度方面，必须提出以下几个问题，请研究理论的同志和做实际工作的同志加以研究和考虑：

第一，是价格政策问题。过去由于在理论上否定或是低估了价值规律对社会主义经济的作用，因此决定价格的时候，主要考虑的是政策而不是价值，说得正确些只是在考虑政策，至多是在考虑成本的范围内照顾到了价值。例如，消费资料的价格不能高到扩大了剪刀差，影响工农联盟，影响职工大众的生活水平，而生产资料的价格尤其是调拨价格则不妨低一些，因为反正是卖给公营企业的，只要照顾成本而已。❶一句话，主要是从流通领域，从国民收入的分配和再分配的观点来考虑价格问题，很少考虑生产过程本身的经济核算的需要。因为从这一见解出发，所以认为轻工业负有积累的任务，而重工业是不负积累任务的。在中国，因为直到最近还存在大量的私营工商企业，所以限制了我们过分

---

❶ 在苏联，根据这个原则，在很长一个时期中，由于价格定得低，几乎所有重工业都是叫作计划亏本企业，靠国家补贴维持，到现在还有木材工业整个部门靠补贴维持。——作者注

地向这种片面的、主观的价格政策发展。但是，现在如果再不从理论上、原则上提出这个问题来，以后会继续朝这方面发展下去的。例如，在事实上，现在的重工业产品的价格比之轻工业产品的价格并不能算高，因为如以资金利润率来说，还是比轻工业低了许多。但是很久以来便喧嚷着重工业品降价的呼声。重工业产品的价格如果低于价值就会妨碍经济核算，就会把贵重的生产资料当作便宜货使用，促成生产中的浪费，对国民经济是没有好处的。事实上，价格的偏高偏低就是打乱了国民经济的比例关系，破坏了整个国民经济中的经济核算。因此，正确的价格政策应该是以价值为基础的。轻、重工业的利润（资金利润，而不是成本利润）大体应该相近。国家的积累可以考虑多用税的形式取得，而税也不一定仅仅限于轻工业品范围。税同利润更严格地区别开来是有利于经济核算的。

第二，应该多注意对固定资产的核算。这不仅仅是统计工作者要注意的问题，也更是计划工作者、财政工作者和企业领导者应该注意的问题。现在我们企业中的固定资产的估价是很混乱的。在这种基础上当然无法进行正确的成本核算。固定资产的盘存和重估价是一件非常复杂而费力费钱的工作。过去大家主要是从财政观点来赞成或反对进行这一工作。其实更重要的是应该从企业经济核算的观点来看问题。

轻视固定资产核算的另一表现便是不主张计算资金利润，而只主张计算成本利润。说计算资金利润是资本主义观念的说法是不对的。这不仅是资金问题，也是劳动问题。因为那些全部参加了物质财富生产过程的固定资产本身就是物化劳动。在重工业部门中，人们在开始消耗自己的活劳动以前，必须比轻工业部门积累更多的物化劳动（固定资产），不是无缘无故的。他们的目的是使自己的活劳动能有更大的生产率，即为了能够创造更多的物质财富。反过来说，如果资金有机构成高的重工业工人的劳动生产率不比轻工业工人高，那么对社会来说就犯不上先物化了一部分劳动，再来消耗活劳动，就犯不上投那么多资本了。如果对于原有的固定资产的价值不会很好计算，就是说，打错了算盘，那么必然就会在逻辑上忽视新增固定资产，对于基建投资也会打错算盘的。例如，大家知道，水力发电厂的电力成本低于火力发电厂，而且往往低很多；仅仅从这一角度出发，往往就会偏向于水力发电厂的建设，而忽视火力发电厂的建设。大家也知道任何大型厂的生产成本一定比小型厂低。这就使很多人常常会偏向于大型企业的建设而反对建设小型厂。但这是由于只算成本利润，不算资金利润而得出的结论；如果除了算成本以外，再算一下投资效果，算一下我们的资金能力，那么结论就一定两样了。

第三，要真正精确地计算商品价值，做好经济核算工作，最后必须有正确的折旧政策。现在我们的固定资产折旧率约4%，即是说，折旧年限在25年左右。这就是说，我们的折旧只考虑了物质的磨损，而不曾考虑无形磨损，就是说，几乎是按照每个机器在物质磨损上能存在多少年，便把它的价值按多少年平均分摊到每年所生产的产品价值中去。但是第一，每一种机器在开始制造的时候一定是价格比较高。后来随着生产技术的提高，随着这种机器的大量出产，价格必然会逐渐降低，而在二三十年中，价格一定跌得很厉害。第二，由于同一用途的新型机器的发明和制造，原有的旧型机器也会大大跌价，甚至因为太旧式（生产率低、费用大）而完全废弃不用。因此，当机器的物质形状尚未陈旧，尚未完全磨损之前，就会因为上述两种原因而贬值。这种贬值称为无形磨损。越是技术进步得快，这种无形磨损过程也越快。

资本家很怕自己的技术落后，固定资产会因为无形磨损而遭受损失，所以把折旧率提得很高。在第二次世界大战期间，美国的重工业的折旧年限规定为5年。到1954年又颁布了"残值递减法"的折旧办法，规定在固定资产动用初期采用较高的折旧率，以后逐年递减折旧率。❶例如，头一年为40%，第二年为24%，这即是说在最初2年间就收回了资产的64%的价值，以后3年的折旧率又分别为14%、8%和5%。当然，垄断资本家把折旧率提得这么高，还有一个原因那就是隐瞒利润，逃避所得税。然而不能说这是主要原因。主要原因还是估计到现代技术进步的迅速，怕自己的技术落后和固定资产遭受贬值的损失。

过去，在社会主义阵营中是不计算无形磨损的，而且从理论上是否认这概念的，认为这也是资本主义的概念。但是自从1955年7月苏共中央全会后，这种看法已受到批判，认为不考虑无形磨损在理论上是不能成立的，在实践上是有害的——主要是妨碍了设备的更新和技术的进步。

在否定无形磨损的同一个思想的指导下，还有一个极端有害的实践便是对于大修理的定义。根据现在的定义，大修理是不能改变设备的原来的形状和基本性能的。如果越出了这个范围，那么就不叫大修理而叫"改建"或"基建"，就得按另一套手续审批。大家知道，为了保证重点建设，我们现在的基建投资是抓得很紧的，这一类零星的"改建"或"基建"（事实上是带有技术更新性质的大修理），一般是很难得到批准的。（但是，由于上述限制，现在的大修理基金一般是用不了。）

由此就产生了以下两个很不合理的，然而是相当普遍的（从现存制度来看是很必然的）事例。

第一个例。某石油公司的一个炼油设备在进行大修理，工程师证明如果把一个×时大的管子改为×时的管子就可以增加×%的效力。但是财政制度通不过，管财务的人起来反对，双方争执不下。要不是企业负责人甘愿承担破坏制度的罪名，这次大修理

---

❶ 安东诺夫：《第二次大战后美国固定资本的折旧》，载《经济译丛》，1956（8），第54页。

就眼看着这×%的生产效力白白窒死了。

第二个例。某修船厂在解放后几年来承修同一主顾的8条大海船。这些船都是年久失修的,其中有一艘就是这船厂制造,但是连最老的工人也已经忘记了这船是什么年代出厂的了。这8条船,在修理中一般都是换掉了绝大部分的钢板和很大部分的龙骨。其中有一艘400多块旧钢板换到只剩8块,龙骨换去30%左右。因为修旧船换钢板只好一块一块来,只能用铆钉铆而不能用电焊办法做,这比造一个新船壳还费劲。因此承修的船厂就建议给主顾重造新船壳,而不要换钢板。但是主顾不同意。不仅如此,主顾还要求船内一切基本设备,尤其是机器只能照原来的形状和性能修理。因此机器的一切活动部件都换了,不活动的部件(壳子)仍是老样子。结果船的性能很低。据说这船修好后(其实等于是新造的),时速是8海里,而现在日本商船队中最慢的时速是16海里。这种效率低的船在日本早拆作废钢铁卖掉了。船厂的工程师和工人们都因为这主顾每次都坚持要花这么多钱买一个崭新的老古董船而感到惊奇,但是对那主顾来说却也另有他的苦处,原来制度只允许他大修理而不准他进行基建。

在这种不考虑无形磨损和大修理不准进行技术更新的经济学理论和财政制度下,可以使得很多工业部门中,几十年前的破老设备的工厂与新建的世界第一流技术的工厂永远并进。因而整个部门的平均劳动生产率往往只有那些第一流工厂的先进劳动生产率的1/3到1/2了。

这种占怪而有害的理论和制度是有它们的根据和历史根源的。在认识上,否认无形磨损是与否认价值规律(只承认物质财富和使用价值而不承认价值)的理论一脉相传的。在实践中,则由于在社会主义建设初期,尤其在恢复阶段,技术落后,财力困难,因此要动员一切人力物力来为建设社会主义服务。落后的老式的设备终比没有设备好。我们不仅要使用这种落后的老设备,

而且要爱护它，保养它，因此还给它拨出一定的大修理费。于是经过若干年后，历次所耗费的大修理费已超过了买一个新式机器的钱，而且这老机器本身也确实已经完全换过了它的全部零件，但是它的性能（生产率）却仍旧是很落后的。人们使用这"新的老机器"不得不浪费更多的燃料、原材料和劳动。一句话说，从爱惜人力物力的出发点开始，却走到了浪费人力物力的终点。我们要避免这样的悲剧的下场，就应该时时打算盘，提倡计算无形磨损。提高折旧率并不是主张把任何设备在很快把它的价值折回以后便不分青红皂白丢掉完事；而是说要算一算账：到底是照原样继续使用合算，还是加以技术更新后使用合算，还是当废金属回炉合算，不仅要算一算活劳动的节约与否，还要算一算物化劳动的节约与否。在旧设备的技术革新方面多花了钱是会影响到重点建设项目的。但这里也要算一算账：是不是新建一定比改建合算。相反的，一般说来还是改建省力，花钱少而见效快，如果这样，我们就应该多注意改建。困难的是，像鞍钢这样的大的改建项目有利无利可以由中央由国家计委来研究、决定，但是像那炼油厂中要换一根管子之类的零星的技术更新是不能都集中到中央、到上级来解决的，是应当授权企业，甚至发动群众来解决的。因此，财政制度的规定应给企业多留些钱，对大修理的定义不应规定得那么死板。

  总而言之，这在基本上还是要通过社会必要劳动量的计算来推动社会劳动生产率的增长的问题。这是一个理论问题，是一个政策问题，是一个制度问题，也是每一个统计工作者在自己的本位工作中应该关心研究的一个重要问题。

致李富春同志信

富春同志：

　　杨英杰同志在第一大组会议上几次提出，统计局把总产值问题和价值规律问题登上《统计工作简报》（内部公报性质刊物，一般只发省统计局、部计划司统计处，最近增发省计委及财经学院统计系教研室、科学院经济研究所），是把内部未做结论的问题拿到外面去讨论，会造成混乱。据杨英杰同志说，你也同意他的看法。

　　据我的理解，你在成立三个大组时，曾强调第一大组的原则性理论性问题，特别方法问题应吸收部及科学研究机关的同志来讨论。我认为是非常对的。但是杨英杰同志最先是主张连大组本身也不讨论，而由他同贺文涛同志组成一个小组研究计划的方法问题，统计局的同志自己研究统计的体系方法问题。但是统计和计划的指标体系和方法问题是密切关联不能分开解决的；而且这些问题还牵涉许多理论问题，尤其是企业管理和财政制度问题，光是计划统计人员关起大门来研究，是扯不清的。因此，大组内大多数同志都同意较广泛地找些人来交换意见。

　　然而英杰同志看法总不相同，老觉得统计局的《简报》造成了混乱。他所指的主要是我的两篇文章和第 82 期《简报》的编者按语。我的两篇文章中，关于价值规律的一篇，曾由《经济研

---

* 此信写于 1957 年 1 月 29 日，写好后作者没有送交李富春同志。

究》杂志公开发表，这是一篇关于理论问题的稿子，根本谈不上内部外部的问题，中外杂志上早在公开讨论的。另一篇是关于"总产值"指标的问题，牵涉一些计划和企业管理的体制和财政制度问题。严格说来这也不能算什么"内部"问题；我所谈的问题在苏联杂志上也早有公开讨论。因为我所谈的只是方法原则问题，既不涉及机密数字，也不涉及组织机密，何况这《简报》也只发给部和省一级的统计机关"内部"。至于第82期《简报》的编者按语的中心意思正是为了要防止所谓混乱，即（1）研究和讨论不能妨害现有工作，未做正式结论，一切要照旧的办，检讨现有统计指标的缺点并不等于对过去否定一切；（2）就以"总产值"（或商品产值）这一指标而论，在某些用途上是不可少的，但在另一些用途上确有缺点的，"把它当作管理和评定企业工作成绩的中心指标害处更多"。但无论如何总产值（或商品产值）是不可缺的指标，问题在如何使用。

英杰同志对"害处更多"一语反感特别大。但如果不是因为对于企业管理"害处更多"，为什么陈云同志和你都主张把"总产值"这个指标从指令性指标降为参考性指示。英杰同志说"八大"决议并未如此说。但不能说"八大"决议未提到的问题就不能再作研究和提出意见。

我认为英杰同志的看法，无助于问题讨论的深入和展开。

几年来对于"总产值"问题的讨论主要是环绕着国民收入的重复计算这一点进行的。现在是把这个指标同企业管理，即同生产联系起来讨论了。不论如何，问题的提法是前进了一步，这不能不说是最近展开讨论的成绩。

你时常痛切地批判统计工作中教条主义和脱离实际的倾向。我认为环绕着价值规律和总产值这一周围的问题，正是我们计划统计脱离实际的基本来源。你在成立三个大组时要我们研究这一问题，并吸收部和研究机关的同志来参加，我认为是非常对的。

我并不认为我的文章里的论点都是毫无错误的，但是我认为我所提的问题都是非常重要的，值得加以详细研究；而且，只有展开讨论才能暴露错误，求得正确的结论。因此，我认为统计局把这方面的讨论文章印发给省、直辖市统计机关和部的统计处研究并不违背你的指示精神和组织原则，做决定时要万分慎重，然而讨论时不妨大胆些、广泛些。因英杰同志很反对对这些问题展开讨论，并且说你也同意他的见解，所以希望你给予明确指示。

请原谅我常来打扰你的宝贵时间。但是我还希望你在最近抽出时间来专门研究一下统计工作。

致李富春同志信

关于农家收支调查中的几个问题[*]

一、农家收支调查的目的和任务问题

总的来说,农家收支调查是为了观察农家的生产、交换、分配、消费和积累的全部过程。但是在各个时期,我们观察的重点可以是不相同的。

大家对1954年的方案提出了许多批评。用今天的眼光来看,那时设计的方案的确是有缺点的。这是由于当时我们的知识和经验比今天更少。但是我们也不能将那时的方案和今天设计的方案机械地对比。1954年的观察对象主要是个体农户,因此,那个方案主要是从阶级构成这个角度出发来观察和分析问题。例如,根据土地、大牲畜、农具等主要生产资料的占有情况来研究各阶层农户在土改以后的变化;从阶级构成来研究他们的整个生产和消费。从当时中国的农村情况来说,这样做是完全必要的。但是,如果到1957年仍把土改时的阶级分组作为观察农户收支的主要方法,那就不对了。因为到1956年下半年,参加农业生产合作社的农户已占农户总数的96%以上,主要的农业生产已经集体化,农户的大部分收入来自合作社的分配收入。所以,我们在1957年的调查中所研究的问题应该是同以前有所不同的。

---

[*] 这是孙冶方同志在全国农家收支调查会议上的讲话,原载《统计工作》,1957(6)。

1. 研究社员户的生产和收入

1954年时农业生产的最基层单位是农户,现在,主要的农业生产(植物栽培,即粮食、技术作物、油料等的生产)已经由合作社经营了。这一部分生产收入,占整个农副业收入的2/3左右。这一部分生产及其收入分配的情况我们可以从合作社的调查统计资料中取得,而不必从家庭收支调查中去取得。因此,从表面上看,至少在生产领域内,农家收支调查的任务比过去少了2/3。但是,应该指出,得出这样的结论是错误的。不错,我们的农家收支调查不再研究社会阶级构成的变化了;农业生产的主要部分(2/3)也不在农家收支调查的观察范围以内了。在这一方面,任务是减少了。可是我们在另一方面又增加了一些任务。我们现在有些题目是在1954年调查中没有,或虽有而不作为重点来研究的。例如,合作化后发展社的生产与改善社员生活间的关系问题,农户收入中来自合作社的多少,来自家庭自己经营的生产有多少。所谓农民家庭自己经营的生产,是指社员户在农业社以外从事的生产活动,包括个体经营的植物栽培、动物饲养(特别是养猪)、采集渔猎、粮食加工以及自给性手工业、商品性手工业、运输、建筑、兼营商业,等等。社员户从这方面取得的收入,占其总收入的1/3左右。根据我国的情况,有些副业在相当长的时期内还要靠农民家庭经营,必须大力提倡。因此,正确地处理社员户家庭经营的农副业生产和农业社集体生产之间的关系,不仅是个经济问题,而且是个政治问题。研究这个问题,也是我们的长期任务。但是凭什么资料来研究这5亿多名农民,1亿多户农户的1/3的生产活动和收入呢?我认为除了依靠农家收支调查取得资料外,再无其他来源。

现在的农家收支调查在农业生产方面,研究的范围比1954年减少了2/3,范围不如过去广,但是研究的内容却更细了。除了

上面所说的要研究社员户从合作社所得的收入和家庭个人自营部分的生产收入的比例关系以外,还要研究农家自己经营的农副业生产的构成,即各种农副业生产的比较,自给性的生产和商品性的生产,生产费用和净收入,实物收入和货币收入,等等。

2. 研究社员户的支出以及物质文化生活状况(消费状况)

合作化后,农家的支出也有了改变,生产支出的2/3由社管了,但是1/3的生产支出和全部生活消费支出仍在农家。为了研究农家自己经营的农副业生产的费用,我们仍然要研究生产性的支出;同时我们更要研究农家消费性的支出。我们的党和政府向来是关心人民生活的,一些社会主义国家建设的经验也告诉我们,只搞建设,不照顾人民的眼前生活,就会引起人民的不满。但是有什么资料可以直接反映人民的生活水平呢?城市主要是靠职工家庭收支调查资料,在农村主要就靠农家收支调查资料。

研究农户的生活消费支出时,应详细分列出用在吃、穿、文化教育、医药卫生以及其他支出等方面各多少,其中自给性的部分又是多少;在吃的方面,还可以细分主、副食各多少,主食中粗细粮的比例,及副食中荤、素菜的数量等。算这些细账绝不能说是鸡毛蒜皮的事,相反地,它是有关国计民生的大事。(算这些账不仅对了解人民生活水平有用,就是对研究货币流通和贸易工作中某些问题也是有用的。)

有同志问,农家收支调查是否可以只做一次性调查或隔几年做一次调查。我们在1955年举行的"1954年农家收支调查"就是一次性的调查。但是如前面所说的一样,那次调查的内容同现在不同。那时调查的着重点是土改后各阶层农民所占有的主要生产资料的变化情况,现在则想就农家的生产和消费、收入和支出做较详细的观察。我们就是根据1954年农家收支调查的经验,认为必须把一次性调查法改为经常性登记;因为要农民回忆一下全年生产和消费的总数已经是极为困难的事，因而资料的可靠性是很差的，要细分项目就更困难了。同时做一次性调查所需要的工作人员数并不见得少，甚至要更多些，差别就在于一是常年做这工作的，一是短时期的。但临时抽调大批干部，今后是更困难了，而且临时抽的干部，对工作质量也有影响。我听说小组讨论中个别省的同志说，厚厚的一大本农家收支调查资料只是为中央服务，对省里没有什么用处。应该肯定地说，在我们的资料里面，对省领导也有很多有用的东西。因为现在不仅是中央，就是各级地方党政领导，也以研究农民的生产和消费水平、来自合作社的收入和个人经营的收入的对比以及如何奖励农家副业经营等问题作为当前的重要经济政治任务；而家庭收支调查对研究这些问题是可以提供不少有用的资料的。1955年和1956年的资料，在大部分省里已经汇总起来了，希望大家认真研究一下这些资料并作进一步的加工整理，以提供领导研究上述问题之用，这样不仅有助于这些资料的利用，而且也有助于这些资料的核对。

3. 为研究货币流通、商品流转等问题提供一部分资料

农家收支调查应该通过现金平衡表提供社员户的现金收入、支出以及期末结存资料，为银行计划货币流通工作提供参考。在这方面，听说银行还要求按日结存的数字，我个人认为目前要这样做是要求高了些，能按月结存就差不多了。据我们了解，苏联集体农民家庭收支调查也不提供每日结存数字。如不十分需要，可暂时不做，以尽量减少工作量。我个人在这方面没有作过深入研究，同志们的看法也很不一致，希望大家进一步研究。

调查农户生产出来的东西向市场投放了多少，同时又从市场吸收了多少，这样的资料是研究农村商品流转与农户购买力（主要是对工业品）的重要资料之一。如将这部分资料进行适当的分组，可以为研究自由市场问题提供一部分宝贵的资料。关于研究

自由市场问题，我是在会议开始时的发言中提出的。因为在会前谈话中，有一个省的同志说，省的领导同志正在研究自由市场问题，农家收支调查应该提供这方面的资料。我个人赞成在农家收支调查中观察这问题，因此提请会议讨论这问题。听说同志们在讨论中都同意这个提议，但是不知道应该怎样下手，特别是对自由市场的定义不知道应该怎样下。我们考虑在方案中笼统叫一个自由市场，界限不好划分。有人提议在出售表中按对象划分，即将卖给国营企业和合作社的分列出来，余下的就作为自由市场。但这样做还有缺点，因为国营企业、合作社和机关等，也向自由市场采购农副业产品（如为了工作人员集体消费），如果以销售对象分，很可能把这部分与国家统购收购相混。因此，我的意见干脆把国家统购的和国营、合作社经营商业掌握收购的数字单列出来，凡不属于统购、收购的即为自由市场。这一问题，希望大家作进一步研究。总之，这个问题必须在农家收支调查中研究。在其他方面很难提出更全面可靠的资料。

4. 为研究重要农产品平衡及计算国民收入提供一部分资料

通过社员户的粮食平衡，可以掌握农户的粮食收入、消费和买卖周转等情况，为编制全国、各地区重要农产品平衡提供部分资料；通过牲畜家禽平衡表可以提供牲畜（特别是猪）和家禽的繁殖、出售和自用等情况的资料。社员户个体经营的产值、生产中的成本以及农家的整个收支数字，也是计算全国国民收入的生产、分配和积累的重要依据之一。

关于农家收支调查的目的和任务，我就列举上述这些。包括全没有，还很难说。但就是这些，已足以说明这是很重要的一件工作。过去人家对这个资料认识不足，主要是我们自己没有把这工作做好，而我们工作没做好，一部分原因也是我们本身对这工作的意义理解得不够明确。我觉得，统计工作者过分夸大了自己的工作的意义，把它看得高出于其他工作之上（如不适当地过分地强调了检查监督的一面），这是不好的，但是把自己的工作看得太不值钱也是不对的。一个人如果不把自己的工作的意义认识清楚，就不会热爱自己的工作，也就不可能很好地完成任务。

经过9天会议的讨论，同志们对农家收支调查的目的意义已经逐渐肯定了，但是希望同志们不仅自己要闹清楚我们这个调查的目的和任务，而且还要对上下左右的同志去反复说明这个问题，以便动员各种有关的力量，把这工作做好，及时为党政领导和有关部门提供资料，作为他们决策的参考。也只有这样，才能得到大家对这工作的进一步重视和支持。

二、农家收支的范围问题，农副业界限问题，工农生活水平对比问题

农家收支的范围问题实质上是一个研究任务问题。由于观察的角度不同，硬性规定一个统一使用的口径是不可能的。

讨论中，有的同志单纯从农民的习惯出发，主张看得见的收入才算，看不见的收入不算。认为农产品初步加工、自给性手工业（主要是衣着和鞋子）和建造房屋等放入农户收入很不合理，认为农户买了布做衣、鞋，实际上是支出，而不是收入。的确，从现金收入的观点，甚至从严格的实物收入的观点来看，这些项目不能算作"收入"。因此，有人主张自给性的手工业生产或者根本不计算，或者只算它的加工价值。从表面看来，这是颇有理由的。但是细细推敲起来，问题就很多了。因为从自给性的角度来看，今天中国的农业经济多半是自给性的，农民生产的粮食，主要部分还是自己消费的。那么为什么自给性的粮食生产便算收入，而且算毛产额（不扣除生产费用），而自给性的手工业便不算呢（甚至连净产值也不算）？自给性的手工业没有给农民提供

关于农家收支调查中的几个问题

现金收入甚至实物收入，但是农民的确在这项劳动中创造了物质财富，满足了自己生活上以至生产上的一部分需要。我们为了了解农民的生活水平，有必要把这一部分生产的成果记录下来，至于如何算，可以再研究。例如，在日记账上可以不记收入而只记购买原材料的开支，但是在记事册中便记载产品的实物量，由省里汇总时，根据统一价格折算其毛产值及净产值（为了与职工生活对比，可以考虑在职工家庭收支调查中也加上自给性手工业的记录）。有人从经济发展前途考虑，主张不要算这笔账。他们说，随着经济的发展，社会分工的发达和生活的改善，农民将逐渐向市场购进鞋袜衣着等物品，而不再自己生产；如果我们现在算了这笔账，将来经济发展，这部分生产被淘汰之后，在我们的资料中表现出来，不是收入的增加，倒反而是减少了。

我认为这种说法也只有表面的理由。一切问题在于如何来认识这现象和如何算这笔账。如果，过了若干年后，农民的自给性的生产减少了，那一定是农业生产发展、农民收入增加和工业消费品便宜的结果；农民为了更多地从事农业劳动，花钱买鞋袜衣着比自己做更价廉物美，更合算了。因此，自给性生产的下降，必然与收入的增加是伴随着的。如果收入不增加，而自给性的生产或消费也下降，那一定是由于灾荒或合作社经营管理不好的结果。（当然在个别家庭中发生这种现象，也可能是疾病、生育或其他特别原因的结果）总之，把自给性的生产记录下来，作为农家收支调查的项目之一，是完全有意义的。当然我们不能把这种生产的成果同粮食生产一视同仁地看待（即使只算它的加工费）。

因此，为了研究农家经济生活的各方面，不能只有一个农副业产额的口径，而是应该有好多个，而最大的一个是计算其他口径的基础。这个口径应是农家主副业生产的一笔流水账，应该应有尽有，应该包括物质消耗在内（如果我们观察的范围不是农家而是整个国民经济中的农业及其副业，则我们还应该把国营和合作社经营的农场包括在内)。当我们要计算净产值的时候,就可以把物质消耗扣除去;当我们只要观察最狭义范围的农业总产额的时候,可以只算植物栽培和动物饲养的主副产品的毛产值或净产值;当我们要观察农家生产的商品部分和现金收入的时候,可以把相应的部分提出来单独计算。

关于农业和副业的划分问题。我认为这个划分也是相对的,应该根据观察目的来确定。过去我们农业统计上把植物栽培和动物饲养作为农业,把采集渔猎和自给性的手工业作为农业的副业,而把商品性的手工业、建筑、运输、贩卖等分别划入工业、建筑业、运输业、商业等不同的经济部门去。这样划分当然有它一定的理由。这是根据各种不同的经济活动的性质划分的,也即是按国民经济部门的特征来划分的。因此,如果一个农民兼营了以上各种不同的经济活动,那一个农户就包括了国民经济所有部门。但是在研究经济问题的时候,我们往往是把农户作为一个独立的经济单位来观察它的全部经济活动的,这就是说,我们不仅要观察农户所经营的植物栽培、动物饲养和自给性的事业,而且要观察他们兼营的商品性副业。作为一个国民经济部门来观察农业的时候,主要是观察它对国民经济其他部门的联系,即农业对整个国民经济提供了多少主副食品和工业原料等。为了这个目的,就不仅要把自给性的和商品性的副业分开来研究,就是植物栽培和动物饲养也有必要分开研究。从习惯和社会经济的发展历史来说,所谓农业往往只指植物栽培而说。我们现在提倡农村副业,而这副业主要也是指的饲养猪、鸡、鸭等,即指动物饲养。至于在某些牧区,则往往是把植物栽培,即严格意义的农业看作副业的。

由此可见,当我们观察农民这个社会集团的全部经济活动的时候,我们应该把它的全部经济活动都包括在农副业的范围以内;而把农业作为一个国民经济部门来观察的时候,则从全国的

情况来说，应该只包括植物栽培和动物饲养两个部分（采集渔猎还可考虑放在农业范围以内）。

会上有同志问，怎样对比工人和农民的生活水平，也就是说，我们应该把农家收支调查中的哪一个口径的农副业收入来同工人的平均工资水平相比。应该指出，不论用什么口径的农副业收入来同工人的平均工资相比，这个比较都只有相对的意义，其中不可比的因素很多。譬如说，现在工人的每人每月平均工资为50～60元，而农家的全家全年净收入据估算为400元左右。相差很大。但是工人住房子、用水电、上下工坐车都要花钱，农民却不花钱，或花钱很少；农民的自给性消费多，工人虽然也有自给性消费，但比重不大。另外，同样住的一平方米房子，但是质量有好坏；吃的同样粮食，但是城乡的价格有差别；工业品的价格也是如此。由此看来，我们只有从许多角度来观察，才能对工农的生活水平得出一个比较全面和接近实际的结论。我们在农家收支调查中（在职工家庭收支调查中也是如此）要观察自给性消费（包括房屋的修建在内）的理由也就在这里。

在这里，要顺便提一提城市郊区农民的家庭收支调查问题。过去我们没有布置这个工作。自1956年起，北京市自动举办了郊区农家收支调查，据我们知道，还有若干省辖市（沈阳、吉林、西安、郑州、开封等）也已经举办了农家收支调查。我们认为这是一个很有意义的开端。

少数大城市郊区的农户占全国总农户的比重虽然很小，但是，利用农家收支调查资料和职工家庭收支调查资料来对比着研究大、中城市郊区农民与这些城市工人的生活水平是一个很有意义的问题。从全国来说，工农生活水平的对比是较抽象的，假如上海工人收入很高，陕北农民对此是不会提出意见的，因为它与陕北农民不发生直接联系，但是上海市郊农民就会提出意见，会直接影响到上海的工农联盟。同时我们应该了解，这些大中城市郊区的农业生产，由于是城市郊区，商品化程度高，种植蔬菜和饲养畜产品的多，副业也多，具有和广大农村的农业生产不同的特点。因此，我们假若能把这些城市和工矿区的农家收支资料进行单独汇总，是能看出很多问题的。

我们希望上海、天津两个直辖市和其他省辖市也能考虑举办这种调查。同时希望已经举办和将要举办的郊区农家收支调查的资料能够单独汇总并寄国家统计局一份。

三、典型调查和抽样调查问题

会议上有同志问，能否用典型调查来代替抽样调查。关于典型调查的定义和如何在统计工作中应用的问题，是一个讨论已久的老问题。据说有人说典型调查是非科学的。如果一般地说典型调查是非科学的，那可以肯定地说，这种说法是错误的。但是典型调查能否用来代替抽样调查呢？这又是另一个问题了。

典型调查和抽样调查各有不同的任务和用途，没有科学和非科学的区别；如果能按照它的用途去使用，都是科学的，否则都是不科学的。

为了说明这一问题，让我们首先研究一下毛主席所做的一些典型调查，如"兴国调查""长岗乡调查""才溪乡调查"等。这些调查都是典型调查的典型，也就是毛主席所常说的解剖麻雀的方法。它是实际工作者，特别是担负领导工作的人了解下层情况、了解变化着的情况的最好方法。一个实际工作者，特别是做领导工作的人，为了了解实际情况，不犯主观主义错误，必须经常深入下层去调查研究一定基层单位（一个乡、一个企业、一个机关等）的情况。选什么样的基层单位（即典型）作为调查对象呢？那是要看你研究的问题而定的。可以是一个最一般性的所谓普通的典型，但是往往更可能是选择最突出的，即特别好的（最

成功的）和特别坏的（最失败的）典型；目的是找出成功或失败的经验教训。要研究商品性经济，可以找菜农棉农做典型；要研究自给性经济，可以找较偏僻的产粮区。这种"解剖麻雀"的典型调查方法，对于实际工作者，特别是对于领导干部，深入下层，联系群众，体验实际生活，发现问题，解决问题是最好的方法。这也就是从群众中来到群众中去的领导方法，它是共产党的科学领导方法的一个重要组成部分。这种调查本身是对调查者的一种教育，而调查的成功与否，即能够发现出什么问题，主要依靠于调查者的政治水平和业务水平。

典型调查并不是走马看花，摄取一个大概的印象，它应该深入，也调查一些数字。但是这种典型调查的基本任务是用个别典型作实例来说明一般情况以及总的规律和趋势，情况、规律和趋势是有它的普遍性的。然而它的数字在别的地区可能有很大出入，同全省和全国的平均数也不一定相符合。

举例说，毛主席在《兴国调查》中分析了兴国第十区在土地革命前的土地关系。根据他的调查，占人口1%的地主和5%的富农却占有80%的土地；而占人口60%的贫农却只占有5%的土地。少数的地主富农占有很多的土地，而人口众多的贫农却只占有极少的土地——这是旧中国的一般的情况和规律；尽管在别的地区，地主和富农占总人口的百分比可能高或低于6%，他们所占土地也很可能不是80%。6%的人口占有80%的土地就在旧中国而论，也算是土地高度集中的（较突出的）地区了。这正是当时兴国县农民踊跃参军的重要原因之一。

又如毛主席的《才溪乡调查》的资料告诉我们，上才溪乡在革命初期有16岁到55岁的男劳动力554人，女劳动力581人。由于革命中男子大批参军和外出工作的结果，在调查当时，男劳动力只剩69人，与女劳动力559人相比较，男子仅占11%。在下才溪乡，在765个男劳动力中，出外参军和工作的有533人，留在乡村的只有232人，与留在乡村的女劳动力435人（共442人外出7人）比较，男子也只占33％。由这些数字中可以看出，当时苏区由于男子大批外出参军和工作，乡村中男劳动力急剧减少，这是总的趋势。但是男劳动力所占比重到底是11％呢，抑或是33％，那各地是并不一个样的，就是上下才溪乡的平均数也不一定能代表才溪区全区8个乡的平均数，更不一定会与全苏区的平均数相符。

典型调查的资料比较具体生动。因此，可以通过典型调查来掌握全面情况以及一般的规律和趋势。但是典型调查的数字有它的局限性，一般是不大用它来推算全面数字的。

因此，典型调查的数字往往只算大账而不计零数。毛主席的"兴国调查"开头就介绍了兴国县10区4个乡的人口分布情况：第一乡3000人，第二乡800人，第三乡3000人，第四乡2000，共8800人。当然谁也不会以为这4个乡的人口刚刚都是这样的整数，而不带零头，而是因为这几个整数就可以使我们对4个乡的人口分布有一个明确概念；没有必要再去细算10位以下的零数了。"兴国调查"从"8个家庭的观察"开始。毛主席对这8个家庭的人口、财产、收入和支出等都有较详细的记载。这里就不仅有整而且有细账。但是他并没有把8个家庭的数字加以汇总并推算其平均数。毛主席在土地革命时期在湖南和江西苏区做过好几个区的典型调查，我们也从未见过他把这些区的资料加以汇总并推算全面数字。这是因为这些调查的目的不在推算全面数字。他的兴国调查就说是兴国调查，才溪乡调查就说是才溪乡调查；他不以乡的数字来代表区或县，更不以此代表全苏区或全国。

不能以这种典型调查资料来推算全面，并不仅仅是因为调查的典型多少的缘故，而且主要的还不是由于这缘故。在党的深入基层从事调查研究的号召下，各级领导干部在过去一年间做的农业生产合作社的调查何止成千上万个，这些调查普及于全国各省

关于农家收支调查中的几个问题

各县以至各区乡，（因为县区乡领导干部都在亲自摸一个社）被调查、被摸过的社一般都包括了各种各样的典型，我们假定这些调查都写成了报告，所有指标口径也都是统一可以汇总的，但是把这些调查资料的数目字加总起来求得的绝对数和平均数，能否据以推算出代表全国农业社情况的数字呢？仍是无把握的。因为这些调查资料虽然包括了各个地区，各个类型，但是这些调查，既然是各自分散地在各种类型的农业社中进行的，因此，调查前并不会按比例去选社，调查后当然也就很难确定出一个各种类型的确实权数来进行加权推算。一句话，这些调查数字的代表性是很难判断的。

我们可以举一个例子来说明典型调查的数字的相对性。1956年上半年，国务院检查了工资问题上的缺点，对过去一个时期中忽视职工生活的改善做了检讨，就在这时期，出现了不少描写职工生活困难和农民在合作化以后生活迅速改善的典型调查资料。有的调查说，合作社社员一个劳动日可得二三元的报酬，因此城市里很多工人都回家种田去了，招募工人发生了困难。若凭这些典型调查资料的描写，合作化后的农民一下便升上了天堂。到了1956年下半年，检查工资改革工作时，发现某些地区和企业增加工资超过了标准，这时便又出现一些描写农民生活如何困难而职工生活又如何改善的资料。这些资料是不是谁捏造出来的呢？当然不是，而且也可能不是极少数的孤立的例子。这些典型调查向大家提出了问题，起着发信号敲警钟的作用，但是它所提供的数字对全国全区来说，在多大程度上有它的代表性呢，这要靠做领导工作的同志凭自己的政治水平和实际经验来判断了。而我们统计工作者的责任则不是凭自己的主观判断，而是要用抽样调查方法向领导提供一个足以代表全国全区的绝对数和相对数，以供领导作决策之用（可惜我们，特别是家庭收支调查工作者，在这方面尽力太少了）。

如此说来，典型调查对于统计工作就不适用了吗？得出这种结论也是不对的。典型调查对于统计工作者来说，不仅也像对一切实际工作者一样，为了了解下层情况是必要的；而且为了统计资料的分析研究也是绝不可少的。例如，我们由定期报表或是一次性调查或是抽样调查所取得的统计资料中，发现有些数字变化很大，有可疑或不能解释的地方，那我们可以找几个最突出的单位作一番典型调查便够了，从这些少数典型调查资料的分析中，就可以找出数字变化的原因，不必到所有被调查的基本单位去一个一个地复核和研究（但是要核对调查资料的误差率，靠典型调查法又不够了）。又如我们在决定某个调查方案或研究某些调查方法或统计指标的时候，常做试点工作。这事实上也是属于典型调查性质的。其实我个人认为毛主席所提倡的这种典型调查很类似一般统计理论教科书中所说的专题叙述或专题调查。因此，不论从统计学原理或从中国革命的实践出发，我们都应该提倡这种典型调查，但是不能用这种典型调查来代替抽样调查。在实践中，也有把抽样调查以外的一切非全面调查的方法，统称为典型调查的，但无论如何，不能因此而否定了抽样调查。

那么什么叫抽样调查呢？抽样调查和典型调查有什么区别呢？典型调查和抽样调查都是所谓非全面调查。我认为二者不同的地方主要不在于被调查单位的多寡，而在于选样本或选典型的方法不同：典型调查是根据调查的目的和主观的判断决定被调查的典型的，抽样调查，在抽选样本时的基本原则是随机的，即必须保证总体中的各个单位都有同等机会被抽选。换句话说，典型调查是根据主观判断，不考虑权数比例等问题；抽样调查则强调避免主观因素，而要考虑比例权数等问题。为了了解一般情况，掌握总的规律和趋势，完全可以根据调查的题目做主观选典型；但是为着推算全面数字，则必须遵守抽样机会均等（概率论）的原理，以避免主观主义和"报喜"或"报忧"的现象发生。

抽样调查法是利用数学上的概率论原理确定的。但是在统计工作的实践中，在抽样的技术方面还有纯粹的随机抽样法（如抽签法）和根据若干主要指标把观察对象顺序排队按一定组距抽选的机械抽样法；有直接从全及总体抽样的，也有把全及总体根据某些主要标志（条件）划分为几个类型以后再按比例抽样的（最后这一种抽样办法也可以称为类型比例抽样法）。分类型再按比例的抽样办法的好处在于：第一，根据统计学的原理，它可以使类型组的性质更一致，因而能够保证以较少的样本取得较高的代表性；第二，按比例抽样不仅可以避免事后加权计算的麻烦；而且误差较小。

四、关于各地现在使用的几种抽样方法的优缺点的探讨

上面讲了抽样调查的一般原则。一般的原则好讲，但是在我国具体条件下，采取什么抽样方法比较好呢？这问题就复杂多了。对这个问题争论也很多。过去有些人对机械抽样编过许多笑话，把机械抽样说成"机械论"，说"转圈划点"好似"庙里抽签"，是宣传迷信，等等。1954年的抽样方法有缺点，但是这不等于说我们要否定机械抽样的原理。划类抽样，并不是新发明，统计教科书上早已有了。问题是能不能划类，如不能划类，则以省为全及总体直接进行抽样还比划类选点好。1954年的机械抽样办法，也就是考虑到我国经济区划尚未确定，往往是山地中有平原，粮食作物区中有技术作物区。究竟以地形划，还是以农作物分布划，或者以产值或其他标准划，都没有科学根据，单凭主观划类没有把握。因此，当时建议以省作为全及总体，进行机械抽样。为什么今天又改变了做法呢？因为考虑到我国虽然没有完全按科学办法经过严密考虑后划分的经济区域，但省以下的行政区域，如专区和县的划分，基本上是与经济区划的条件，如地形、

土壤、作物分布、交通运输等大致相联系的。省里面经过开会研究，以现有行政区划为基础，参照自然条件和经济条件，先把全省划成几个经济区域，然后再按这些经济区域在全省农户总数中所占比例分别进行抽样是可以的。但是我们不要把问题看得绝对化了，各种办法有各种办法的利弊。现在各省施行的抽样办法可以大体归纳为三种：

1. 老办法：保留1954年的调查点。这样做的好处是能连续观察调查户并保留了原来的工作基础，个别省、区还增加了一些户数，就更可以弥补一些过去代表性不足的缺点。但缺点是不能适当满足调查县的要求，过去有些选在太偏僻的地方的调查点，工作起来也不太方便。

2. 新办法：划分经济类型区以后再进行抽样。使用这种办法的省份较多。其优点是缩小了每类型的权及总体内部的差异，抽选同样多的调查户数，代表性可以提高，可以合并一些经济情况相同的调查县，便于加强领导和适当满足县的要求。缺点是打乱了原来的调查点，在一定程度上破坏了原有的工作基础和原点原户的连续观察。因此为了便于连续观察，各省、区应尽可能保留下可以保留的老调查点。因为如果将连续调查户单独综合，可以发现很多问题。例如，1955年比1954年的资料偏低，若连续调查户的资料与全部调查户的资料都是同一趋势，说明1955年资料偏低是对的。在苏联有调查了一二十年的调查户，家谱都能编出来了，这对研究农户经济生活的变化，有很大好处。

3. 个别省采取了到处开花，县县都搞的办法。广东省就是采取了这个方针，但是事实上也不可能县县都搞。例如，广东全省102个县，实际只搞了84个县。哪些县调查，每个县调查多少户没有统一规定，这样就发生了一个权数或比例的问题。我们的方案中曾提出了这一点，现在举例说明如下：

假定某省划分三个类型区：(1) 山区，500万户；(2) 平原区，1500万户；（3）丘陵区，1000万户。若每区都调查300户，就破坏了类型比例，即使各类型中的调查户对本类型的代表性很高，调查资料很正确，但相加起来对省还是没有代表性。要有代表性就必须进行大量的加权计算工作。广东省的办法的优点是调查户数多，能满足更多的县的要求，缺点是未注意调查户数的比例关系，花的人力、物力太大。据说河北省打算十个专区都调查，也可再考虑一下，若两个专区经济情况相同，不必都调查，可以互相利用资料，不仅工作便利，代表性也不受影响。

我提出以上三种办法的利弊，请大家考虑。我们认为，第二种办法，即划分类型区以后再按比例抽样的办法比较好。理由已在前面说过。但是采用这种抽样法的时候，首先必须划好类型区，为此，必须走群众路线，多征求各方面意见。其次，各类型区的样本数必须按照总户数的比例。总之，要发挥各种办法的优点，克服其缺点，要花费更少的人力、物力，收到更大的效果。

最后，对于机械抽样中的中选户能否调换的问题，也要说明几句。有的人以为，机械抽样的中选户是绝对不能调换的，抽到谁就应该调查谁，不论实际上是否合适，被调查户户主是否同意。把机械抽样理解成强制调查，这是极大的误会。我们的调查方案上也规定了，凡是中选户户主绝对不愿意接受调查，或发现不适合调查者，可以用人口和经济情况（抽样所根据的几个基本指标）相类似的户来代替。如果我们不能说服被调查户，不能取得他们的全面合作，一定要用强迫命令的方式去调查，所得材料一定是不可靠、不能用的。

从"总产值"谈起

现在环绕着改进计划和统计的方法制度问题，展开了热烈的讨论。这问题有两个方面：一个方面是有关计划体制的问题；另一个方面，至少是同样重要的一面，是计划统计的指标和方法的问题。这两个方面是密切相关，不可分离的。

譬如说，在计划体制上，我们主张大计划小自由，反对过分集中的计划制度。这是什么意思呢？简单些说，这就是抓什么指标和放什么指标的问题。中央一级，尤其是国家计委和国家经委抓的指标应该是整个指标体系中最中心的一环；抓紧了这一环就能带动一切环节。下放的指标，即是由主管部、局和企业，由各级地方党政领导机关分头、分级管理的指标，并不意味着都是些不重要的指标。相反，在分头分级管理的，下放的指标中间，有的可能是非常重要的指标，然而不是综合性的指标，不能成为带动一切的中心环节。或者也可以说，正因为有的指标太重要了，所以必须分级管理，必须大家来管；光由中央一级来管，由计划机关来管就会发生管得太死的问题。

因此，大计划小自由的问题就不仅是一个计划体制的问题，而且也是计划指标和计划方法问题。体制问题的方针原则早确定了（就是反对过分集中，提倡适当分权）；但是具体问题仍旧没有解决，原因就在于没有解决抓什么指标和放什么指标的问题。

---

* 本文原载《统计工作》，1957（13）。

指标问题不解决，那就老觉得抓怕抓死了，放怕放走了。也就是说：计划什么，自由什么，在大家心中还没有明确。

在这里，主要的就想试图谈一谈这个指标和方法问题。

"总产值"能不能成为指标体系中的"中心环节"

我们现在所抓的主要计划指标，也即是主要的统计指标是"总产值"。大家对于这个指标最普遍的非难是说"总产值"中有不少重复计算，一件产品因加工多少遍，便重复计算多少遍。其实，这还不是这指标的主要弱点。而且就每个企业而论，一个产品一般地只计算一次；因而"总产值"也与实际相符，并不重复。至于在整个国民经济范围内，"总产值"的重复计算正是反映着各生产部门的联系（特别是生产资料部门和消费资料部门的联系），反映着全社会的周转。国民经济平衡表正是通过了这重复计算来反映这种联系和周转的。至于计算国民经济各部门之间的比重，本来就是指的各经济部门在创造国民收入中的比重，当然应该以"净产值"计算，而不应该以"总产值"来计算。因为这原本不属于"总产值"这个指标的任务范围之内的。

"总产值"这个指标的最大缺点，是在于它不能适应企业管理，即是生产的需要。因为"总产值"包括新增价值和转移价值两部分。所谓新增价值就是每个企业的职工在生产过程中消耗了一定的劳动量而新创造的价值；所谓转移价值便是原材料的价值和固定资产的折旧，是别的企业的职工所创造的价值。这两部分的比重，主要是原材料和人工的比重，对于各个生产部门，甚至每一生产部门或每一企业中的不同产品是很不相同的。但是对于评估企业的生产成绩来说，重要的不是转移价值部分，不是用了多少原材料，而是新创造了多少价值，即做了多少人工。所谓发展生产，指的不是转移价值的增加，而是新创造价值的增加。我们可以举几个例来说明这道理。

例一：一个农民在第一年以 1 斗种子收了 10 斗粮食，第二年耕地面积扩大了，他下了 2 斗种子，但是只收了 11 斗粮食。如果用"总产值"这个指标来表现，那就是第二年比第一年增产 10%，虽则以扣除种子计，第一年和第二年都是净收 9 斗，即是说这农民的财富在第二年并没有比第一年有所增加，而且如果估计到肥料、人工等其他成本在第二年是增加了，因此，他的净收入或净产值一定比第一年反而减少了。不仅如此，如果用"总产值"这个指标来观察，那么第二年即使收了 10.5 斗粮食还是表示为增加 5%，虽则以扣除种子计，第二年的收成只有 8.5 斗已经比第一年减少了 5.5%（如扣除其他成本，则减产更多）。

例二：在某一农具制造厂，上半年是制造的双轮双铧犁，因这是料多工少的产品，所以比较轻易地完成了全年任务的 2/3。下半年改造摇臂收割机，比较起来，这是工多料少的产品。因此，下半年职工虽然在生产上，在改进技术上做了不少努力，但只勉强完成了全年 1/3 的任务。根据"总产值"这个指标，上半年应该对该厂奖励，下半年应该给予严厉指责。但是据了解，该厂上半年的工作并不算怎样好，下半年倒很不坏。

例三：在某一个量具刃具工厂，经常根据订户需要，生产几千种规格的产品。一般说来，量具是料少工多，而刃具是工少料多。譬如量具中有一种块规，它的成本的 64.3% 是人工，只有 35.7% 是料；另一种百分表的成本中，有 69.3% 是人工，只有 30.7% 是料；而且这些精密的量具，精确度要求很高，误差不能超过一根头发丝的几分之一，必须由很熟练的劳动来生产。但是在刃具中，有一种三面刃的铣刀的成本中只有 5.9% 是人工，其余 94.1% 是料，有一种直柄钻头的成本只有 5.3% 是人工，有 94.7% 的料。因此，如果工厂接的订货主要是精密的量具，那它就很难完成总产值计划。因此，不管有没有订户，不能不代做一

从『总产值』谈起

些较粗的刃具以作平衡。这样便形成了仓库中的经常的积压。在1956年上半年第一机械工业部的884万元量刃具的总库存中，有761万元是刃具。然而许多精密的量具，却正是脱销的产品。

从上面这些例子中可以看到，"总产值"这个指标，由于混淆了新创造价值和转移价值，即是混淆了工和料这两个不同的部分，所以就不能正确反映企业生产的实际情况，因而也不能根据它来评定企业工作的好坏。

"总产值"这个指标也不能正确反映企业的规模，亦即是生产的规模。例如，有两个纺纱厂，锭子数相等，职工人数也相差不多，因此企业和生产的规模应是相等的。但是一个是纺的80支细纱，另一个是纺的16支粗纱。因此后面一个厂所用的原料约为前面一个厂的7倍，"总产值"为2.5倍以上。

"总产值"这个指标往往不是推动生产者节约原材料，用廉价的原材料代替贵重品；而是相反地推动他们去多生产贵重材料的产品，把很贵重的材料极不相称地用在普通的产品上。机械制造厂都愿意揽铜活，而不愿意揽铁活。但是大家知道，现代工业技术的任务却正在于如何用代用品来代替铜这个宝贵的材料，而不是用铜来代替铁。因此，"总产值"这个指标也就不会推动企业去制造轻巧、灵敏、价廉、物美的产品，而只会推动企业去制造笨重而又价钱贵的产品。

不变价格

我们现在的"总产值"这个指标是按不变价格计算的，而企业中一切财务会计账目都是按现价计算的。这就更使"总产值"脱离了实际。在会计账上某一个产品的单价是4元，在不变价格的价目单上可能是5元；另一个产品在会计账上的单价可能是10元，但是在不变价格价目单上可能只有9元。不变价格的"总产值"和现价的"总产值"往往相差很大，以个别单位为例，相差达一两倍，甚至更多。依靠这种与实际情况不相符的账来管理企业的财务当然是不行的。那么，为什么要编这么一本可以说是虚假的账呢？原来用不变价格计算"总产值"是为编制整个国民经济计划用的，是为了观察各部门生产上涨的速度而设的。发展国民经济的目的是要增加社会的物质财富。然而物质财富是使用价值。使用价值不好相比，也不能加总。因此仍旧不能不借用货币这个共同的尺度来计算。不过必须把价格固定在一个水准上，即是去掉价格涨落的因素，来观察物质财富的增长速度，即物量的增长速度。❶

因此，我们有两本账，一本是大账。这是为了决定政策，为了编制国民经济计划，观察各部门之间的比例关系，研究动态数列用的。这本账着重于研究物质生产的使用价值的一面，着重于物量的变化。这便是以不变价格计算的"总产值"的计划统计数字。

另一本是细账。这是以现价计算的，有关资金、成本、利润、工资等企业财务管理（即经济核算）所绝不可少的财务会计账。

这两本账，我们都有的。也经常号召企业管理人员：要全面完成计划，就是不仅完成总产值计划指标，而且要完成财务、产量、质量等所有指标才算完成计划。但是实际上，企业管理人员并不很关心企业财务会计账而总是更多的关心"总产值"计划。因为上缴的利润定额是固定的，叫作计划利润，不论企业财务情

---

❶ 物质财富的增长是使用价值的增长而不是价值的增长。在一个较短的时期内（例如一个五年计划），整个国民经济中，劳动人数的增加是不会很大的；因此，所创造的价值不会有很大增加（价值量等于劳动时间数）。经济的发展或劳动生产率的增长表现在同量的劳动创造了更多的物质财富，或创造同量的物质财富只需要较少的劳动量，也即是它的价值更少了。因此价值指标不能直接反映生产的发展，只有物量指标才能反映生产的发展。理论上这是很明白的，但是在使用"总产值"这一指标的时候，往往在认识上就模糊起来，把它当作价值指标看待了。——作者注

况如何，到期银行就自动扣掉了。工资标准是不能侵犯的，减低成本不是很容易的事，因此解决企业财务困难的关键在于流动资金定额和银行信贷。然而这都是照"总产值"指标计划的。劳动生产率也是根据"总产值"计算的。因此只要完成了"总产值"计划便是名利双收。如果"总产值"计划完不成，那么即使新创造的净产值是增加了，即使成本、利润、计划也完成了，但是仍旧不算完成国家计划；而且流动资金、银行信贷都会发生问题，企业财务发生困难。这样就促成大家偏重于完成"总产值"计划，而且造成了许多虚假现象或假报告。例如，在机器制造业中只要已经开始"放样"，就可以把运入车间的材料以"在制品"名目算入"总产值"中去（行话叫象征性开工）。在私营工厂未改造之前，有的企业自己完不成生产计划就把工作外包一部分给私营厂做，然后拿回来做完最后一道工序，于是这全部产品便可以算入自己的"总产值"中去了。

这一切告诉我们，以不变价格计算"总产值"这个指标，是整个国民经济中算大账的指标；用来观察企业的经营管理的好坏，尤其是代替或钳制了企业财务管理的会计账是不合理的。

但是如何来使这两本账（计划统计指标和财务会计账）不脱节而且做到相辅相成呢？也可以提议把产品产量指标和品质指标定得更详细具体些，以防止钻"总产值"指标的空子。然而这条路是一个死胡同，越走越窄。不错，产品产量是一个很重要的计划指标。没有这个指标便不能编制国民经济的物资平衡，没有物资平衡就无所谓国民经济计划。因此，不论在国家计划中，或是在企业计划中都不能去掉这个指标。资本家是为了利润而生产，可是每一个厂主或托拉斯经理都不会忘记考虑他的企业应该生产多少和什么样规格的产品。我们发展国民经济的目的直接就是增加物质财富，更不能对产品的品种和物量漠不关心。

显然，问题不在于哪一级的计划中要不要放弃产品产量的指标，而是在于如何规定这些指标。譬如说，第二个五年计划中规定，到1962年我们应生产1200万吨钢。能说这指标不重要吗？当然不能。反之，这是我国工业化过程中最主要的指标之一。

因此，不论在国家计委、国家经委、冶金部和各个钢铁公司都应该有产量指标的规定。但是钢和钢材有各种不同的品种和花色，这些品种和花色都能够由中央计划机关和部的计划来事先规定吗？显然是不可能的。过去批评计划指标规定得太多太死正是这些产品指标。这些指标正是应该提倡下放和按级管理的指标。因此，在中央计划机关中，这种产品产量指标只能是一个大的框框，主要是一个物量数字，具体品种，主要的应该由企业年度计划中去规定。而且就是企业年度计划中规定的产品指标也应该随时适应消费者需要和各种具体条件灵活调整。曾经有一位计划工作者问过一位企业领导人，应该如何改善现在的计划工作。后者回答说，现在就是临时任务太多（指客户订货），破坏了计划的执行。我想，这位企业领导人的话如果是真心诚意说的，那将是反映着他的主观主义、官僚主义的经营思想，因为他的意思是说，为了忠实于主观规定的计划宁可无视客观提出的要求。否则，他的话就是对于计划的委婉的讽刺。

从『总产值』谈起

既然产品产量的指标是应该按级管理的指标；既然它的规定不应太死而应该按照客观需要随时调整，既然同样数量但不同品种的产品，所费工料往往大不相同，价值也有很大差别；那么不论这指标（这是我们奋斗的目标）对发展国民经济来说具有何等重大意义，它不是一个推动企业管理的很好的综合指标，不能成为一个带动其他一切指标的中心指标。

从何处着手来改进计划统计方法

那么，怎样来改进我们的计划统计方法呢？在这里并不想涉及所有的指标和方法,而只是试图研究一下:(1)计划和统计应该抓什么中心指标以及如何计算这些指标;(2)为了改进计划统计方法不得不牵涉的有关计划体制和财政政策上的个别问题。

改进现有计划统计方法应该根据以下四个基本原则:(1)计划和统计的基本指标应该是能够推进企业管理,而不是牵制它。(2)计划统计指标和企业管理所依靠的财务会计这两本账应该统一起来,绝对不允许让两本账互相牵制妨碍。(3)计划和统计指标不能偏重于反映物量即使用价值,而应兼顾劳动消耗量即价值的计算;在基层企业中,更应着重反映后者。(4)所谓中心指标应该是企业管理的一个中心环节,抓住了它便能带动其他的指标。

如同前面第一节所说过的一样,我们现在所抓的"总产值"这个指标是不符合上述原则的。产品产量的指标虽然很重要,但是它也不能成为自上至下一直抓到底、能够带动一切其他指标的综合性指标。在苏联,早有人提出过用"净产值"来代替"总产值",或是用前者来补充后者的不足。苏联缝衣工业所采用的"加工价值"这个指标,也就是放弃"总产值"而向"净产值"接近的企图。("加工价值"不扣除固定资产折旧,因此不完全"净",但计算较方便。)

但是过去为什么不采用"净产值"这个指标呢?为什么在苏联也仅仅缝衣工业采用"加工价值"这个指标呢?这是由于计算不变价格的"净产值"在技术上有困难。因为"净产值"是由"总产值"中扣除物质消耗来求得的。通过会计资料的整理可以求得每一种产品的物质消耗量和它的现行价格。但是要基层企业计算每一种产品所用的成百成千种的原材料、零件和部件的不变价格几乎是不可能的。

然而,上面已经说过,使用不变价格原来是为了编制和检查长期计划,是为了历年数字可以对比,是为了计算国民经济各部门的大账。它对企业管理原来用处不大，因此我们要问：为什么编制和检查年度计划，编制和检查企业计划也要用不变价格呢？如果企业的年度计划就按现价编制和检查；五年计划用的不变价格数字照样可以通过企业年度计划的现价数字，用折算办法取得。这样，企业的财务会计资料就可以直接提供净产值和利润的数字，计划和统计就可以把这作为基本指标。于是，计划、统计所抓的指标也就是企业管理所需要抓的指标。这不仅可以真正促进企业的经济核算，而且可以因为两本账合成一本账而节省了不少人力。

有的人听到净产值做计划，就觉得不发生原则上的问题；只是计算技术上有困难而已。但是提到用利润做计划的基本指标，似乎就发生了原则性的问题。

其实，为了我们的目的（编制和检查企业生产计划），净产值和利润没有原则上的差别，后者比前者多扣除一个工资只有更"净"了些。（净产值是马克思公式中的 $v+m$；利润只是 m❶ 中的一部分）因此，利润是企业经营好坏的最集中的表现。因此在这意义上说，"利润"这个指标比"净产值"指标更好。我们不要因为社会主义社会的生产是为了物质财富，资本家的生产才为了追逐利润，于是便不敢使用"利润"这个指标。尽管社会主义生产的目的是与资本主义根本不同的，但有利于我们的企业经济核算的方法，却不要因为资本家曾经使用过就不敢问津。

那么会不会因为用利润作为计划中心指标而造成企业管理人员唯本企业局部之利是图，不顾国家利益的资本主义经营思想，造成市场混乱呢？

---

❶ m 里面还包括税。但税不一定全是本部门生产的，可能有一部分，甚至大部分是在别的经济部门生产，而在这里实现的，因此不应计算在内。至于利润则在合理价格的条件下，基本上应是本部门创造的。关于价格的问题，下面还要讲到。——作者注

基本上不会的。因为第一，除了把利润作为计划和统计的中心指标外，并不取消其他指标，如产品产量和品质等。（但产品产量指标，应分级管理）第二，唯利是图的资本主义经营思想只有在价格不合理，没有市场管理条件下才有可能。如果确立了合理的价格，并且能够定期调整，如果市场管理得好，那么就无空子可钻。我们在大量私营工商业企业存在的时期，还能做到稳定市场，取缔了投机倒把，难道我们面对着数量较少的有组织有领导的国营企业干部反而无法控制了吗？

"利润"这个指标的最大好处，就在于它反映了生产的实际情况，能推动企业管理。完成这个指标非但不妨碍其他指标的完成，而且必然会带动其他指标的完成。要完成净产值计划或利润计划便必然要完成产量计划，必然要抓成本，必然要注意劳动生产率的提高。因此"利润"本身虽然是一个价值指标；但是随着利润和纯产值的增长必然会带来物质财富的增加。

如果计划和统计上要采用"利润"作为中心指标；那么为了正确计算这些指标，更重要的是为了在企业和整个国民经济中推行真正的经济核算制，加强财务管理，在经济政策和财政制度方面，必须提出以下几个问题，请研究理论的同志和做实际工作的同志加以考虑：

第一是价格政策问题。过去由于在理论上否定或是低估了价值规律对社会主义经济的作用，因此，在决定价格的时候，主要考虑的是政策而不是价值，说得正确些只是在考虑政策的范围内，至多是在考虑成本的范围内，照顾到了价值。例如，消费资料的价格不能高到扩大了剪刀差，以至影响工农联盟，影响职工大众的生活水平，而生产资料的价格尤其是调拨价格则不妨低一些，因为反正是卖给公营企业的，只是照顾成本而已。一句话说，主要是从流通领域，从国民收入的分配和再分配的观点来考虑价格和价值问题，很少考虑生产过程本身的经济核算的需要。

由于从这一见解出发，因此认为轻工业负有积累的任务，而重工业是不负积累任务的。在中国，因为直到最近还存在着大量的私营工商企业，所以限制了我们过分地向这种片面的、主观的价格政策发展。但是，现在如果再不从理论上、原则上提出这个问题来，请大家注意，是会继续朝这方面发展下去的。例如，在事实上，现在的重工业产品的价格比之轻工业产品的价格并不算高，因为如以资金利润率来说，还是比轻工业低了许多。但是很久以来便喧嚷着重工业品降价的呼声。重工业产品的价格如果低于价值就会妨碍经济核算；就会把贵重的生产资料当作便宜货使用，促成了生产中的浪费，对国民经济是没有好处的。事实上，价格的偏高偏低就是打乱了国民经济的比例关系，破坏了整个国民经济中的经济核算。因此，正确的价格政策应该是以价值为基础的。轻、重工业的利润（按资本利润率计，而不是按成本利润）大体应该相近。国家的积累可以考虑多用税的形式取得，而税也不一定仅仅限于轻工业品范围。税同利润更严格地区别开来是有利于经济核算的。

第二是应该多注意对固定资产的核算。这不仅仅是统计工作者要注意的问题，也更是计划工作者，财政工作者和企业领导者应该注意的问题。现在我们企业中的固定资产的估价是很混乱的。在这种基础上当然无法进行正确的成本核算。固定资产的盘存和重估价是一件非常复杂而费力、费钱的工作。过去大家主要是从财政观点来赞成或反对进行这一工作。其实更重要的是应该从企业经济核算的观点来看问题。

轻视固定资产核算的另一表现便是不主张计算资金利润，而只主张计算成本利润。说计算资金利润是资本主义观念的说法是不对的。这不仅是资金问题，也是劳动问题。因为那些全部参加了物质财富生产过程的固定资产本身就是物化劳动。在重工业部门中，人们开始消耗自己的活劳动以前，必须比轻工业部门积累更多的物化劳动（固定资产），不是无缘无故的。他们的目的是使自己的活劳动能有更大的生产率，即为了能够创造更多的物质财富。反过来说，如果资金有机构成高的重工业工人的劳动生产率不比轻工业工人高，那么对社会来说就犯不上先物化了一部分劳动，再来消耗活劳动，就犯不上投那些资金了。如果对于原有的固定资产的价值不会很好计算，那么必然就会在逻辑上忽视了对于新增固定资产对于投资效果的计算和分析。例如，大家知道，水力发电厂的电力成本低于火力发电厂，而且往往低很多。仅仅从这一角度出发，往往就会偏向于水力发电厂的建设，而忽视火力发电厂的建设。大家也知道任何大型厂的生产成本一定比小型厂低。这就是很多人常常会偏向于大型厂的建设而反对建设小型厂。但是这是由于只算成本利润，不算资金利润而得出的结论。如果除了算成本以外，再算一下投资效果，算一下我们的资金能力，计算一下建设期间的长短，那么结论一定就两样了。

第三要真正精确地计算商品价值，做好经济核算工作，最后必须有正确的折旧政策。现在我们的国民经济各部门固定资产平均折旧率在1952年为1.4%，1953年为2.4%，1954年为2.4%，1955年为2.8%，即是说，折旧年限在35年到71年以上。工业方面的固定资产平均折旧率在1955年为3.4%，折旧年限在30年左右。在运输业方面，1955年的折旧率为1.6%，折旧年限为60年左右。这就是说，我们的折旧只考虑了物质的磨损，而不曾考虑无形磨损。这就是说，几乎是按照每个机器在物质磨损上能存在多少年，便把它的价值按多少年平均分摊到每年所生产的产品价值中去。但是，第一，每一种机器在开始制造的时候一定是价格比较高，后来随着生产技术的提高，随着这种机器的大量出产，价格必然会逐渐降低，而在30年到60年之间，价格一定跌得很厉害。第二，由于同一用途的新型机器的发明和制造，原有的旧型机器也会大大跌价甚至因为太旧式（生产率低，费用大）

而完全废弃不用。因此，当机器的物质形状尚未陈旧，尚未完全磨损坏之前，就会因为上述两种原因而贬值。这种贬值称为无形磨损。越是技术进步得快，这种无形磨损过程也越快。

资本家很怕自己的技术落后，固定资产会因为无形贬值而遭受损失，所以把折旧率提得很高。在第二次世界大战期间美国的重工业的折旧年限规定为5年。到1954年又颁布了"残值递减法"的折旧办法，在规定固定资产动用初期采用较高的折旧率，以后逐年递减折旧率。例如，头一年为40%，第二年为24%，这即是说在最初两年间就收回了资产的64%的价值，以后三年的折旧率又分为14%、8%、5%。❶ 当然，垄断资本家把折旧率提得这么高，还有一个原因，那就是隐瞒利润，逃避所得税。然而很难说这是主要原因。主要原因，恐怕还是估计到现代技术进步的迅速，怕自己的技术落后和固定资产遭受贬值的损失。

过去，在社会主义国家中是不计算无形磨损的，而且从理论上否认这概念，认为这是资本主义的概念。但是自1955年后，这种看法已经遭受到批判，认为不考虑无形磨损在理论上是不能成立的，在实践上是有害的——主要是妨碍了设备的更新和技术的进步。

在否定无形磨损的同一个思想的指导下，还有一个极端有害的实践，便是对于大修理的定义。根据现行制度的规定，大修理是不能改变设备的原来的形状和基本性能的。如果越出了这个范围，那么就不叫大修理而叫"改建"或"基建"，就得按另一套手续审批。大家知道，为了保证重点建设，我们现在的基建投资是抓得很紧的，零星的"改建"或"基建"一般是很难得到批准的。

由此就产生了以下很不合理的，然而是相当普遍的（从现存

---

❶ 安东诺夫：《第二次大战后美国固定资本的折旧》，载《经济译丛》，1956（8），第54页。

制度来看是很必然的）事例。

例如，船舶工业局的船厂在解放后几年来承修同一主顾的好几条大海船，这些船都是年久失修的，其中有两艘在修理中换掉了80%～90%的钢板和50%的角铁。因此，这些船只的修理费用占新造费用的30%～50%，最多的占80%以上，修理所需工时一般的占新造所需工时的50%～60%，最多的超过了新造所需工时。一般说来，这种修理往往不如新造合算。因为根据"大修理"的定义，船内一切基本设备，尤其是机器只能照原来形状，原来性能修理。因此机器的一切活动部件都换了，不活动的部件（壳子）却仍是老样子。船的性能很低，时速在10海里左右，而现在日本商船队中最慢的时速是16海里。这种效率低的船在日本早拆作废钢铁卖掉了。船厂的工程师和工人们都因为这主顾每次都坚持要花这么多钱买一个崭新的老古董船而感到惊奇。但是在那主顾来说却也另有他的苦处，原来他受到了财政制度的限制。

在这种不考虑无形磨损和大修理不准进行技术更新的经济学理论和财政制度下，可以使得很多工业部门中，几十年前的破老设备的工厂与新建的世界第一流技术的工厂永远齐头并进。因而整个部门的平均劳动生产率往往也只有那些第一流工厂的先进劳动生产率的1/2～1/3。例如，按照我们在上面所引的材料来说，1955年工业固定资产的折旧年限为30年左右，运输部门为60年左右。这就是说，根据这样的制度，北洋军阀时代的工业设备和大清帝国时代，19世纪末期的机车和轮船，应该不加技术革新，沿用到今天。这难道是可以想象的吗？

这种古怪而有害的理论和制度是有它们的根据和历史根源的。在认识上，不考虑或少考虑投资效果和否认无形磨损，是与否认价值规律（只承认物质财富的使用价值而不承认价值）的理论一脉相传的。在实践中，则由于在社会主义国家建设初期，尤其在恢复阶段，技术落后，财力困难，因此必须强调对一切设备的爱护和保养。落后的老式的设备终比没有设备好。我们不仅要使用这种落后的老设备，而且要爱护它，保养它，因此还给它拨出一定的大修理费。于是经过若干年后，历次所耗费的大修理费已超过了买一个新式机器的钱，而且这老机器本身也确实已经完全换过了它的全部零件，但是它的性能（生产率）却仍旧是很落后的。人们使用这"新的老机器"不能不浪费更多的燃料、原材料和劳动力。一句话说，从爱惜人力、物力的出发点开始，却走到了浪费人力、物力的终点。我们要避免这样的结局，就应该时时打算盘，随时算一算投资的效果（包括基建和大修理）。

从『总产值』谈起

我们提倡注重无形磨损，提高折旧率，并不是主张把任何设备在很快把它的价值收回以后，便不分青红皂白丢掉完事；而是说要算一算账，到底是照原样继续使用合算，还是加以技术更新后使用合算，还是当废金属回炉合算；不仅要算一算活劳动的节约与否，还要算一算物化劳动的节约与否。在旧设备的技术革新方面多花了钱是会影响到重点建设项目的。但这里也要算一算账：是不是新建一定比改建合算。相反地，一般说来，还是改建省力，花钱少而见效快。如果这样，我们就应该多注意改建。困难的是在于像鞍钢这样的大的改建项目，有利无利是可以由中央，由国家计委来研究决定，但是像某一个炉子上要换一根粗一些的管子，某一个机床上要添装另一只马达之类的零星的技术更新是不能都集中到中央，由上级来解决的，是应当授权企业，甚至发动群众来解决的。因此，财政制度的规定应给企业多留些钱，对大修理的定义不应规定得那么死板。

总而言之，这在基本上还是要通过社会必要劳动量的计算来推动社会劳动生产率的增长的问题。这是一个理论问题，是一个政策问题，是一个制度问题，也是每一个统计工作者在自己的本职工作中应该关心研究的一个重要问题。

关于江苏统计会议的情况给
薛、贾、王、陶各同志的报告[*]

薛、贾、王、陶各同志：

江苏统计会议在我们到达后一日开幕（23日）。今日（30日）结束。会议原定规模较小，仅专署科长、市（直辖市）局长和重点县科长参加，因听说暮桥同志来，又通知所有县科长都出席了。会议内容主要是所谓"打通思想"和总结过去工作，确定今后任务。"打通思想"的内容也就是对统计工作的认识问题，因据何文浩在会上报告中说，"现在有些同志怀疑统计工作是否重要和是否有作用，甚至怀疑到是否有必要存在，因此，有进一步加强研究和讨论的必要"。

我和专家都在会上讲了话。省委代书记刘顺元同志，也讲了话，给统计工作撑腰。江苏省委对统计工作的撑腰是全国各地少有的，据云在全省党代会（去年）和以往的几次省委全会上，刘代书记每次都强调统计工作重要，说做领导的人不抓统计要犯错误。在省委如此重视和支持之下，统计干部仍有上述思想，怀疑到统计是否有必要存在，是出乎我意料的。

我们这次来了解的中心问题是收益分配调查。这次工作完全是在省委坚持和省农村工作部直接主持下办的，统计局只是具体执行机关，实际上这是全省4.6万个合作社的普查。到县为止每个社的

---

[*] 此报告写于1957年4月30日至5月1日。标题为编者后加。

工作量就已达 1.7 个工作日。其中不少工作量是可以省去的。例如，在两张整理卡中一张有 216 个指标，另一张有 150 个指标，在 216 个指标的那一张上有 72 个平均数和百分比。而这些平均数和百分数实际只要分县（至多分区）数字就够了；根本不用分社算的。此外这两张整理卡共 366 个指标，全省 4.6 万个社共 1683 万笔，从原始调查表过渡到整理卡就是一个大工程。据专家意见，这道手续也可以省去，现在这些资料已集中到省。省里从各市、县调了 200 名左右的干部（农工部和统计干部都有）在扬州做汇总工作。在全省的汇总方案中，有 56 种分组，有些分组不必要，有些分组的组距太细。专家对这些表和方案做了细致研究，拟于 5 月 2 日请省委副秘书长、农工部办公室主任和统计局三方面来开会，提些意见，使全省汇总工作中可以不再费冤枉力气。

5 月 3 日，我们去无锡，当日半夜 2：00 专家与翻译先回京。我在无锡了解一下劳动工资，及家庭收支调查情况后，于 6 日转扬州，在那里拟留一个星期。从扬州返南京后拟再与省局几个科长谈一下工作（至今只谈了四个科的工作，还有三个科未谈话）。我拟于 5 月中旬返京。

据这里贸易统计科长告诉我，由于商业部把销售对象的指标取消后，无法取得零售总额的资料了。我局贸易司要求把零售额分经济类型，但合营及私营报表已取消，税务系统也取消了月报，资料来源有困难，因此省里又颁发了合营及私营商业的报表。

国家统计局把工业基层表的制定权交省后，江苏省随即又转交给了市及专署。

余后详。

敬礼！

孙冶方

4 月 30 日—5 月 1 日于南京

关于在南京、无锡、扬州、镇江、苏州视察工作的情况给薛、贾、王、陶局长的报告*

薛、贾、王、陶局长：

自3日午夜送专家回京后，我即在无锡市了解工作。问题很多，谈了两天半只能匆匆结束（因为我急着要去扬州了解收益分配调查）。他们反映的问题中最突出的是报表管理方面的问题。他们说，现在商业统计方面的报表是上简下繁，条条简，块块繁。简化的结果是弄到连零售量也搞不出来了（省商业统计科也如此说），地方党政领导要些资料。业务部门（公司）不肯填，说上面都简了，你们还要这要那。另一方面是报表繁多，指标要求不统一。省商业厅、省公司、采购局、合作局及省统计局五方面指标要求不统一，因此同一内容的报表，由于指标不同，原可以并作一套的，变成了五套。

工业方面也嫌报表多，主要是业务部门的和财务部门的。厂的会计说，他们因忙于做报表没工夫做账，他们希望会统一起来。现在如若干棉纱单位产品用电量，统计、会计、物资三方面计算方法各不相同。会工14表要分产品来做成本统计，一个并不

---

* 此报告写于1957年5月21日。标题为编者后加。

大的厂要填40张，上述棉纱单产品用电量也要分产品。他们问：电力部门是否能够并需要对用户的用电管得那么细？部里对成本管理是否也要管得那么细？

他们说，定期报表下放是好的，就是部与地方碰不上头：例如一机部是一套，化工部又是一套。我在无锡刚碰上刘部长（电力部的），并把此事向他反应了，他似也并不知道，并支持这张表。

在劳动工资方面，由于无锡工资改革是在第三季度以后进行的，因此三季度的工资调查不能反映去年工资改革的全面情况。同时，去年无锡调出了一批高工资工人，吸收进了一批低工资工人，平均工资资料有虚假现象。苏州专署就有此反应，他们设法补救了。即不以9月底实发数填，而以工资改革定案数填。

职工人数漏计的很多，计有：①对临时工没有统一规定；②编制外人员不报；③半自给性的福利机构，工业统计规定不报，但商业部门未接上头；④学校里的半自给性的服务性企业也不报；⑤工会开支的工厂一级的脱产人员；⑥城市散工；⑦五个行业外的服务业从业人员。苏州专署也认为文教部门漏报人员很多。

无锡市统计局唐局长主张，统计部门要逐级统一管理，一切报表（包括统计，技术，会计）要由统计部门统一管理，分块块平衡。他说现在所谓系统内报表事实上已越出了系统范围：如卫生部门对工厂的卫生科，电力部门对工厂用电，劳动部门对劳动保险等。他说，统计部门对报表泛滥一事不能取袖手旁观、事后叫喊的态度，这样叫喊"轻飘飘的"，不能解决问题。系统外的还要控制。

他的这些意见不是凭空来的，在市人代会上，为报表泛滥一事向统计局提出了严厉质问。市统计局想起来作声明：泛滥的报表，非统计部门所管辖范围内的。但市委书记阻止了他们，并且

关于在南京、无锡、扬州、镇江、苏州视察工作的情况给薛、贾、王、陶局长的报告

要他们做了检讨，要他们把这担子全部挑了下来。

我去无锡市时，他们正在筹备一个报表泛滥展览大会，材料很好，但这还只是几个小厂的典型资料。他们说本市最大的申新纱厂报表之多真是惊人，他们先去摸了一下，摸不进去，因混乱到厂干部自己也摸不清有多少表（主要在车间内）。所以后来拣了两个较小的工厂的资料来展览。我曾建议他们把这资料展览完后寄到北京来展览一下。同时，鼓励他们抽出人来，再到申新去摸一下，到底混乱到什么样子。

我在6日到了扬州。除了解了省局在这里组织的农业社收益分配调查汇总工作外，亦了解了一下扬州专区和江都县的统计工作，同地委负责人谈了两次，同县长谈了一次，就农业统计特别是农业社决分表的汇总问题，区乡统计机构问题，抽样调查和典型调查问题，人口统计问题等等，同他们详细交换了意见。他们对这些问题多少都摸过了一下，所以大半都有一定的看法的。我也看了一个农业社和一个农家收支调查点，我于11日离开了扬州。

在扬州住了四天半，对于我来说，得益很多。

    * * *

以上的信是一星期前写的，此后即未曾得空写下去。农业生产合作社统计是我此次了解中心，我在这一个月间的视察中，肯定了过去的一个基本意见，那就是：离开了农业社本身的预决分工作和社的决分报表来做收益分配调查，那么不要说是调查全部社，即是查百分之几的社也大不容易。如果与预决分工作结合起来，而且建立在社的决分报表的基础之上，把这工作不作为另起炉灶的一次性调查做，而作为决分表的汇总来看，而且把这汇总工作也与县、区、乡三级的领导工作本身的需要结合起来，那么汇总全部比汇总百分之几更受人欢迎且更容易，现在的关键是在合作社的建账工作和决分表的格式统一。如果合作社没有账，没有正式的决分表，那么调查、汇总都成问题是不用说了，而且社本身的巩固也大有问题,据云,现在没有账,没有决分表的社约有5%,我看在全国可能不止此数,就是有账,有决分表的社,账也不清楚。我在江都看到的一个社就属于这种没账没决分表的所谓三类社。在整个扬州专区,这样的三类社特别多,在那里,合作社闹事(要求退社,把种子也抢着分掉了)的已有好几起。客观原因,是去年灾荒和因改制而减产引起群众不满,主观上原因(属于领导上的原因)是账目不清。我在扬州听到了这样的歌谣:"社长用钱手一伸,会计用钱不作声,社员用钱等决分。"据专署同志说他们也听到过这样的怪话。全专区约有50%的社有私分(即少数人集体贪污)和盗窃现象,私分粮食有达总产量的百分之一二十者。据估计平均约有全专区总产量的5%被私分和贪污掉了。

因此,今天农业社的建账工作已经是整社和巩固社的关键问题之一。建不起账,没有明确的决分表不要说调查统计工作无从说起,社也巩固不了。反之,账建好了,社巩固了,把现成的决分表汇总一下,不是难事,而且乡、区、县三级领导本身也需要这样做。

我在扬州和江都县委、扬州地委的负责同志谈话时,他们都同意这样看法,扬州地委负责农村工作和计统工作的一位副书记并且提议要把区、乡的会计辅导员,正式改为会计统计辅导员,会统工作在基层不分家。我也向他们建议,要在专署和县人委成立一个以合作部、计统科、财政、银行、供销社、粮食局等单位对会计工作有经验的同志为成员的研究组或委员会,以便设计一套统一格式的决分表和农业社账册和台账(农社要建立台账是省委刘代书记在省统计会议上提出的)。他们也同意了。

我在江都看到的那个农业社也是我们的农家收支调查点,这个点的调查员原来是农业社的实物会计,现在担任副业社的会计,是团副书记,高小毕业生,是一个20岁左右的女孩子,我发

关于在南京、无锡、扬州、镇江、苏州视察工作的情况给薛、贾、王、陶局长的报告

现她能力很强,得到被调查户信任。被调查户把私分的粮瞒报了,她能通过粮食平衡消费及加工把瞒报数轧出来。因此,我觉得我们给副总理报告中对调查员水平要求过高,还是改为原来所提高小或初中程度文化水平即可。

江苏省的家庭收支调查员均用聘请教师家属,会计,街道工作委员会人员兼职办法,每人每年津贴五六十元,这办法可能是值得推广的办法(我拟在省里再研究一下)。家庭收支调查在城市应与街道、里弄工作相结合;在乡村应与中央农工部所规定的建立社员户家庭规划的工作相结合起来,这便可以变单纯的调查所可能引起的骚扰,而成为一种群众工作,扫除了李副总理前次提出的顾虑(我返京后拟再打一报告)。

* * *

从扬州返来,我在镇江又同专署计统科和镇江市计统科的同志做了几次谈话,从镇江便到了苏州专署,这是我原来的视察计划中所没有的,因为在扬州看到了一个三类社,县的统计工作也不很强,科长是新来的,原来的科长下放掉了(那个县的区会计辅导员也下放掉了,地委原先不知道,我向地委何书记反映后,他同意纠正,并加强会计辅导工作)。省统计局同志说,苏州专署的农业统计工作较强,劝我去看看。

苏州专区的情况的确不同。合作社闹事,要求退社的风潮未听到。地委很重视统计工作。地委书记在我到达当晚就约我见了面。他同意我上述对决分表汇总的看法,并承认建账是今天巩固社的主要关键之一,他也主张会辅员兼做统计工作,把业务干部下放改行的现象在苏州专区也曾发生过,但被地委及时阻止了。这位书记同志及专署的计统科长同意支持我们考虑中的,在无锡再作一次卅年来农村经济调查(陈翰笙同志卅年前搞的保定、无锡农村调查的继续)。

在苏州木渎我也看了一个农业社和农家收支调查点。这个点是刚建立的，在那里有一个统计、银行、粮食、税务四方面干部合组成的建点小组。新聘的调查员是一位家庭妇女，高小程度，但她又是街道工作委员，区人民代表（苏州市木渎区），初级法院陪审员，在附近居民中有威信。

这里的合作社有480多户，会计也是高小毕业生，但出了校门就种田，合作社化后才开始再握笔杆，他填的一份收益分配调查表很清楚，他说填这份表要花两天时间，但就是不为调查，这工作也要做的，因为除了调查表上增减收和家庭副业这两个项目外，其余的指标少了一个就不能向社员大会交账。农业科学院的调查小组的同志（中央农工部派在全国各地研究农业成本、农产品价格和经济区划问题的几个小组之一）同在场的其他同志一致认为有了这样的决分表则汇总工作不是难事；但没有这张决分表合作社就很难巩固。

* * *

这个报告事先不曾有工夫好好考虑，信笔写来，又太啰唆，要费你们的阅读时间了。我在苏州市局和专署统计科还了解了一些别的问题，回来口头再报告吧，这里只提两件事：（1）关于人口统计，我征询过两个地委及专署计统科同志意见，他们同意由计统部门把担子挑起来；（2）手工业者与农业人口有重复：在木渎统计调查点十五户中便有七人参加镇上的各种手工业合作社（木匠、轧米、打水），他们住在村子里，户口已转在街上，不算农业人口。但我们如果把每个手工业合作社社员再贴上二三个家庭负担系数的户口则本人虽未重复，家庭负担系数重复了。在江都，我们那个家计调查员做会计的副业（土纸）合作社，共有57个社员，原本是当地两个农业社的副业组，后独立为手工业社。在专区手工业合作社的人数中，把副业人口另计，不与手工业合作社相混，而作为农业人口。但这57人的造纸社已是一个独立的手工业社。我们

关于在南京、无锡、扬州、镇江、苏州视察工作的情况给薛、贾、王、陶局长的报告

估计，这 57 人也包括在合作总社几百万手工业社员的大军之中，这也是重复了。

＊　＊　＊

我于昨日返南京，在这里还要同省局两个科（综合科和物资劳动成本科）谈两次话，工业商业统计方面也有些在下面看到的问题要同省局研究一下，还想到江宁去看一个家计调查点。最后，已向省委会挂了号，想向他们汇报一次。我要延期到月底才能返京了。

敬礼！

孙冶方
5 月 21 日

农业司一个组现在昆山，明后日将重去扬州参加收益分配普查的总结工作。

江苏农村统计工作视察报告[*]

我在 4 月 21 日去南京参加江苏省统计会议，6 月 1 日返京。前后 40 天，除在南京参加会议，同省、市统计局干部谈话以外，到过扬州、镇江、苏州三个专区，无锡、苏州二市，江都、江宁二县，访问了 4 个农业社，1 个手工业合作社。（这 4 个社同时也是我们的 4 个农家收支调查点）我每到一地，主要是同统计局或计划统计科的同志接触，在合作社则主要同会计谈话；但是除镇江以外，我同地、县负责同志、区委书记、乡支书都谈过一次或二次话。同省委负责同志也交谈过二次意见。

我这次在江苏，主要是研究农村统计方面的问题，但是也涉及了统计工作中的若干一般性问题：

（1）农业生产合作社的建账工作和收益分配调查；

（2）合作社内部的会计统计工作的统一和区、乡的统计机构问题；

（3）农家收支调查和职工家庭收支调查问题；

（4）农作物（主要是粮食）产量调查问题；

（5）人口统计；

（6）报表管理和统计工作上的其他一些问题；

（7）对统计工作的批评多或少的问题。

---

[*] 这是作者给李富春同志的信，写于 1957 年 7 月 8 日。

一、农业生产合作社的建账工作和收益分配调查

江苏省委为了研究农业生产合作社的各方面矛盾,认为国家统计局原来布置的典型调查资料不能说明问题,不能满足各级党委领导工作的需要。因此,责成省统计局在省农村工作部指导之下,布置了一个全省4万多个农业生产合作社的普查。我这次去南京时,这个调查工作已经结束,资料正在汇总。我听到的反映是:调查资料的确很有用,合作社生产和分配的各方面问题,都调查到了,对农业生产合作社内部的主要矛盾都找到了数字说明;就是工作量太大。

我和同去的我局统计顾问拉塔乔夫同志一起研究了这个调查的方案,认为资料是宝贵的,至于工作量大的原因是:(1)由于未能按照省委原来指示,与各级领导协调工作,首先是同合作社本身的决分工作结合起来做(由于调查方案没有来得及在决分以前布置下去);(2)由于做具体工作的同志没有经验,调查方案中有些不必要的指标,大大增加了不必要的计算工作量。

我在江苏的木渎、江宁的大马燉和东山看了3个社的会计账册和决分表,证实我们的收益分配调查所需要的资料除了缺乏增减收户和农家自营副业两个指标,因而不应向合作社调查外,其余在决分表上都是现成的,不用另外调查。这3个社的会计都说,如果将来把调查的指标同决分表会计科目对上口,表式也一致了,那么只要油印决分表的时候多印一张就好了。

但是我在扬州专区的江都县宜陵区看到谈家社,就根本没有账册,这个社原来是200多户的大社,去年秋分成2个小社。大社分家时只交下来一把单据,社里至今没有建立起账来。社里私分(几个熟人集体贪污)现象很严重。在这种情况下,要调查收益分配当然很吃力。但是在这类社里,就不仅是能不能做收益分

配调查的问题,而是决分工作能不能做得好,合作社本身能不能巩固的问题了。据说在扬州专区,有私分和账目不清的社大约占到全部合作社的半数。私分贪污的现象一普遍,老实人唯恐吃了亏,促成一种私分和贪污的竞赛空气,大家对公共财富、对集体生产都失去了信心,合作社哪能巩固。我在江都看到的这个社就感觉到有些人心惶惶的样子。在扬州流传一个歌谣:"社长用钱手一伸,会计用钱不作声,农民用钱等决分。"我去江都的时候刚好是江都和附近的泰县发生合作社闹事的时候(据说这两个县最近的闹事波及12个区,47个乡,436个社,4万~5万人)。闹事的原因可能很多,如当地去年发生灾荒,今年粮食不够吃和干部作风,等等。但据我看来,合作社账目不清,决分工作没有做好,农民对社失去信任也是重要原因之一。中央农村工作部和《人民日报》社论对加强合作社会计工作和公开财务账目虽屡有指示和号召,下级党委和合作部的同志虽然也原则上承认建账工作的重要性,但是对这工作具体抓得很不够。江都县宜陵区共有128个合作社,原有5个会计辅导员,可是今年在干部下放的运动中都放到下面当社干部去了。因此,全区的会计辅导工作实际上是无人负责。(区里又从合作社调了一个转业军人出身的驻社干部来当会计辅导员,但是因为他从未做过会计工作,所以他实际上是在区里打杂,而不是做会计辅导工作。据云,江都县其他各区的会计辅导员都下放了。)

　　一般人往往把合作社会计工作做得好不好,看成是农民文化程度低,找不到会计人才的问题。据我在这次考察中看到的事实看来,不是这么回事。我们遇到的三个账目清楚的合作社的会计,他们的文化程度并不高:苏州木渎金星合作社的会计是高小毕业生,一出学校门便种田,十多年来没握笔杆,直到合作化后经过县里短期训练便当了会计;江宁县殷巷乡大马燉社的会计只在日伪统治时读了4年私塾,后来在粮行做学徒与伙计;江宁东

江苏农村统计工作视察报告

山合作社的会计也是高小毕业，在中药铺当学徒学过5年生意。这3个社的会计账册，都很齐全，用的是江苏省改制的中级会计本，是多少参照复式簿记原理编的，有各种分户账。我觉得这样的账册在农业合作社里基本上已经够用。有这样文化程度的会计人才，据我想在全国绝大多数合作社里都能找得到的。

上面是讲的账记得好的3个社情况。现在再来看账目不清，也可以说根本没有账的江都宜陵区谈家农业社的情况。我没有看到原来大社时期的总会计，但是我看到了原来的实物会计。她现在是副业社（手工业造纸，有57个工人）的会计兼我们的农家收支调查点调查员、青年团副支书。她也是高小毕业生，年龄20岁左右。副业社的账册，我没有看到（但据旁人说副业社的账目清楚），但是我看过她记的农家收支调查的分户日记账和汇总表。她能通过分户粮食平衡表把被调查户的私分收入数轧出来，她能给被调查户排难解忧，在群众中有威信。当地合作社里私分贪污的材料也是她讲的。因此，这个社并不是没有人才。那么谈家农业合作社的账为什么建立不起来呢？据我看，一是由于社干部和上面的领导在建社当初没有抓紧会计工作，拖了下来以后，便不好办了。二是社干部自己既参与了私分和贪污浪费，手不干净，建好账弄清账目对他们首先不利。我觉得后一原因在许多场合下还可能是主要的。

为了做好合作社的会计工作，我认为必须：

第一，各级党委领导同志，特别是农村工作部和合作部的领导同志应该具体抓一下合作社的会计工作，到合作社去检查工作的时候，一定要亲自检查一下账册，最好是带一个会计干部一同去，只有这样才能造成基层重视账目的风气。现在的合作社平均每社二三百户，千余口人，这是一个规模不小的企业。检查这么大的企业的生产和分配工作而不查看一下账册，是不可想象的。

第二，根据基层反映，现在农业部制定的会计本，还不大完善，农业部正在研究改进。我认为光靠中央一级研究还不够，必须省、专署和县各级都成立小组或委员会，共同来研究。这个小组或委员会应在农业部门的会计辅导机构领导下，吸收财政、粮食、供销社、银行等机构有经验的会计人才参加，统计部门也应该派人参加，使合作社的会计科目同统计指标能对得上口。这小组的任务除研究合作社账本式样外（仍可设计高级、中级、初级几种样本），还应该研究预决分表、固定资产报告表和合作社台账的式样。合作社账本的基本科目或指标必须全省、全国统一，但具体式样可以因地制宜，略有变化。

第三，区乡一级的会计辅导机构必须恢复和加强。在合作社账册健全的条件下，今后统计部门和农村工作部便不再另起炉灶举办收益分配调查，而进行合作社决分表的汇总。汇总办法是采用乡、区、县、省和全国逐级汇总的办法，亦采用县里集中会计辅导员统一汇总后再向省和中央上报的办法，可以作进一步研究；但必须汇总全部农业社的决分表，因为典型调查或抽样调查不能有分县、分区和分乡的数字，不受各级党政领导欢迎。

江苏农村统计工作视察报告

二、合作社的内部会计统计的统一和区乡的统计机构问题

区乡一级没有专任的或是正式兼任的统计干部。这是农村统计数字搞不起来的重要原因之一。但是，基层的统计数字都是合作社会计账册上必要的现成资料。在合作社里，会计和统计根本不能分家。现在所说的合作社里的统计员，实际上就是指生产队的记工员一类的原始记录工作，这些原始单据的记录工作与其说是统计工作，还不如说是会计工作，把这些称作"原始统计"（《人民日报》5月14日社论）是并不妥当的。苏联的集体农庄里也只有会计员而没有统计员。现在农村中的单干户也由社分片包干领导，有关单干户的统计数字也由社的会计负责。在区乡一

级,调查统计主要就是社的会计资料的汇总,余下的其他统计工作并不多。因此现在区、乡会计辅导员大半已经兼做区乡的统计工作,但是,因为他们的名义是会计而不是统计,所以总以为这是他们的额外负担,往往不大负责。我和扬州地委任书记研究过这问题。他主张索性把会计辅导员改称会计统计辅导员,或会统辅导员,以明责任。我和省委代理书记刘顺元同志研究此事时,他也同意这办法。我建议中央对此有一个统一规定。

三、关于家庭收支调查(家计调查)问题

农业生产合作社决分表资料可以反映全国农业生产的集体部分的情况,但是现在约有1/3的农副业生产及其收入还是在社员家庭由个体经营的,农民的消费也是以家庭为单位的。对于这一部分经济资料不能从任何报表中取得,也不能作普查。因此,必须举办农家收支抽样调查。为了了解都市中职工的收入和消费情况,并且研究职工和农民的消费水平的比较,还必须举办职工家庭收支抽样调查。为了解决这两个调查问题,我们在今年4月曾经给李副总理写过一个报告,当时李副总理因为全国两三千人的编制和这种调查是否骚扰居民这两个问题还要讨论一下,而没有批。我这次在江苏检查了3个农家收支调查点(每点15户),也询问了一下南京、无锡二个市的职工家庭收支调查工作。并且同地委和市县委的负责同志就这调查交换过意见。我对这问题的看法如下:

首先,现在不仅中央各机关,就是省、直辖市的党政领导和银行、贸易等业务部门都迫切需要家庭收支调查的资料。因为一个工农消费水准问题(包括粮食消费定额问题),一个发展农家副业的问题,以及银行、商业部门对于现金流通、商品周转和自由市场等问题的一些资料,除了向居民调查外,没有别的来源。

现在中央和省的许多领导机关（包括计委、经委）和中央很多负责同志都在摸这些问题，也发了不少研究提纲和调查提纲到下面去。工作是分散着做，所花人力物力很多（骚扰居民更多），但资料质量差，而且无法统一汇总。然而国家统计系统的这个统一调查计划和人员编制，几年来始终未获正式批准。现在都是靠县市或业务部门的编制人员来做这调查，地方意见多，人员不固定，调查不能完全按照统一方案进行，这是很不合理的。如果中央能批准我们的计划，这工作就可以统一布置，便可以劝别的部门不必再做同类调查，对全国来说，人力物力只有节省。现在有好些省、直辖市的调查员是由职工家属等半脱离生产人员来担任的，每月仅津贴10~15元，或每年津贴50~60元。我在江苏访问的3个农家收支调查点的调查员便都是这种半脱离生产的或兼职的人员，每年仅津贴50~60元。（一个是供销社会计的妻子，本人为区法庭陪审员、区人民代表；一个是手工业社会计和青年团副支书；一个是小学教师妻子，农业社生产队会计员。）这3个人都是小学程度，但能力很强，在调查户中威信很高。因此我们请求批准的全国3000个调查员编制名额中有很大一部分是这种半脱产的，实际开支不那么大。

江苏农村统计工作视察报告

关于被调查户的骚扰问题。任何调查对被调查者总要增添一些麻烦的。然而这是可以补救的。我们应该把家庭收支调查工作同群众工作结合起来——把农家收支调查工作同农村中建立家庭规划的工作和勤俭治家的运动结合起来，把职工家庭收支调查同职工家属工作和街道里弄工作结合起来。江宁县大马墩农家收支调查员告诉我，她的调查户中，有一户过去婆媳不和，婆婆当家，媳妇老怀疑丈夫寄回的钱被婆婆揩了油。自从把她们家作为调查户后，婆婆很高兴，三天两天便找着我们的调查员给她上账，按期总结，媳妇放心了，家庭也和睦了。另一户是个三代同堂的大家庭，原来要闹分家，自从建立日记账后父子婆媳的劳动收入和开支都上了账，互相信任，就不再闹分家了。更普遍的反映是，建立了家庭日记账以后，家庭开支更有计划，对勤俭治家有了帮助，因此很受调查户欢迎。（据北京市统计局反映，今年北京市家庭收支调查重新抽样后，一部分原来的被调查户落了选，他们还不高兴，请求继续帮他们记账）比较不大欢迎我们的调查的是青年职工中的单身汉，他们怕记账麻烦。我在南京听说过有一个职员家庭曾与我们的调查员闹得不好，曾一度拒绝记账，这主要是由于调查员作风生硬，态度不好。因此，现在我们号召加强农家收支调查员的教育，要他们不仅做好记账工作，而且要成为一个很好的群众工作者，要成为被调查家庭的一个政治、文化、经济顾问。因此，我们认为每一名调查员不能调查过多的家庭，一般以15户为最适宜，我们希望李副总理能很快批准我们4月的报告。

四、农作物产量统计问题

这是我们统计工作中最大弱点之一。1956年的情况比前更糟，原因是干部中存在着一种幻想，以为合作化后，产量可以依靠合作社逐级上报，有些地方放松了多年来在收获季节进行的产量调查工作。党组已经就河北省情况向你写了一个报告。我在江苏时与省统计局和若干专署计划统计部门领导同志研究了这个问题。同志们认为就是今后把农业社的决分表资料全部逐级汇总起来，还必须像过去许多地方所做的一样，在收获季节举行一次产量调查。主要原因是合作社的决分表最早要到第二年的4月到5月才能汇总出来，来不及供编计划和决定购销任务等用途。其次，合作社决分表汇总资料由于遗漏私分等原因会偏低，而且还不包括社员自留地和个体农民的生产在内。产量调查必须每个县都举行，因为每个县都需要了解自己的产量。产量调查的方法，建议采用分片按比例抽选自然田块，单打单收（或实割实测）的办法。因为这一工作很复杂，光靠统计部门搞不起来；建议省、县两级都必须以党委合作部和政府的农业、统计、粮食、财政等部门共同组织委员会统一领导，汇总工作由统计部门负责。

五、人口统计问题

江苏省很多同志对节育运动能否在五年之内，把全国人口自然增长率从每年2.2%下降为2%，颇为怀疑。江苏的人口自然增长率原来比全国高。能否下降到2.2%以下，更值得怀疑。人口统计是生产计划和消费计划的依据，非常重要，公安部门只能负到户口登记和管理的责任（而且只限于有派出所的地方），做经常的统计观察，必须由统计部门来担起这个责任。但统计部门没有公安部门的配合，没有各级地方党政领导的支持，没有中央和国务院的明确决定，是做不起来的。

六、报表管理问题

企业中报表泛滥的现象，近来是有增无减。企业中的会计说：他们做报表的时间多于做账的时间，甚至有时不得不把一部分工程技术人员也拉来做报表了。

但是泛滥在企业中的到底是些什么报表和谁发的报表呢？根据国家统计局综合司在北京、上海、辽宁等地14个工厂的典型调查资料，在这些企业上报的2524张报表中，统计报表占39%；而在这39%的统计报表中，由各级统计部门（包括省、市两级统计部门）颁发的一共只有32%，因此，统计部门颁发的统计报表只有这些企业全部上报报表的12.4%。据我在南京和无锡了解的资料，在南京玻璃厂上报的429张报表中，统计部门制发的只占

江苏农村统计工作视察报告

12%，在南京纱厂上报的491张报表中，统计部门制发的只有14%，在无锡振新纱厂上报的202张报表中，统计系统制发的只占7.9%，各级统计部门所制发的报表是否都合理，是否还有一些无用的不必要的报表，当然还应该进一步审查。但是总的说来，在企业里泛滥成灾的报表中，各级统计部门所发的报表占的比重并不大。因此，光是管理和精减统计部门的报表并不能解决企业中报表泛滥的问题。要为企业解除负担，必须有一个机关统一管理四面八方向企业颁发的各种报表。

去年无锡市人代会上有代表对报表泛滥提出了质问。此后无锡市委便责成市统计局切实负责管理全面报表。南京市委也很重视这个问题。市委书记要市统计局统一管理所有的报表。他说：不论什么报表，不经过市统计局的口，一律不准下达到企业。统计局在审查报表时不能留情面。无锡市和南京市的统计局同志主张报表管理应采用按级统一平衡，由同级统计局统一归口的办法。我个人同意这个办法。但要按级平衡，则首先要从中央一级平衡起，首先要归国家统计局的口。统计机关统一归口，并不是说让统计局独家管，业务机关就不负责任。如果这样，就一定管不好。统一归口主要是起平衡作用，把各个系统之间重复的报表和指标去掉。至于什么指标和报表需要，什么不需要，主要还靠各业务系统自己管理。有些同志把报表管理看成是"权"的问题，他们说，中央把企业的管理权都交给我们了，偏偏我们发张表的权便没有了。这是一种误解。国家统计局内部对于是否能够和是否应该挑起这担子来，看法也不一致，希望在不久的全国统计会议上提出讨论并得到解决。统计部门要统一管理报表，困难是很多的，要克服困难，除了统计部门要有担起这种担子的勇气和决心外，更需要有党政领导的支持，要有中央和国务院的明确规定。

七、对统计工作的批评多或少的问题

有的同志认为领导上对统计工作是"批评多,帮助少"。但是我觉得批评不是多了,而是少了,而且批评太笼统了。

例如,关于报表泛滥问题。在企业中报表已经成了灾,但是陈云同志在"八大"只批评了两三句话,他说:"除了必需的统计数字外,不应该劳民伤财地去统计许多无用的数字。这样,可以大大减少统计人员。现在这些部门有许多人员花费劳动于作用不大的统计数字。"这批评并不多,也并没有批评错。但是什么报表是无用或作用不大的报表;这样的报表有多少,是什么机关发的以及谁应该来统一负责清理这些报表呢?"八大"之后并没有根据陈云同志的批评来进一步检查这个问题。陈云同志的批评对统计部门压力很大。但是如前面已经说过的,现在企业向外报送的报表中80%多并不是统计部门颁发的。颁发这些报表的不是企业的顶头上司,便是掌握着它们的财权或原材料或销路,企业很难拒绝不填。一般地批评和反对无用的统计报表,反对不到这些报表;结果倒是对国家统计报表的填报更马虎了。现在国家统计局连一些基本数字都统计不上来了,但是基层企业的报表泛滥问题并没有得到解决。

再如大家经常批评统计工作中的教条主义,这也没有批评错。统计工作中的教条主义并不少。但是具体地说,教条主义在哪里呢?中央很多负责同志对总产值和劳动生产率这些指标的意义早提出怀疑。统计部门也有人对总产值这个指标的使用法和劳动生产率的计算法等提出了一些意见。但这不仅是一个争论很大的理论问题,而且是牵涉计划体制、管理体制和财政体制各方面的问题。可是不经说明,有些人老以为这都是统计部门的责任。

又如有很多人对农副业总产值中包括自给性手工业(自制衣

江苏农村统计工作视察报告

着)的加工费,认为这是统计部门百分之百照抄苏联的教条主义的典型事例。其实偏偏相反,苏联倒不把这些东西计入农村副业总产值的,这是根据中国实际情况(自给性手工业比重大)决定的,当初国务院讨论这问题时,是周总理极力主张的,而且我们认为把自给性手工业加工费计入农副业总产值在理论上也是讲得通的(但不是作为农家纯收入看)。

总之,统计工作上,问题存在很多。论起责任来,我们做这工作的人首先要负责,没有克服困难把这工作做好。但有许多事也的确不是统计部门自己可以解决的。我们绝不能说领导上对统计工作批评多了,而是批评少了,我们希望更多的但是具体的批评,我们希望李副总理能够每一季检查一次国家统计局的工作,听听我们的汇报,我们希望一年之中,党中央和国务院至少要讨论一次统计工作。

就积累率问题致薛暮桥同志信

暮桥同志并请报李、薄副总理：

我觉得还是有必要向你们反映一个材料，虽则这材料来源是非正式的。

现在我们大家在无形中已经公认积累在国民收入中的比重应是20%左右，无论如何不能超过25%。这一方面是根据我国最近几年来的实际情况：1955年我国国民收入中积累所占比例为20.9%，经济上并不紧张。到1956年上升为22.5%便显得紧张起来了。另一方面是根据苏联的经验。因为根据苏联的公开材料，积累在国民收入中所占比例约为25%。我们的国力不如苏联强大，因此应低于25%。固然薄副总理在报告中曾说过，随着生产和其他条件的变化，这比例可以略有变化；李副总理也屡次向我们指出过，经济情况紧张与否不是光决定于积累和消费的比例，而且还决定于积累和消费本身的内容。但是过去在无形之中，苏联的25%的比例成了我们考虑此问题的一个很大的约束力。

今年春天我们（李副总理指定的国民收入研究小组）在进一步研究这个问题的时候，觉得苏联的25%这个数字根本是不可能的。因为在苏联，构成积累的主要内容的重工业产品、粮食和农业原料的价格远低于其他消费品，因此按价格计算的积累比例必

---

* 此信写于1957年7月23日，仅此两页，未完。标题为编者后加。

然是偏低的。但偏低多少呢，因为没有苏联的价格资料而无从断定。我们请教过统计局苏联顾问，他原则上同意我们的看法，但是也说不出具体数字，他要我们请教计委的价格成本专家依里因同志，但是也没有得到任何答复。

最近，据刚返国的留苏研究国民收入的研究生董辅礽同志谈，他在学校曾经就此问题请教过图列夫斯基教授，据称依他估计如果不按现行价格算，而按实际价值算，则苏联的积累率不是25%而是50%。因为这两个数字相差太远，我起先有些不敢相信，因此又问过我们的苏联顾问，他起先说，如果这是图教授说的，那就不会错的。因为他不仅是一位有名的教授，而且他原来是计委价格局的局长，直到不久前还兼任计委工作。他不仅理论水准高，而且是了解内幕情况的。今天我又同他研究这个问题时，他又说50%的积累率的估计数大致是不差的。因为他知道过去曾经算过一笔账：苏联的重工业利润如果按现价计只有70（什么单位，他没有说，估计是10亿卢布），但按实际价值算则为132；按现价算机器拖拉机站要亏蚀17，如按实际价值付酬，可盈利9；建筑业现利润为4，如按实际价值计为32（因为他说这材料不要对外应用，当时我不便笔记，最后两个数字我可能记错了）。如按此比例推算则以现价计的积累率和以实际价值计的积累率，完全有可能为25%与50%之差。

因此，我个人认为积累与消费的比例在国与国之间很难做机械的比较，主要决定于生产水平。以中国今日的生产水平和物价而论，积累率固不能再提高，但在生产发展、积累和消费本身的构成情况变更或物价变动等条件下，就不能机械固定于20%的框子内。

致谭震林同志信[*]

谭震林同志：

今年四五月，我花了 40 天时间到江苏去了解统计工作，参加他们的农业生产合作社收益分配调查总结。我在那里读到了你在《人民日报》发表的《关于我国农民收入情况和生活水平的初步研究》，看到你在这篇文章中引证了许多收益分配的数字，而且听说你很支持江苏省的农业生产合作社收益分配调查，主张其他省也仿效这样做。因此，我想在回北京后，就这问题向你写一个报告。6 月初回京后，我曾经给富春同志写了一个江苏省统计工作考察报告。但是这个报告写得不好，一是太长，二是还牵涉统计工作中其他一些业务问题，怕你没有空看。因此想仅就农村调查问题另外给你写一个较简单的报告。由于这一时期整风和业务工作很繁忙，始终拖着没有写成。现在因为我个人的工作要调动，来不及另写报告，就把我给富春同志的报告寄给你看吧。我关于这问题的主要意见是：要了解和说明农村情况，必须加强农村统计工作，收集全面的或是抽样调查的资料。我们过去所惯用的典型调查方法，用以说明政治和经济上一些基本趋势是可以的，而且是很简略易行的，但是用以推算全面数字则往往失之偏高偏低。从这观点看，江苏省所举办的这次收益分配调查资料是很宝贵的，因为这是全面的而且很详细。你的文章中所引用的数

---

[*] 此信写于 1957 年 8 月 21 日。

字,还只是省委在去年年底的区委书记会上临时搜集的资料,不尽可靠。他们在今年又搞了一次普查。但是照他们今年的做法,工作量太大,不能普遍推行。我根据1955年在中南、华东5省的考察和这次在江苏的40天考察,认为如果我们不把这件工作当作另起炉灶的普查做,而是与合作社的预决分工作结合起来,那么只要合作社建好账,我们就可以把现代的决分表拿来汇总,除汇总工作以外根本就不必在调查上另花人力。问题就在于合作社的建账工作不是到处都做得很好的。如果没有账目,没有决分表,那就不仅收益分配调查做不起来,连合作社本身也巩固不起来。我在给富春同志的报告中对于农业合作社的建账工作和调查统计问题、对于农村中其他几个重要的调查统计工作问题都提了一些意见,因为这些调查统计工作对于研究你的文章中所提到的问题,对于中央了解情况决定政策都很重要。希望你能抽空看一下。我并且很希望在最近能就这问题向你当面汇报一次。

其次,我想趁这机会向你谈谈我的个人问题。党组转告我,组织上拟调我去搞文教科学工作。我知道文教思想战线在今天是一条很重要的战线,党要调我去,对我来说是一个光荣的任务。但是我自己有一点个人的考虑,希望组织上在可能范围内给予照顾:第一,我有过肝病,1951年到1954年间住了近4年的医院和疗养院。这是你和过去华东其他领导同志都知道的。1955年初调来北京工作后,开头半年还是半工作半休息的。这2年来健康情况好转,但是工作紧张后肝功能就恶化(1954年我的肝病就是在"三反"时因工作紧张而复发的)。因此,我怕吃不消现在学校工作中那紧张的思想斗争的会议生活和课堂教课工作。第二,我自从调来统计局工作后,两年半来,我对统计工作已经发生了感情。虽则我在这里并没有把工作做好,然而我是准备把这工作当作终身事业做下去的,很舍不得离开它。我觉得干部中喜欢做这工作的并不多。我的个性迟钝,能力低,到一个新的工作岗位,至少要两年时间才能摸到些边。我的年龄快满50,带着肝病,恐怕再能为党工作的年月也不多了。我自己觉得与其再叫我改行,不如把我留在原岗位,我的工作效率可以比较高些。

当然这些都是我的个人打算,如果党一定要把我调走,我还是会服从的。但是即使我个人要离开统计工作,我还想就统计工作向中央提出一些个人的看法,供党参考。

我承认中央和国务院是重视统计工作的。建立国家统计局和各级统计机构这件事本身以及中央和国务院对统计工作的决定和批示(特别是1955年8月25日关于统一管理统计报表的批示)都证明了这一点。但是我总觉得中央和国务院对统计工作抓得不紧,不具体。负责同志在工作中经常要引用数字资料,但是不大问询取得这些数字的方法、口径以及统计机关本身的工作情况。有时负责同志从统计机关找不到自己所需要的数字资料,或者找到的资料不适用,因而索性就不同统计机关打交道,而叫自己的秘书、办公室、计划部门或业务管理机关去搜集资料。例如,去年国务院开工资会议,事先我们并不知道,总理和副总理们分头向劳动部、工会、财政部、计委等机关搜集有关工资和物价的统计资料;各机关又临时找我们的贸易司和劳动工资处去开会,任务是一个,但是布置是转了个弯从各方面来的,步骤做法又多少有些不同。我们因为事先没有准备,临时就穷于应付,这类的例子经常有。

致谭震林同志信

现在很多负责同志是在亲自搜集和整理统计资料。我们的计划机关也是一方面在做计划,另一方面在做统计。去年的工作会议就有很多时间是花在搜集统计资料上面。打个比方,这好比是一个大企业的经理,放弃了企业的全面领导,亲自去做记账员工作了。

对领导机关和计划机关提供统计资料,是统计机关的职责。如果领导同志和计划机关自己在搜集资料,甚至组织调查,这证明统计工作为领导、为计划机关服务得不好,是做统计工作的人没有尽到责任,是应该自己做检讨的。但是领导同志和计划机关这样原谅统计工作者,代替了统计机关来做统计工作,就永远培养不出一个得力的统计机关。统计资料必须统一地有计划地搜集整理,事先不下功夫,临时就拿不出东西来;临时分头从各方面去搜集统计资料,它的质量也值得怀疑,往往相互不可比,花力多,而收效少。照道理,中央和国务院既然不能满足于统计机关现在所提供的资料,那就应该好好地检查和整顿一下统计工作才好。但是事实并不如此。1956年2月,开了全国统计会议,主要是讨论了合作化以后的农村统计工作如何做法的问题。会后,国家统计局根据会议的讨论,向国务院写了一个报告,请求批准。这报告经李富春副总理批转国务院之后,一年来在国务院议事日程上排了好几次,但是每次都是因为时间关系而没有讨论成功。(到今年春天事情已经隔了年,形势已经变化,我们预备召开六届统计会议了,对于统计工作上许多问题的提法也不同了,我们主动把去年的报告撤了回来。)

现在全党都在摸工农消费水平问题。农民家庭收支调查和职工家庭收支调查(即家计调查)是取得有关资料的最好办法。我们在去年关于五届统计会议的报告中曾提过这件事。这报告撤回后,我们在今年4月又专门就这问题向李富春副总理和总理写了一个报告,请求批准我们这方案。但是这问题也还没有获得在国务院讨论的机会(经过情形见另附致富春同志的关于江苏统计工作考察报告)。据说去年上半年工资会议时总理就在国务院会上催问过为什么职工家计调查还没有举办;可是我们请求批准举办这调查的报告就始终批不下来,这也是矛盾。

听说,去年在北戴河时,总理答应过薛暮桥同志专门找一个时间谈一下统计工作,但是一年多了,没有实现。这一年多来富春同志也屡次向我们许过愿,说要找时间来专门谈一下统计工作。去年11月，波兰事件以后，富春同志告诉我们，主席曾问起我国的统计工作情况如何（哥穆尔卡报告中说过，虚假的统计资料在波兰起了很坏的作用）。因此富春同志说无论如何要在年内抽出一天半天的时间来研究一下统计工作。但是，又大半年过去了，富春同志始终没有能同我们系统地谈过一次统计工作。

我们懂得负责同志太忙了。归根结底，统计工作不过是业务技术性的问题，同放在中央和国务院议事日程上的其他国家大事比较这总是次要的事情。但是我觉得，如果负责同志不能在这个次要的业务技术性工作上让出一天半天时间摸一下底，就会像前面所说过的一样，经常花费更多的时间自己去做统计工作；多花了时间不说，还很可能因为缺乏统计资料或者因为资料的不可靠而使工作遭受损失。

致谭震林同志信

我们自己知道，统计工作中的错误和缺点是很多的。因此，我们极希望中央和国务院以及别的部门的同志多来检查我们的工作，多给我们一些批评，多给我们一些任务和指示，并且帮助我们解决一些困难。但是只有批评，而不帮助我们研究解决一些实际问题，则对工作的改进、帮助也就不大了。有些批评把统计数字和统计工作本身变成了嘲弄的对象，描写成为官僚主义和教条主义的化身，这对工作更是没有帮助。

对统计工作的批评和指责较多的有三个问题。第一，是方法制度方面的。应该承认，在这方面，我们有不少的教条主义，但是我认为也有不少的经验主义，孰多孰少恐怕还难说。例如，很多同志常把统计上的按职位分的工程技术人员、基建方面的投资计划完成情况和农副业总产值这三个指标作为是统计工作上死搬苏联办法的教条主义典型。据说有些部长同志在中央会议和国务院会议上曾屡次提出过这些指责。其实，这些指责，不完全是公平的。"按职位分的工程技术人员"指标是反映工程技术人员的需要量，即工程技术职务的现职人员数，至于实际上受过工程技术教育的真正的工程技术人员有多少，应该看另外的指标，即"按教育程度分的工程技术人员"指标。需要多少，实有多少，两个指示一比才能真正知道是多是少。又如"投资计划完成情况的指标"，原来是反映用款情况的，即是国家计划规定提出的基建款在每月、每季和每年之末用了多少，还剩余多少，目的是防止搁死资金。在概算和预算相符的情况下，用款情况可以大体反映工程的进度，但是在概算预算不符的情况下，那么要反映工程进度就得用基建报表上的其余的指标了。再如农副业总产值也经常成了批评和嘲笑的对象。现在的农副业总产值中包括自制的衣着鞋袜和其他自给性手工业产值，这是当初政务院讨论时总理主张的，计委和统计局的原方案中是没有的，而且在苏联也不计算的，我们的苏联统计顾问在过去也反对这样计算。但是我们现在认为从中国农村经济的自给性部分之大这一实际情况出发，为了解农民（主要是2亿多农村妇女）劳动所创造的全部物质财富（而不是一般人所论的"纯收入"）和消费水平，政务院当初这样决定是正确的。但是很多负责同志也把这说成是教条主义，有一位部的负责同志甚至以此为例，对我们的一位工作同志说："你们统计工作学苏联真是百分之百的学像了，连自制鞋袜也称作产值了……"这个批评也是极不公平的。

统计方法上有没有教条主义和其他性质的错误呢？有的，而且很多。其中有些错误，我们已经发现，而且自己能改正的，我们已在研究改进中；但是有些方法上的问题则牵涉理论问题，牵涉计划体制、企业管理体制和财政体制等，争论很多，非统计部门单独可以解决的。（例如，总产值指标的运用，工农业比重的计算方法、劳动生产率的计算方法等。）

对于统计工作的批评和指责最多的另一个问题是关于报表管理方面的问题。

去年陈云同志在"八大"批评了统计工作，他说"除了必需的统计数字外，不应该劳民伤财地去统计许多无用的数字。这样，可以大大减少统计人员。现在这些部门有许多人员花费劳动于作用不大的统计数字"。陈云同志的批评是对的；有些所谓统计数字岂止作用不大而已，简直就是毫无用处，甚至是还有害处的东西（它除了浪费人力和纸张外，还会助长官僚主义，错误的数字更会骗人害人）。据云陈云同志的整篇演说中，这几句话赢得了最热烈的掌声，可见这是为全党所赞同的。

致谭震林同志信

但是"八大"之后，企业和农村中，报表泛滥之灾非但没有减轻，甚至可能是为害更烈了。我个人认为对于这件事，国家统计局是负有责任的。这并不是因为这些无用和作用不大的统计报表都是统计部门制发的缘故。相反地，根据我们在许多地方的调查，在企业向外报送的全部报表中，各级统计机关所制发的报表只占 12%～14%，其余 86%～88% 的报表是统计部门以上的其他机关所颁发的。（根据我们的调查，向企业颁发报表的机关少则二三十，多则 40 以上！）统计部门对这问题之所以要负责是因为它没有把所有的报表全部管起来，而根据 1955 年 8 月 25 日中央关于统一管理统计报表的指示是明明白白的把这责任交给统计部门的。

当然，我不敢说，各级统计机关颁发的 12%～14% 的报表中没有一个无用的指标，但是这 12%～14% 的报表中集中着掌握政策、编制计划所最必需的国民经济指标。因此，无用的指标是比较少的。至于几十个部门向各基层企业发的其余那 86%～88% 的报表则可以肯定说，有很多的指标是无用的，至于重复的指标就可能更多了（因为是各部门分头发的）。

再则，以上所说的大都还是指的国营企业和老合营企业的情况，而陈云同志在"八大"发言中所批评的现象则主要是指的新公私合营企业，即不久前的私营企业的情况。对于这些私营企业，各级统计机关除偶而举办的一次性调查外（一般均经上级政府机关批准），各级统计机关从未向它们颁发过定期统计报表。

因此，根据报表管理的实际情况和陈云同志在"八大"的批评，应该得出的结论是：对过去没有管理的新公私合营企业的报表进行管理，对于那些根据中央1955年8月25日批示已经开始加以管理的国营企业，则要加强对几十个部门颁发的86%～88%的报表的管理，至于继续精简统计系统内部自己颁发的报表，无论如何不是主要的，因为统统精减掉了也只占全部报表的12%～14%。但是在"八大"之后，国家统计局是采取了相反的方针：

（1）着重精减自己颁发的报表，而且决定今后国家统计局只发综合表而不发基层报表，所谓综合表也叫作要求表，即是国家统计局只向各部门和各省、直辖市提出自己对各种资料的要求，至于后者颁发何种表式来取得资料以满足这些要求，则由后者各显神通自己想办法（现在许多部门和省、直辖市对它们的下级也采用这种发要求表的办法了）。

（2）对占报表总数86%～88%几十个部门齐头向下发的那些报表，只管一部分所谓系统外的报表，即是一个管理部门向别一个管理系统发的报表，至于所谓系统内的报表，即是各管理部门向它直属下级所发的报表则由各部门首长自己负责管理，这样分工的缺点是系统内外不好分，因而重复不可避免。

（3）对原来未加管理的私营和新公私合营的报表当然更不去管了。

以上便是1956年12月国务院"国总统齐字25号"批转的国家统计局《关于精简统计报表的报告》的基本精神。显然，这精神同中央1955年8月25日批示中的精神是违背的。国家统计局采取这新办法的原因，据我了解有两点。

第一，就是"八大"提倡的分级管理和反对官僚主义的过分集中的精神，同志们说国家连企业、干部都信托各部门首长管了，偏偏发张表的权倒没有了。我认为这根本不是一个误会，这不是什么权的大小和信任不信任的问题。这好比机关信件来往要通过收发，客人来往要通过传达是一个道理。报表的统一集中管理虽有督促检查的意义，但更主要的作用还在于统一平衡（因此，我觉得过去叫"报表审批权"，的确太官腔了一些，叫作"审定"好些），其目的，一是去掉重复，二是（这可能是更重要的）统一方法、口径，使各种科目、指标结成一个统一的国民经济核算体系。

致谭震林同志信

第二，就是这件工作很吃力，阻力很大，有些吃力不讨好。1955年8月25日中央关于集中统一管理的批示下来以后，国家统计局原想把这担子挑起来的。也开了大小不少会，定出了一些办法和方法。但是在执行过程中遇到了一些困难，报表混乱现象没停止，各方面责难很多，陈云同志批评之后，对统计部门的压力更大，同志们觉得与其做背着媳妇过河的公公，不如把这责任交给各部门和各级人委会自己去背，对我们来说更主动些。

关于报表管理问题，在国家统计局内部是一个长期争论的问题。我是主张像中央1955年8月25日批示那样，集中统一管理的；但是我觉得从量力而为的观点来说，国家统计局采取后来国务院批转的分散管理的办法，也未必不是一个不得已而求其次的办法。

国家统计局要负起统一管理报表的责任必须克服几点困难：首先当然是做统计工作的人自己要有挑起这个担子的信心和决心。

其次，必须有中央和国务院的具体支持，而所谓支持不是别的东西，仅是明确的任务（要统计部门挑哪些担子，即要我们做哪些，不要我们做哪些）和严格的、经常的督促检查。国家统计局对它的直属的下级（省、直辖市统计局）也只有业务上的指导关系；可是它所管的事却要插到所有的条条和块块的每个角落中去（我们的数字来自每个工厂、商店、农业社和学校机关等）。

对统计工作的每一个缺点应该而且必须严格批评（如对报表没有管起来），可是不该统计部门负的责任，不应该记在统计工作者账上。统计工作干部没有把工作做好，不仅可以严厉批评以至撤职查办；但是不要让批评把统计工作本身丑化了。列宁所说的社会主义就是计算（或译核算），这句话绝不能当教条看。而列宁所说的计算或核算，是指从原始记录的工作到最综合性的计算工作——统计在内的。没有这个广义的计算工作或统计工作，就谈不到计划经济，就谈不到社会主义。可是现在的情况是每一个负责同志的秘书室开了一个小的统计摊子，通过各种办法搜集统计资料；每一次大小会议也花了很多时间去兜数目字（统计工作），可是统计机关的事情很少有人去问。

例如，即以报表管理而论，几年来（特别是最近一年）在国家统计局内部是有很多争论的，据我猜测，连直接经常管我们工作的总理和李副总理也不一定知道；因此，中央1955年8月25日批示和国务院1956年12月26日批示，对同一个报表管理问题，有了截然不同的精神。这在中央许多负责同志是不一定会注意到的。

我们觉得摆在我国统计工作面前的最大的困难，除了统计工作人员自身的信心和决心外，就是缺乏中央和国务院的具体的支持和严格的、经常的督促检查。因为正如我在开头所说的，在原则上中央和国务院对统计工作是重视的。"八大"对陈云同志那一段发言的热烈掌声就是证明全党都很重视这个问题的。因为越是下面来的同志，越不能不重视这问题：报表在基层的确早已泛滥成灾了。我在无锡考察时就听说厂里的干部在喊：企业的会计现在没工夫做账而忙于做报表，甚至不少工程技术人员也被卷进这报表的漩涡中去了。但是"八大"之后，中央和国务院并没有具体来抓这件事，甚至我们连要汇报的机会也没有。在这种情况下，国家统计局只好量力而为把这"媳妇"丢在河这一边，免得做吃力不讨好的"公公"吧。

报表统一管理的最后一个困难是统计部门和各业务管理部的合作,而且需要一定的时间。如前面所说的一样,统一管理报表只是指最后由统计部门归口平衡而已,主要的审定工作仍要由制发报表的机关来担负。但是在中央1955年8月25日批示开始执行以后,有的部门的负责人对本部门颁发的报表采取了更不负责的态度,把自己管辖下各单位申请批示的报表照转给统计部门审批。这就等于是将统计部门的军了。

有很多做统计工作的同志认为各部门系统内报表很难管理,因为统计部门没有那么多技术专家,不可能懂得那么多业务,无从决定哪些业务技术指标是需要的,哪些是不需要的。我向来不同意这个看法。因为属于这些业务技术方面的问题主要应该由业务管理部门的首长们去决定;否则统计部门就是再多请些专家也懂不了那么多的专业技术。

我认为真正的困难是在于我们的管理体制问题。譬如说纺织部门有一张每日车间温度的报表,这张报表在夏季每一纺织厂每天填好按月报送到纺织部。关于这张报表的用途,在统计部门与业务部门之间有过长时间的争论。因此,统计工作者说,我们根本不懂技术,无从判断这报表的需要与否。又如,根据业务部门的需要,我们的物资供应统计司制有一张单位产品耗电量的报表。我这次在无锡考察时,发现基层干部对这一张报表的意见很多。他们告诉我,在一个小小的千把人的丽新纺织厂有40多种产品在每一工序消耗电力。因为有时同一车间可能生产好几种产品,于是这计算工作就非常复杂化,没有技术人员帮忙,车间记录员和统计工作者是算不清这笔账的。遇有这一类争论时,往往业务部门来的干部几句话就把我们的报表管理处的工作人员吓唬住了:你不懂业务技术上的需要。

我则认为就是统计部门聘请了很多专家也解决不了这样的争

论。我们只能提请业务部门注意：在北京的纺织部是否需要了解全国各地各个工厂的每日车间温度而且具体来管。同样，电力部甚至地方的电力局是否要去掌握各行各业每一厂每个产品的耗电量。以上两个实例可能是较突出的。这类性质的争论很多，一般的是可以由统计部门负责人和业务部门负责人一个电话就解决得了的。但是由于现在我们的管理体制的确是过分集中的，一时也不能完全解决这个问题。因此，如果业务部门的负责人经过亲自考虑之后还认为有保留某个报表或指标的必要，就应该尊重业务部门的意见，把这份报表保留一个时期再做决定。

报表的泛滥在许多场合下是完全可以避免的，然而许多场合之下是与我们的体制有关的，因此完全改变必须有一个过程，不能太心急。中央1955年8月25日批示下来之后，国家统计局草拟的一套统一管理的办法在年底才下达到企业。可是在第二年四五月间各方面的责难就起来了。统计部门也动摇了，这都是心急的表现。报表管理是一个长期的不断的斗争过程，不能一蹴而成。今天减掉了，如不继续管，过了一个时期又会泛滥起来。

关于报表管理问题需要再补充的一点是：报表管理还有一个原则，就是条条要严，块块要宽，就是说每一级的各业务部门的所有报表都必须在同级统计部门统一归口，但是必须允许下级在一定范围内有所增补，以适应当地党政领导的需要。条条不严下级就吃不消，就要泛滥。我在江苏考察时，南京市、无锡市的统计工作者都向我诉苦：上面是千条线（各业务部门），基层归结到一个点（企业）；上级可以下放，我们市统计局就再放不下去了，因为市委要我们全盘挑起这副担子。但是市统计局只能管到同级业务部门发的报表，中央和省一级下来的报表，市里就挡不住了。块块不宽，就会变成过死，使下级统计机关不能为同级党政领导服务。

对于统计工作批评和指责最多的第三个问题是统计数字不全

和质量不高的问题。这批评是十分公道的。党和政府有充分理由要求统计部门比现在提供更全面和确实可靠的统计数字,因为现在已经具备了这样的条件。领导同志可能顾虑到向统计部门提出了较高的要求以后,会引起更多的报表泛滥和人力浪费。其实如像前面所说的一样,报表的泛滥是由于没有严格地统一归口管理起来,如果管了起来,那么报表就可以大大精简,人力就可以大大节约。报表精简绝不会使资料不全。因为应该精简的就是陈云同志所说的那些无用或用处不大的报表,至于领导上所需要的国民经济基本指标的资料,在企业的会计统计资料中都是现成的,问题就在平时缺乏有计划的调查搜集和经常的汇总整理。由于报表精减而节约下来的人力,正可以用来加强这种调查搜集和汇总整理工作,使我们的统计资料更全更完备。

致谭震林同志信

提高统计数字的质量,也不是十分困难的事情。首先,必须强调统一的科学的口径和方法制度,必须强调统计纪律,按照规定的口径方法和时间报送统计资料;在这些方面不能片面强调机动灵活和估算,其次,统计部门必须加强自上而下的检查督促工作。最后,必须使统计干部专业化,迅速终止现在的流动性。关于后一点,我在下面想专门谈一谈,现在先谈前面两点。关于统计上的口径和方法制度的争论是很多的,其实不同的口径和方法制度往往各有一定的科学根据,都能从一定角度来说明问题。举例说,前面讲过的关于农副业总产值中应不应该包括自制的衣着鞋袜等自给性手工业产品的加工价值问题,争论很多。其实,这争论是没有多大意义的。两种口径或计算方法代表着看问题的不同角度:如果要观察农民的生活水平,尤其是计算全国农民所创造的物质财富,计算国民收入,则包括这一部分似乎是合理的;但是如果要计算农民的货币收入或实物收入(都不是指所谓"纯收入"),则显然不应该包括这一部分。因此,如果我们的农副业总产值把这一部分加工价值包括进去,而注明了其中这一部分价值的数额多少，那么就同时可以从以上两种角度来说明问题，最好不过了。然而，如果每一地区各行其是，而且不加说明，则全国的资料就没法汇总，相互之间也无法对比。这样的资料在全国来说，就几乎无法利用。从这一点来说，方法的好坏是相对的，统一则是绝对的，灵活机动是不允许的。

统计科学并不排斥科学的估算，即是以一定资料和科学论据做基础的推算。但是不能以估算来代替统计。说统计不如估计，那就是因为这统计不是真正的统计（真实的数字资料）。如果大家都估计，那就估计也没有了根据，只好就别人的估计再来估计了。

最后，我想谈一谈统计部门的机构和人员编制问题。统计报表和统计人员必须精减，但是统计资料的质必须提高，量必须齐全。要解决这矛盾先必须介绍一些情况：现在国家统计局实有人数是575人，省、直辖市、自治区的统计部门的人数估计有2107人，省辖市、专署和县一级的统计人员约有17 000人。以上整个国家统计系统不到两万人，而且县一级机构一般是计划、统计合一的，因此那1700人员中，应算作统计人员的只有一半。在各业务管理系统，中央各部局等的专职统计人员约2000人，至于工厂、公司、商店、农场、合作社和机关学校等的专职统计工作人员则有一二十万，如果包括会计和做原始记录的全部计算人员，则全国有几百万人。这是一个金字塔式的体系，而这金字塔的底是异常庞大的。前面已经说过，这基层的计算人员大军，如今非但不见减少，而且在扩大，而且把许多工程技术人员也卷进这队伍中去了。因此，很明显的，从全国着眼，要精简人员主要应该从基层着眼，这里减去1%～2%，就超过县以上全部统计系统的人数。但是过去我们对待统计系统的精减机构编制问题同精减报表一样，是采取了一个舍本逐末的方针：报表泛滥在基层（当然祸根是上面来的），最大的人力浪费亦在基层，可是我们对之望洋兴叹，束手无策。为了以身作则，国家统计局把自己的指标来了一个大削减（工业、农业和物资供应三方面从427个指标减成了190个），这种削减对于基层影响很小，这只是省了自己的力气，把基层报的资料搁着不整理、不用，使统计资料更不齐备。但是国务院对精减国家机构编制人员是抓得很紧的，根据计划和管理体制下放的精神，要国家统计局本身从现有的575人减到300人左右，即减去一半左右，地方党政领导对省、直辖市、自治区统计局也同样要求大力缩减编制。

致谭震林同志信

统计部门里面有些同志对这个精减任务是采取不讨价的态度的，他们有两种出发点：一种是好的，上级的决定应该服从；另一种就并不好，采取了上级给我多少人就做多少事的态度，是一种消极情绪。值得领导注意的是这种消极情绪在今年初相当普遍，很多钻研了好几年统计工作的干部也主张取消独立的统计机构，他们的目的在改行，觉得干统计没出息。

我认为从国家的利益出发，再要削减统计系统人员是不对的；即使为了精减报表和精减做报表的人力，也不能再削减而要加强统计系统，且要责成它把报表管起来。领导同志的意图，可能是想用减少上级统计机关的人数来控制报表；如果是这样，那就适得其反，现在是正因为上级统计机关的力量薄弱（包括人力不足），才促成了下面报表泛滥。

人员编制的增减应从工作任务出发。计委、经委的情况我不清楚，但是我个人对于计划控制指标下放后是不是能够减少工作量也很是怀疑。至于统计工作，我是可以肯定说，随着计划体制和管理体制的下放，今后的任务不会减少，而是要大大增加的。首先，计划控制指标减少后，计算指标即统计指标是不会减少的。作为编制计划的根据的统计指标，一般说是应该多于计划指标的，然而现在很多人承认统计指标是比计划指标还少。富春同志也常说，计划工作做得不好也由于统计基础薄弱。因此，如果要改善计划工作,巩固计划工作的基础,使计划机关专心于做计划,而不至于一面编计划,一面做统计,那就不能再削弱统计部门。

统计是反映事物(矛盾)的量一方面的变化的,是调查研究的一个主要方面。(量的一方面并通过它来反映质的那一方面)因此,企业管理权的下放,绝不会使统计更不需要,相反地正因为很多事,中央自己不直接管了,但是情况是需要掌握的,因此更需要掌握大量的按照统一的指标体系搜集的统计资料。苏联的经验也可以作为我们的借鉴:在苏联,企业管理权是完全下放了,然而统计的方法制度更集中统一了(尽管现在苏联统计部门也很强调为地方党政服务),任务增加了,机构也加强了。

当然,加强统计机构,主要的不在于增加人员编制,而在于提高工作人员的质,首先要停止统计工作人员的流动性,使干部专业化。新中国的统计工作基本上是平地起家的,因为诚如毛主席所说的,旧中国没有给我们留下什么统计的遗产。旧的资产阶级的统计学者不仅数量很少,而且也不能成为新的社会主义统计工作的骨干。今天的统计工作的骨干主要是在苏联顾问帮助下,在新中国成立以来这几年的实践工作中培养起来,他们虽然远称不上什么专家,但是他们不仅已经有了三四年以上的实践经验,而且也多少钻研了一些统计的基本理论。这批干部,再经过若干年的实际工作锻炼和理论学习,也就可以算是我们新中国的统计专家了。但是我们对于如何继续培养这批统计专业干部似乎并不注意。经常叫已经做了多少年统计工作的干部改行,甚至一些进过专业训练班的也改行了。

自国家统计局以至县的统计科,不知由于什么原因,干部的流动性高于别的任何部门,我在江苏参加省统计会议时,省的统计局长告诉我,每年开会要换一批新人,出席今年会议的县统计科长已经大半是新面孔了。即以国家统计局而论,成立以来这四五年间调走局、司、处、科级干部40多名。这次又指定我们要调两名副局长（或司长）和10名科长级干部。连今年初调走的李超伯副局长，今年就要从我们5个副局长中调走3个。当然，如果党要从国家统计局调走两个局司长干部，那么把我调走还是适宜的，因为我到统计局只两年多，对统计工作还只摸到一些边，并未专业化。可是叫别的已经做了四五年以上的、已经专业化了的干部再去改行实在对国家来说是很可惜的。

我完全懂得现在的文教科学战线的重要性，党调集一批得力干部去加强这一战线是完全必要的，但是我也想，难道统计不是科学吗？统计局不能称作半个科学机关，不应该也加强一下吗？现在有人在说，新中国没有统计，共产党不懂统计。我们对这种言论，不论在政治上、理论上或业务上都有信心给予驳倒。但是我们不能不承认新中国的统计学和统计工作确是很脆弱的，因此我们要好好地保护和培养这棵幼苗，不能再让统计干部流动下去了。

致谭震林同志信

统计部门应该不仅是一个工作机关，而且是一个科学研究机关，没有相当的政治经济学和统计学的理论基础做不好统计工作，提供不出很好的统计资料。苏联对统计工作和统计科学的重视，我们是知道的。就以资本主义的印度而论，过去他们把国家预算的0.5%来做调查统计工作和统计科学研究经费，今年且预备把这经费增加到国家预算开支的1%。我们也应该再多花一些本钱来做这件事，并且把它当作一门科学来培养。

目前，作为加强统计工作的关键就是要停止中央到地方的整个统计部门的干部的流动性，要使干部安心于现在的工作，把它当作自己的终身事业来做。旧社会里开店的老板都知道账房先生不能常调换，否则账就乱了。我们在打游击时，部队和机关里的会计也不大调动，那时我们曾经把会计做技术干部，给他们技术津贴，要他们安心工作。不论作为一门科学，或者一项专业工作，统计绝不比会计更简单，我们更有理由要使统计干部专业化，使他们安心工作，否则统计科学和统计工作都提不高，统计资料的质也不会提高（现在统计数字差错之多，很多是由于人事调动多，前后不接气造成的）。

因此，我总觉得个人的工作调动终究是一件小事，党做了最后决定，我就服从，但是整个统计部门的加强提高的问题，却是比较重大的问题。我在这部门已工作了两年多，即使今天我已经准备离开这部门的时候，我不能不把自己所见到的而且郁积在胸中已久的一些意见向党提出，供领导参考。

致中国科学院哲学社会科学学部党组的信[*]

党组各同志：

这是我给谭震林同志的一封信。原信已经在星期三送出。这是另抄的一份。当初我想给他写信的动机是为了想同他谈一谈农业社决分表汇总和整个农村统计的问题。已经写了一段还没写完就发生了我的工作调动问题。我就想把个人问题顺便也提一提，又想向他反映一下整个统计工作上的一些老问题，特别是人员编制、体制等方面的问题，已经开始把原来写的一段重新改写了，后来又听说调动问题又拖下去了，谭老也不在京。因此，我又把这件事搁下来了。上星期五暮桥同志告诉我科学院又向中宣部提出了我的问题，星期六就要讨论。因此我除口头上向暮桥同志提出了我的希望外，还下了个决心，在星期六到星期一，告了两天假，坐在家里写成了这封长信。把我对统计工作的一些看法都写上了，未免有些牢骚。这是我的情绪，既有之，还是向组织反映了好。但这都是我个人的意见，我在信中也处处表明了这一点，我说明了对许多问题的看法，我和党组是不完全相同的。但不知我反映的情况与事实有出入否？希望你们审阅，如有，希望更正。我没有事先给你们看，我想不必让党组对我这一行动负任何责任。但事后，我希望你们知道这内容，并给予审查批评。

关于我个人调动的问题，我在开头是很感突然，打不通思

---

[*] 此信写于1957年8月22日。

想；但后来已经开始有了思想准备；到我写完那长信时，我已经完全决定了。如果再要从统计局调出司局长干部，那么让我这个新兵改行是最合理的，最合乎逻辑的。老实说，对科学研究，我是感兴趣的。我的不想调动，只是怕再摸一个新机关而已。我看这次调干的总任务是推不了的。既然如此，已经点了名的，就不必讨价了。只希望今后中央对统计也能把它当作半个科学机关，多加强一下，至少不再削弱。

我希望这一时期，少管些新的工作，我要还掉几项债务：(1)在统计会上做一个关于苏联考察的报告；(2)把考察记录稿，约30万字校好；(3)把农业抽样调查的方案和报告写出。

考察苏联统计工作的报告提要[*]

——国家统计局孙冶方副局长在第六届全国统计工作会议上的报告

去年 7 月间，国家统计局组织了一个考察团，到苏联去考察统计工作，前后共两个月时间。关于考察的题目，国家统计局领导在去年年初即做过慎重研究。去年春季苏联中央统计局副局长叶饶夫同志路过我国时，我们也与他交换过意见。大家考虑到，过去几年中，我们的各项专业统计工作，在苏联专家直接帮助之下，已经基本上建立起来了；但是，国民经济平衡统计刚开始建立，而且从没有聘请过这方面的专家。因之确定，这次考察就以学习国民经济平衡统计工作为重点。此外，下列几个一般性的和专业性的问题，也列为这次考察的任务：（1）苏联的统计机构设置和组织领导问题；（2）几个专门性的问题，如报表管理和指标体系、不变价格的编制和运用、报表报送的双轨制、总产值的计算方法及运用范围，等等；（3）农产量的调查和工业、贸易等专业统计中的一些问题。

考察的方法，确定不仅了解现在的，而且了解过去的，即通过苏联统计工作的发展历史，来全面地了解目前苏联的许多制度、规定、办法是在什么基础、什么条件下逐渐形成的，便于我们更好地结合中国的具体情况向苏联学习。同时我们也希望尽可

---

[*] 本文写于 1957 年 9 月，原载《统计工作重要文件汇编》，国家统计局编，北京，统计出版社，1959。

能了解一下苏联中央统计局对今后工作的打算和改进办法。

苏联中央统计局对我们这次的访问非常重视，对我们提出的问题，事先做了充分的准备，并指定叶饶夫副局长专门负责接待我们。我们到莫斯科的第二天，苏联中央统计局的主要负责干部就接见了我们，并交换了有关考察题目和日程安排的意见。他们的接待是极为热情的，谈话是非常诚恳坦率的（我们这次考察的方式主要是谈话）。他们把工作中的优点、缺点、主要经验教训、目前存在的各项争论问题和今后的意见等，都毫无保留地告诉了我们。这一切都充分表现了苏联同志的伟大的国际主义友谊精神。正因为如此，我们的全部考察工作得以很顺利地进行，并取得了很大收获。现在我想趁第六届全国统计工作会议的机会，将这次考察的几个主要问题，向各位同志做一简要汇报。

一、苏联国家统计机构的设置和干部配备问题

苏联的统计工作，从中央到地方是垂直领导的，不论统计机构的设置，工作计划的安排，统计报表和方法制度的制定，或干部的调配、管理等，都是全国集中统一进行的。其机构的设置是：中央统计局—加盟共和国统计局—自治共和国、州、边区、市和专区统计局—区和市的辅导处（过去我们把区辅导处翻译为区驻在员，是不确切的）。全国国家统计系统的干部共有2万以上，计中央统计局800人，加盟共和国统计局1800人，自治共和国、州、边区、市和专区统计局8000人，区和市辅导处约10 000人。上述干部配备数字是去年我们考察时的情况，估计今年经济管理权限下放后，会有很大变化。总的说来会有所增加，特别是共和国和州、边区一级的统计机构。

在我们考察的当时，中央统计局内部设有30个局、司，其中业务单位23个：

（1）工业统计局；

（2）农业统计局；

（3）国民经济平衡司；

（4）综合统计和统计方法司；

（5）快速统计司（这是新成立的一个司，据说列宁在世时设过这个司，后来取消了，去年又恢复，原因是有一部分临时统计任务，放在综合司内影响该司的经常性的综合工作任务，故单独分设）；

（6）财政统计司；

（7）运输和邮电统计司；

（8）基本建设统计司；

（9）物资供应统计和普查司；

（10）贸易统计司；

（11）劳动工资统计司；

（12）人口和卫生统计司；

（13）文教统计司；

（14）住宅、公用事业统计司；

（15）核算和报表司（主管报表管理和基层企业的原始式和记录表核算方法的研究）；

（16）家庭收支调查统计司；

（17）新技术、机械化、自动化、协作化、专业化统计司；

（18）统计资料汇编司（这是苏共二十次代表大会批评了统计资料供应工作的缺点以后，新成立的一个司）；

（19）全苏经济和生产力分布配置统计司；

（20）价格和价格构成统计司；

（21）检查司；

（22）资本主义国家经济统计司；

（23）人民民主国家经济统计司（过去后面这两个机构合在

一起，苏共二十次代表大会以后才分设)。

此外还有行政管理机构7个：办公室、干部司、教育司（主管学校教育)、机要司、财务司、总务司和科学图书馆。

从上述中央统计局的内部机构设置中，可以看出这样一个特点，即综合部门多。他们的综合部门与专业部门有明确的分工和密切的协作。局领导对于某些全面性的，牵涉几个司的工作任务的布置和资料的索取，都是通过综合部门进行的。他们认为专业部门固然很重要（例如，他们的工业统计和农业统计这两个单位，在全局中是人数最多的单位，在我们去考察之前不久已经从司改为局)，但对国民经济问题的综合研究，就必须依靠综合部门。综合部门是局领导的有力助手。它与专业部门的关系是平行的，并不是凌驾于专业部门之上。

中央统计局内部还设有一个科学方法委员会，许多重要的统计核算方法都由这一委员会研究讨论。科学方法委员会受局务委员会直接领导，聘请科学院院士、大学教授、计划、统计和业务部门的专家共同组成。其日常工作由一位专职秘书负责处理。

此外，中央统计局直接领导的企业化单位还有如下几个：①计算人员培训局，该局在各地区设有分局、支局，统一负责训练各种计算工作人员（包括会计和业务部门的统计人员在内)；②国家统计出版社，各地亦设有分社、支社和印刷厂；③计算工作机械化管理处；④机械化计算工厂（共有1800人)，中央统计局的各种计算工作，基本上都集中在这一工厂中进行；⑤14个中等统计学校。这里我想着重说明一点，即苏联对计算工作的机械化非常强调。在我们考察时，仅国家统计系统内，全国已设有约80个计算工厂、计算站和计算室，现今在每一个国民经济委员会所在地即设有一个机器计算站或机器计算工厂。各级统计机构的计算工作，大都已机械化。我们考察时，他们正在区一级试办计算站，准备将区一级各部门（包括集体农庄的工分账和工厂的工资账）的计算工作都集中在计算站统一进行。在我们考察的时候，基层上报的报表是由统计局审核后再送计算工厂汇总的，据最近了解，现在已改变，把报表审核工作连同有关机构人员都并入计算工厂了。这样，各报送单位即可将报表直接送到计算工厂，使审核和计算工作统一起来，可以提高报表的及时性。

我们考察时，苏共中央已经提出并正在研究改变经济管理体制的问题。因之我们即提出了这样一个问题：经济管理体制改变和职权下放后，统计工作的集中统一领导是否准备有所改变。中央统计局局长的答复是：不会。他们认为国家的经济管理权限下放以后，中央更需要及时掌握全面的国民经济活动情况，以便正确指导国民经济的发展。在这种情况下，统计工作绝不能分散，不能削弱，否则就会出现混乱现象。他们说去年年初中央取消了几个部（如农产品采购部等）以后，原来由这些部掌握的统计资料和负责做的统计工作，即连同编制移交给中央统计局负责。为此，部长会议决定给中央统计局又增加编制100人。他们说：经济管理权限下放后，中央为指导整个国民经济的活动，需要掌握三个杠杆，即（1）计划；（2）财政金融；（3）统计。因之，经济管理权限的下放，与统计工作的集中统一领导，并不矛盾，是一致的。这一点在赫鲁晓夫同志今年的报告中，也可看得很清楚。当然，这并不是说管理体制的改变，在统计工作管理方面毫无变化。不是的。如有关报表的审批权限、干部的管理和任免等，已有一部分下放到共和国统计局。但从基本的、主要的方面看，他们的集中统一管理原则无改变，也不准备改变。

二、国民经济平衡统计问题

通过这次考察，我们深深感到，统计工作要很好地为国家建

设、国家管理工作服务，除应建立和健全各种专业统计工作以外，还必须建立和加强国民经济的综合平衡统计工作。只有加强国民经济平衡统计工作，才能全面地、深入地发现国民经济发展中的一些重大问题，或不平衡现象，从而便于党政领导正确地指导国民经济的发展。

国民经济平衡统计是经济统计中的一个重要组成部分。早在苏维埃政权建立初期，苏联统计学者就提出要"把编制国民经济平衡表作为国家统计机关的重要任务"。1918年他们即开始编制了几种主要物资平衡表，如粮食平衡表、燃料平衡表等。1924年，他们就正式建立了国民经济综合平衡统计工作。1926年曾出版了"1923—1924年度的国民经济平衡"资料。这就是说，远在第一个五年计划之前，苏联就建立了这一工作。后来有一段时间有所停顿，但近几年中又有很大加强，并有许多新的发展。现在苏联已经有一套相当完整的平衡表体系。在中央统计局内，不仅设有国民经济平衡统计的专门机构——国民经济平衡司，而且许多专业统计司也编制专业平衡表。

近一年来（从"八大"以后），我们对国民收入的计算极重视。而国民收入的计算就是编制国民经济平衡表的整个任务中的一部分，也是它的结果。许多省、市统计局现在已经开始注意做这一工作，不断派人来国家统计局学习和研究这一工作。不久我们要开会专门研究这一问题。现在我想借此机会简单介绍一下，什么叫国民经济平衡统计工作或国民经济报告平衡表（报告平衡表即统计平衡表，是与计划平衡表相对称的）。

国民经济平衡统计工作的任务，就是通过编制一系列的平衡表来综合地、系统地反映社会扩大再生产的全部过程和国民经济全貌，综合研究国民经济发展中的各项重大比例关系。

在任何社会经济形态下，国民经济的正常发展，也就是社会再生产的正常进行，要遵照一定的比例关系。但是资本主义经济的比例关系是盲目地实现的，它的平衡是通过平衡的破坏——危机和战争来实现的。社会主义经济不同于资本主义经济的主要标志之一，就在于它是有计划按比例发展的。为此目的，我们首先要从国民经济发展的实践中找出各项重大的比例关系，这就要求首先编制报告平衡表，然后才能编制国民经济发展的计划平衡表。

什么是国民经济发展中的重大比例关系呢？主要的有四种：①生产、消费、积累之间的比例关系，也就是国家建设和人民消费水平的关系，基本上也就是第一部类与第二部类之间的比例关系，即生产生产资料部门和生产消费资料部门之间的比例关系。不过在编制国民经济平衡表和计算国民收入的时候，上述两大部类的划分，不是按照产品的主要用途，不是按照企业划分，而是按照各种产品的最终用途划分的。②国民经济各部门之间（如工业、农业、运输业之间、轻重工业之间等）的比例关系。③工业、农业生产部门内部某些具体的比例关系，如棉花和纺织，煤、电、铁、钢和机器制造等部门之间的比例关系。④地区之间的比例关系。这四种比例关系中，尤其以第一种比例关系为最重要，②、③以至④类比例关系必须建立在①类比例关系之上，才能有巩固基础。而国民经济综合平衡计算工作的优点，也就在于它便于发现这些重大问题。

国民经济平衡表体系是由许多综合平衡表和专业平衡表组成的。根据苏联中央统计局所编制的各种平衡表，大体可以归纳为以下三类。

第一类是综合物质平衡表，其中主要的一张表是社会产品的生产、消费、积累平衡表。除了这张主要的平衡表以外，还有一些别的次要的平衡表和附表，其中属于综合性的有：①国民经济各部门的生产联系表（即棋盘式平衡表），②农产品平衡表（用货币表现），③固定资产平衡表；属于专业性的有：①生产资料实物平衡表，②消费品实物平衡表，③农产品平衡表（用实物表现）。

第二类是综合财政平衡表，其中主要的一张表是社会产品和国民收入生产、分配和再分配平衡表。除了这张主要的平衡表以外，属于这第二类的平衡表还有：①居民货币收支平衡表，②居民实际收入表，③预算信贷同各部门和居民间结算关系平衡表（即信贷平衡表）。

第三类是劳动资源平衡表，其中主要的一张表是劳动资源和劳动力分配平衡表，此外还有：①青年平衡表，②工人与职员平衡表，③集体农庄劳动力平衡表，④熟练工人平衡表，⑤专家平衡表。

以上三大类平衡表中，第一类平衡表直接表明社会产品生产、消费和积累的比例关系。在综合物质平衡表的生产部分，除了把物质生产部门分列为生产资料部门和消费资料部门，即一、二两大部类以外，还按照国民经济部门（如工业、农业、基建等）分列；消费部分除按国民经济部门分列以外，又分列为居民个人消费和社会集体消费等；积累部分分列为生产性积累和消费性积累，固定资产和流动资产，库存和物资储备等。第一类平衡表的指标是最基本的指标，但是指标体系较简单。

第二类平衡表，表现社会再生产过程中的分配和再分配关系，表现社会产品和国民收入如何从物质生产部门生产出来之后，首先形成了居民的原始收入（即 V）和企业的原始收入（即 M）；然后又进一步在物质生产领域和非生产领域之间、居民和国家之间进行错综复杂的再分配。这里有通过财政而集中的社会基金，通过服务活动而形成的非生产企业的收入以及非生产领域从业人员的收入等。这样，经过国民收入再分配，全社会的物质生产领域和非生产领域（如行政管理、国防机构、社会文教和服务业）各自取得一定的收入，以便作为消费和积累之用。全体居民也取得一定的收入用以满足物质和文化生活的需要。为表现这些问题，综合财政平衡表的指标划分很详细，有再分配收入和支出的各个渠道，消费、积累基金的形成来源和过程等。其编制方法亦比较复杂。

国民经济平衡表中的第三类平衡表，表现劳动资源和劳动力的分配情况。

通过以上三大类平衡表，就可以全面、系统地看出社会再生产过程的三个方面：①物质资料的再生产，②生产关系的再生产，③劳动力的再生产。

以上讲的主要是全国性的综合平衡统计工作。地方的国民经济平衡统计工作如何做呢？这不仅我们缺乏经验，就在苏联，过去各加盟共和国统计局也没有进行地区的综合平衡统计工作。甚至在我们去考察以前，地方要不要做国民经济平衡统计工作，如何做，还是个争论问题。很多人认为不必做，理由是本地的物质财富由本地区创造了多少，由其他地区流入多少，往往划分不清。我们去时，对这个问题，他们已做了结论：肯定地方要做，至于如何做，还在研究中。我们对全国的国民经济平衡统计工作尚在开始试作和摸索阶段，因之对地区的平衡统计问题更缺乏经验可谈。但是随着企业管理和计划管理权的下放，地区的国民经济平衡工作也将日渐重要。今后我们应花一定力量来研究地区的平衡统计，不过真正创造经验，主要还得靠各省、市的同志。

由于地区经济是全国国民经济的一个有机组成部分，与其他地区有着密切的分工合作关系，因此，根据我们的初步考虑，并参照苏联同志的意见，认为全国已编制（和准备编制）的国民经济平衡表，各地区基本上都可以编制（包括三大类平衡表）。此外，在一个地区编制各种主要产品的物资平衡表，对于研究某些主要产品在本地区的生产与自给情况，支援外地或依靠外地区的程度等问题具有重大意义。专门研究农民的生产、消费和积累，也极为必要。

应该指出，在一个地区编制平衡表，会遇到许多在全国来看

考察苏联统计工作的报告提要

不存在的复杂问题。如铁路运输总产值和净产值的计算，物资流出流入数字的掌握，居民带出带入货币数字的计算，全面掌握和汇总在本地区内的中央企业的数字，等等。在一个地区内研究国民经济平衡表中的综合比例，也是带有局限性的。

在一个地区进行国民经济平衡统计时，除了要研究本地区的国民经济全貌和比例关系之外，还必须研究本地区与外地区、地区与中央之间的关系，研究它们之间在人力、物力和财力方面的相互配合和交援情况。只有这样，才能正确全面地反映本地区国民经济发展的规律和特点。

在苏联，前述各种平衡表大致是一年编制一次，只有居民货币收支平衡表是每季编一次。农产品平衡表既按日历年度编制，又按生产年度编制，此外有些较重要的如社会产品和国民收入平衡表，一年计算三次。第一次在1月份提出初步数字，一方面用于及时了解上一年度的基本情况，另一方面也用于发表公报；第二次是6月份编出；第三次是根据年报资料于11月份编出，也就是最后的定案数字。关于各种平衡表的指标体系和计算方法等具体问题，我在这里就不再详细谈了。

计算国民收入和国民经济平衡的资料来源，是建立在定期报表、一次性调查和抽样调查的基础上，其中有许多资料是从居民家庭收支调查资料中取得的。进行综合平衡统计工作，不仅能将各专业司处的数字充分利用起来，同时还能对这些资料起到核对的作用。因为在平衡表上，每一数字的来龙去脉都需要搞得清清楚楚，要能平衡起来。许多统计数字孤立去看不易发现问题，一用到平衡表上，就像会计轧账一下，容易发现漏洞。我们在编平衡表以前，以为统计资料已经相当齐全了，实际不是这样。从平衡统计的角度看，现在我们的资料缺口还是很多的，今后应该逐步设法补上。

我国统计工作的建立和建设，已有将近8年的历史了。过去几年中，我们主要是集中力量建立和加强各项专业统计工作，对综合平衡统计工作可以说是很少注意的。这在过去来讲，是完全应该的、合理的。但就目前和今后来看，如何在现有专业统计的基础上，迅速建立和加强综合平衡统计工作，也就成为一个重要的迫切任务了。否则各专业统计的成果，就不能进一步发挥其作用，整个统计工作也就不能更好地提高一步。

从1953年起，国家统计局即开始试算国民收入，今年我们又进一步加强了平衡统计工作，成立了研究室。研究室的任务不是搞一般的分析研究，而是通过编制平衡表进行国民经济的综合平衡研究，也就是我们的国民经济平衡机构。这里我顺便说一下分析研究工作问题。分析研究工作过去强调得并没有过分，综合部门应该做，专业部门也应该做，基层单位的统计干部也应该动动脑筋研究数字，否则数字错了也不知道。现在国家统计局虽已编了几种平衡表，但因受资料和干部力量的限制，苏联的一套平衡表，我们还没有完全编出来，大概经过努力，在第二个五年计划期间可能初具规模。各省市统计局亦应逐步建立和加强这一工作，并在第二个五年计划期内大致搞一套出来。

从这一工作的初步实践中，我们深深感到进行国民经济平衡统计工作，不仅方法上还存在很多问题，需要研究解决，许多理论问题也要从头学起。同时资料的缺口也还很多，如劳动工资、企业财务、成本、固定资产等资料。

不久我们准备召开一次综合平衡统计工作会议，专门讨论编制国民经济平衡表的一些方法问题，希望各省、市、自治区统计局的负责同志，今后能适当地抓一下这个工作。

三、统计工作中的若干具体问题

1. 报表的审批、统计、会计、业务核算的统一问题

苏联的各种统计报表是统一由统计部门审批的，这样做的优

点：一是便于统一控制报表，避免报表指标的重复，减少混乱。（业务报表的填表说明是由业务部门征得统计部门同意后自行规定下达的。）二是便于统一核算方法。三是统计部门能知道业务部门掌握了些什么资料，以便随时可以运用这些资料。在苏联，统计、会计、业务三种核算的方法是统一的。财务会计报表，是由统计部门与财政部门共同制订、共同下达（如年报），有的则经双方商定由财政部门单独下达。他们认为这种做法，即使在经济管理制度改变以后，也仍然不应改变。

他们的基层统计和财务会计计算人员，由统计部门统一负责训练，也是保证"三统"的顺利贯彻执行的一个极重要条件。

2. 报表的双轨制和电快报及邮寄月报问题

我们过去同时执行电讯快报及邮寄月报，汇总工作上重复很多。苏联的做法同我们不尽相同。苏联同志认为不应当取消邮寄月报。苏联的做法是这样的：基层企业每月分别报送电快报和邮寄月报（但企业靠近汇总机关，书面报表可以及时收到，则可免报电快报）。各级汇总单位则根据电快报先将主要指标用电报上报（个别边远地区单位数字未到时，即按已掌握的情况或参照上月数字先行预计上报），然后再将书面报表邮寄上报。电快报和邮寄书面报表的包括范围也是一样的。

关于报表报送的双轨制问题，过去我们认为苏联是同一报表数字统计部门要同时从下级统计部门和同级业务部门取得。经过这次考察发现，他们并不完全是这样做。他们的做法是：除极个别的指标外，凡能从同级业务部门取得者，即不再从下级统计部门索取；反之，已规定下级统计部门报送者，即不再从同级业务部门索取。

3. 不变价格问题

过去我们对不变价格的了解有些片面，认为使用不变价格的目的仅在于去除价格变动的因素，便于将历年资料作对比。经过这次考察，认识到不变价格是反映物量，即物质财富的变化，换句话说，当我们观察历年生产的发展情况、增长速度时，并不是价值量的增加，而是物质财富即使用价值增加。现在苏联同志认为不变价格，最好是每五年更换一次，以使其更能反映实际情况，他们现在已经这样做了。

4. 统计和估计问题

过去我们有些同志以为苏联很少采用估计的方法，事实并不如此，因为有许多问题是不可能全面调查的，只能利用估计推算的方法取得资料，苏联是允许利用估计推算方法的。但估计必须有科学的根据，并须有统一的方法，不能随便乱估。同时也不应向所有的人都强调估计，否则就会引起报表数字质量降低，忽视报表的作用。

5. 历史资料的积累问题

在苏联，上自中央下至各级统计部门，都积累了许多系统的完整的动态数列（我们在捷克了解到的情况也是如此）。一个基层统计部门能随时拿出历年的动态资料。这是很值得我们学习的。

6. 总产值指标的应用范围问题

关于总产值指标的应用范围问题，在苏联也有争论。远在苏维埃统计建立之初，确定了总产值计算方法之时起，就已发生了这个问题。问题不在于统计上是否保留总产值这个指标（这是肯定的），而是如何运用这个指标的问题。在我国编制第二个五年计划中，已不把总产值作为指令性指标，而把它作为计算指标。

总产值指标的缺点就是重复计算，但是这样计算也有好处，可以表示出国民经济各部门之间的经济联系。

但是不能以总产值这一指标来看工业、农业比重，因为总产值不能表示出这两个部门所生产的物质财富的真实情况。苏联在1937年以后一直未发表工农比重资料，主要原因就是因为原来用

总产值计算的资料不恰当，而改用净产值计算，则必须修改过去所发表的数字，这在他们来说认为不必要，因此也就不发表这方面的数字。

从统计上来说，总产值是必须计算的，因为净产值是必须根据总产值来计算的。

四、与统计有关的几个理论性问题

1. 价值规律、价值与价格的关系问题。苏联在过去相当长的一个时期中，是忽视价值规律还起作用，如过去计划价格的规定，是离开了价值即离开了社会必要劳动的消耗来考虑的，因此价格往往低于价值，甚至还低于成本。现在他们的经济学界和经济工作者已经对这一问题展开了热烈的讨论，并在实际工作中开始改进。

2. 固定资产的折旧及无形损耗问题。苏联的固定资产估价是以原始价格表示的，多年来没有进行固定资产普查，固定资产的折旧期限很长，每年所摊提的折旧很低，这样表现在产品成本上也就低了，造成虚假利润。过去他们对固定资产的无形损耗的因素（即由于劳动生产率提高成本下降和新的更完善的产品而使原来的设备跌价）没有考虑。不注意固定资产的无形损耗，会有碍于技术的改进。1955年时苏共中央已指出这是不对的，有必要计算固定资产的无形损耗。但究竟怎样计算无形磨损，这是一项很复杂的工作，苏联已成立了专门研究委员会，负责这方面的工作。

3. 成本利润率与资本利润率问题。过去有人认为资本利润率是资本主义国家计算利润的方法，社会主义国家不应采用，应计算成本利润率。这种说法在苏联已受到批判，他们已开始计算资本利润率这个指标。

4. 劳动生产率的计算方法。他们认为不仅要用总产值指标和实物量指标来反映劳动生产率，而且同时可以考虑用净产值来计算。

以上所谈的几个理论性问题，都是与统计密切相关的，苏联正在研究这些问题，值得我们注意。

最后我谈一下在两个多月的考察中我们的体会。

苏联建国40年来，统计工作的建设是一个艰苦的过程，他们已经取得了辉煌的成就。苏联统计工作的水平不仅远远超过了资本主义国家，而且也是各人民民主国家学习的榜样。具体表现在以下几方面：①建立了国民经济统一的核算制度；②利用科学方法系统地积累了国民经济各方面的完整的历史资料；③系统地建立了国民经济平衡统计，确定了一套科学的平衡表体系和计算方法；④广泛地开展了统计分析研究工作，研究了国民经济生活中的许多重大问题的比例关系；⑤培养了大批统计工作干部，根据我们的接触，感到苏联的统计工作干部，不仅具有丰富的实际工作经验，而且理论水平也高；⑥计算工作的广泛机械化，行政工作人员较少。

当然这并不是说苏联的统计工作就没有缺点，如过去他们的地方统计机构为地方党政领导服务做得差一些；统计数字的保密范围过严，这些缺点在苏共二十次代表大会以后，已有改进。

总之，我们过去向苏联学习，今后也还要很好地向苏联学习，我们的水平与苏联比较起来，还差得很远，必须迎头赶上。我们反对学习中的教条主义是对的，但并不能因此而放松向苏联学习。

介绍苏联国民经济平衡统计工作[*]

去年 7 月，国家统计局组织了一个统计工作访苏考察团，到苏联去考察了两个月。考察的主要任务是学习苏联的国民经济平衡统计工作。

通过这次考察，使我们深深感到，统计工作要很好地为国家建设、国家管理工作服务，除应建立和健全各种专业统计工作以外，还必须建立和加强国民经济的综合平衡统计工作。只有加强国民经济平衡统计工作，才能全面地、深入地发现国民经济发展中的一些重大问题，或不平衡现象，便于党政领导正确地指导国民经济的发展。

国民经济平衡统计是经济统计中一个重要组成部分。早在 1919 年，苏联统计学者就提出要"把编制国民经济平衡表作为国家统计机关的重要任务"。1918 年他们即开始编制了几种主要物资平衡表，如粮食平衡表，燃料平衡表等。1924 年，他们就正式建立了国民经济综合平衡统计工作。1926 年度曾出版了《1923—1924 年度的国民经济平衡》资料。这就是说，远在第一个五年计划之前，苏联就建立了这一工作。后来有一段时间有所停顿，但近几年中又有很大加强，并有许多新的发展。现在苏联已经有一套相当完整的平衡表体系。在中央统计局内，不仅设有国民经济平衡统计的综合机构——平衡处，而且许多专业部门也编制专业

---

[*] 本文是作者 1957 年在第六届全国统计工作会议上所做的《考察苏联统计工作报告》。

平衡表。

近一年来（自从"八大"以后），我们对国民收入的计算也很重视，但是国民收入的计算只是编制国民经济平衡表的整个任务中的一部分，也是它的结果。许多省、直辖市统计局现在已经开始注意做这一工作，不断派人来国家统计局学习和研究这一工作。11月我们要开会专门研究这一问题。现在我想借此机会简单介绍一下，什么叫国民经济平衡统计工作或国民经济报告平衡表（报告平衡表即统计平衡表，是与计划平衡表相对称的）。

国民经济平衡统计工作的任务，就是通过编制一系列的平衡表来综合地、系统地反映社会扩大再生产的全部过程和国民经济全貌，综合研究国民经济发展中的各项重大比例关系。

在任何经济形态下，国民经济的正常发展，也就是社会再生产的正常进行，都要有一定的比例关系。但是资本主义经济的比例关系是盲目地实现的，它的平衡是通过平衡的破坏——危机和战争来得到实现的。社会主义经济不同于资本主义经济的主要标志之一，就在于它是有计划按比例发展的。为此目的，我们首先要从国民经济发展的实践中找出各项重大的比例关系，这就要求首先编制报告平衡表，然后才能编制国民经济发展的计划平衡表。

什么是国民经济发展中的重大比例关系呢？主要的有四种：第一种，生产、消费、积累之间的比例关系，也就是第一部类与第二部类之间的比例关系，即生产生产资料部门和生产消费资料部门之间的比例关系。不过在编制国民经济平衡表和计算国民收入的时候，上述两大部类的划分，不是按照产品的主要用途，不是按照企业划分，而是按照各种产品的最终用途划分的。第二种，国民经济各部门之间（如工业、农业、运输业之间、轻重工业之间等）的比例关系。第三种，工农业生产部门内部某些具体的比例关系，如棉花与纺织；煤、电、铁、钢和机器制造等部门

介绍苏联国民经济平衡统计工作

之间的比例关系。第四种，地区之间的比例关系。这四种比例关系中，尤以第一种比例关系为最重要。

我们从中国的实际例子来说明这个问题。由于统计工作基础薄弱，在第一个五年计划之前，我们还没有着手编制国民经济平衡表，因此还提供不出有关上述各种重大比例关系的可靠资料。我们编制五年计划的根据首先就是：在发展生产的基础上，我们能有多少财政收入，然后根据这收入和社会主义工业化的要求，决定能办多少建设项目（如156项和694项）。在编制第一个五年计划时，主要就是考虑各个具体的生产部门之间，也即是各种具体产品或物资之间的比例关系，即上述第三类比例关系。到1956年下半年，出现了市场紧张的问题，不仅生产资料如煤、电、钢、铁等供不应求，即使消费资料如棉花布匹和主、副食品也都供不应求。怎么办呢？如果我们还是考虑各个具体的生产部门之间，即具体产品之间的平衡，如缺煤、电、钢、铁、机器就多搞重工业投资，缺布匹就多办纺织厂，缺农产品就多发农贷、多办水利建设等，那显然是不能解决问题的。（这样去平衡，甚至会越平衡越紧张）因为这已经不是上述第三类比例关系，甚至也不是第二类比例关系的问题，而是生产、消费、积累之间的大比例关系失调的问题了。因此第二、第三以至第四类比例关系必须建立在第一类比例关系之上，才能有巩固的基础。而国民经济综合平衡计算工作的优点，也就在于它便于发现这些重大问题。

国民经济平衡表体系是由许多综合平衡表和专业平衡表组成的。根据苏联中央统计局所编制的各种平衡表，大体可以归纳为以下三类：

第一类是综合物质平衡表，其中主要的一张表是社会产品的生产、消费、积累平衡表。除了这张主要的平衡表以外，还有一些别的次要的平衡表和附表，其中属于综合性的有：(1) 国民经济各部门的生产联系表（即棋盘式平衡表）；(2) 农产品平衡表（用货币表现);(3)固定资产平衡表。属于专业性的有:(1)生产资料实物平衡表;(2)消费品实物平衡表;(3)农产品平衡表(用实物表现)。

第二类是综合财政平衡表,其中主要的一张表是社会产品和国民收入生产、分配和再分配平衡表,除了这张主要的平衡表以外,属于这第二类的平衡表还有:(1)居民货币收支平衡表;(2)居民实际收入表;(3)预算信贷同各部门和居民间结算关系平衡表(即信贷平衡表)。

第三类是劳动资源平衡表,其中主要的一张表是劳动资源和劳动力分配平衡表,此外还有:(1)青年平衡表;(2)工人与职员平衡表;(3)集体农庄劳动力平衡表;(4)熟练工人平衡表;(5)专家平衡表。

介绍苏联国民经济平衡统计工作

以上三大类平衡表中,第一类平衡表直接表明社会产品生产、消费和积累的比例关系。在综合物质平衡表中,除了把物质生产部门分列为生产资料部门和消费资料部门,即一、二两大部类以外,还按照国民经济部门(如工业、农业、基建等)分列,消费部分除按一、二两大部类和国民经济部门分列以外,又分列为居民个人消费和社会集体消费等;积累部分分列为固定资产、流动资产、库存和物资储备等。第一类平衡表的指标是最基本的指标,但是指标体系较简单。

第二类平衡表,表现社会再生产过程中的分配和再分配关系;表现社会产品和国民收入如何从物质生产部门生产出来之后,首先形成了居民的原始收入(即 v)和企业的原始收入(即 m);然后又进一步在物质生产领域和非生产领域之间,居民和国家之间,进行错综复杂的再分配。这里有通过财政而集中的社会基金,通过服务活动而形成的非生产企业的收入以及非生产领域从业人员的收入等。这样,经过国民收入再分配,全社会的物质生产领域和非生产领域(如行政管理、国防机构、社会文教和服务业）各自取得一定的收入，以便作为消费和积累之用。全体居民也取得一定的收入，用以满足物质和文化生活的需要。为表现这些问题，综合财政平衡表的指标划分很详细，有再分配收入和支出的各个渠道、消费、积累基金的形成来源和过程等。其编制方法亦比较复杂。

国民经济平衡表中的第三类平衡表，表现劳动资源和劳动力的分配情况。

通过以上三大类平衡表，就可以全面、系统地看出社会再生产过程的三个方面：（1）物质资料的再生产；（2）生产关系的再生产；（3）劳动力的再生产。

以上讲的，主要是全国性的综合平衡统计工作，地方的国民经济平衡统计工作如何做呢？这不仅我们缺乏经验，就在苏联来讲，过去各加盟共和国统计局也没有进行地区的综合平衡统计工作，甚至在我们去考察以前，地方要不要做国民经济平衡统计工作，在苏联还是个争论问题。很多人认为不必做，理由是本地的物质财富由本地区创造了多少，由其他地区流入多少，往往划分不清。我们去时，这个问题他们已作了结论，肯定地方要做，至于如何做，还在研究中。我们对全国的国民经济平衡统计工作，尚在试行，在摸索阶段，因之对地区的平衡统计问题，更缺乏经验可谈。但是随着企业管理和计划管理权的下放，地区的国民经济平衡工作，也将日见重要。今后我们应花一定力量来研究地区的平衡统计，不过真正创造经验，主要还得靠各省、直辖市的同志。

由于地区经济是全国国民经济的一个有机组成部分，与其他地区有着密切的分工合作关系。因此，根据我们的初步考虑，并参照苏联同志的意见，认为全国已编制（和准备编制）的国民经济平衡表，地区上基本上都可以编制（包括三大类平衡表）。此外，在一个地区编制各种主要产品的物资平衡表，对于研究某些主要产品在本地区的生产与自给情况,支援外地或依靠外地区的程度等问题具有重大意义。专门研究农民的生产、消费和积累,也是极为必要的。

应该指出,在一个地区编制平衡表,会遇到许多在全国来看不存在的复杂问题。例如,铁路运输总产值和净产值的计算;物资流出流入数字的掌握;居民带出带入货币数字的计算;全面掌握和汇总在本地区内的中央企业的数字,等等。在一个地区内研究国民经济平衡表中的综合比例,也是带有局限性的。

在一个地区进行国民经济平衡统计时,除了要研究本地区的国民经济全貌和比例关系之外,还必须研究本地区与外地区、地区与中央之间的关系,研究它们之间在人力、物力和财力方面的相互配合和支援情况。只有这样,才能正确、全面地反映本地区国民经济发展的规律和特点。

在苏联,前述各种平衡表大致是一年编制一次,只有居民货币收支平衡表是每季编一次。农产品平衡表既按日历年度编制,又按生产年度编制,此外有些较重要的如社会产品和国民收入平衡表,一年计算三次。第一次在1月份提出初步数字,一方面用于及时了解上一年度的基本情况,另一方面也用于发表公报;第二次是6月编出;第三次是根据年报资料于11月编出,也就是最后的定案数字。关于各种平衡表的指标体系和计算方法等具体问题,我在这里就不再详细谈了。

计算国民经济平衡的资料来源,是建立在定期报表、一次性调查和抽样调查的基础上,其中有许多资料是从居民家庭收支调查资料中取得的。进行综合平衡统计工作,不仅能将各专业司处的数字充分利用起来,同时还能对这些资料起到核对的作用。因为在平衡表上,每一数字的来龙去脉都需要搞得清清楚楚,要能平衡起来,许多统计数字孤立去看不易发现问题,一用到平衡表上,就容易发现漏洞。我们在编平衡表以前,以为统计资料已经很齐全了。实际不是这样。从平衡统计的角度看,现在我们的资料缺口还是很多的,今后应该逐步设法补上。

我国统计工作的建立和建设,已有将近8年的历史了,过去几年中,我们主要是集中力量建立和加强各项专业统计工作,对平衡统计工作可以说是很少注意的。这在过去来讲,是完全应该的,合理的。但就目前和今后来看,如何在现有专业统计的基础上,迅速建立和加强平衡统计工作,也就成为一个重要的迫切任务了。否则各专业统计的成果,就不能进一步发挥其作用,整个统计工作亦就不能更好地提高一步。

从1953年起,国家统计局即开始试算国民收入,今年我们又进一步加强了平衡统计工作,成立了研究室。研究室的任务不是搞一般的分析研究,而是通过编制平衡表进行国民经济的综合平衡研究。

我们深深感到进行国民经济平衡统计工作,不仅方法上还存在很多问题,需要研究解决,许多理论问题也要从头学起。同时资料的缺口也还很多,如劳动工资、企业财务、成本、固定资产等资料。

不久我们准备召开一次综合平衡统计工作会议,专门讨论编制国民经济平衡表的一些方法问题,希望各省、直辖市、自治区统计局的负责同志,今后能适当地抓一下这个工作。

关于生产资料和消费资料的划分问题[*]

在现行的计划和统计实践中，只有直接供应居民消费、不需要再做进一步加工的产品才算作消费资料；其余的产品，包括机器、燃料、辅助材料、原料等，统统是生产资料。生产资料的生产称作第一部类或甲部类；消费资料的生产称作第二部类或乙部类。如果根据这一原则，轧花厂、纱厂（如果自己不织布）、纸厂、甚至糖厂（如果它生产的砂糖是提供糖果厂做原料的）、面粉厂（如果面粉是提供面包厂做原料的）都与钢铁厂、机器制造厂、煤矿、发电厂等一样，列入第一部类，即生产资料的生产。根据这个原则，几乎整个农业是可以算作第一部类的生产的。

对于这样的划分是否合理，早有人提出了怀疑。因为我们把社会生产划分成为第一部类和第二部类（或甲部类和乙部类）不是为了玩弄抽象的公式，而是为了解决国民经济计划工作中的实际问题，首先是为了解决社会主义的扩大再生产问题，为了掌握生产资料生产优先发展原则，以争取工业化的早日实现，从而使整个国民经济能够有最高速度的发展，人民生活的不断提高能够有切实保证。更具体些说，把社会生产分作第一部类和第二部类，主要为了三种用途：（1）掌握投资比例；（2）观察发展速度；（3）计算每年有多少消费品可以提供人民消费，有多少生产资料可以提供作扩大再生产之用，并计算二者的比例关系。

---

[*] 本文是作者在国家统计局关于统计方法问题讨论会上的一次发言。具体时间已记不起来了，只记得是1957年。——作者注

弄明白了划分两大部类的目的，那就可以看到，把棉花、棉纱、纸张、砂糖、面粉等工业同钢、铁、煤、电、机器、重化工品等放在同一部类之中等量齐观非但毫无意义，而且是混淆事物的真相。我们要大量投资优先发展的是钢、铁、煤、电、机器、重化工等重工业，至于棉花、棉纱、纸张、砂糖、面粉等产品的生产，其性质与其他消费品的生产并无二致，因此正可以同一般消费品放在同一部类之中。

按照现有分类法，把那些需要进一步加工的消费品原料划入第一部类之后，剩下的第二部类的产品也并不就是提供居民消费的消费品总额，因为在第一部类的产品中也有一部分产品（如民用的煤、电力、小汽车、脚踏车等）是供居民消费的。因此，要求得消费品总额，仍旧要加工整理。因此，现有的两大部类的划分法可以说是不上不下，不伦不类。既不能满足上述一、二两种用途，也不能满足上述第三种用途。

坚持现有分类法的同志往往提出两个理由：（1）马列主义著作都把需要进一步加工的产品当作劳动对象，即当作生产资料，而只把直接提供居民消费的产品才称作消费品。（2）多少年来苏联的计划统计实践都是如此做的。

不错，一切原材料都是 c，或不变资本，因而不是消费资料而是生产资料。马克思在资本论中甚至具体指出，纱对于织布业来说是不变资本的一部分，因而当然不能作为消费资料了。然而，当马克思这样说的时候，是指的某一产品对于某一具体行业或具体工厂而言，而不是从分析全社会的再生产过程出发的。相反地，当他从全社会的再生产过程来分析问题的时候，据作者所知，至少有两个地方，明确指出，第二部类的产品不仅可以成为本部类的生产资料，而且可以成为第一部类的生产资料。

为了不使我们自己被束缚于马克思在某一场合，为了分析某一问题而讲过的片言只语，为了不使我们的实践问题的解决成为某一抽象公式的牺牲品，我们需要把马克思《资本论》第2卷和第3卷有关的两段话全文引证一下：

马克思在《资本论》2卷3篇21章，分析了在积累，即在扩大再生产的条件下，第二部类的c如何与第一部类的$(v+\frac{1}{2}m)$相交换而取得补偿的各种可能情况之后，说了以下一段话："如果第Ⅱ部类自己再生产一部分不变资本，例如在农业中使用自己生产的种子，那也不会改变Ⅰ（v+m）和Ⅱc的关系。在第Ⅰ部类和第Ⅱ部类之间的交换中，Ⅱc的这个部分和Ⅰc一样，无须加以考察。如果第Ⅱ部类的产品有一部分可以作为生产资料进入第Ⅰ部类，那也不会改变问题的实质。这部分产品就会和第Ⅰ部类提供的一部分生产资料互相抵消，如果我们愿意对社会生产的两大部类（生产资料的生产者和消费资料的生产者）之间的交换进行纯粹的、不受干扰的考察，那么应该从一开始就把这个部分从双方都扣除。"❶

马克思在《资本论》3卷7篇49章又提到了这件事，而且加以进一步的发挥：

"我们在那里（指《资本论》2卷3篇）把全部资本分成两大类：第Ⅰ类是生产生产资料的；第Ⅱ类是生产个人消费资料的。某些产品（马、谷物等）既可以供个人享受又可以用作生产资料的情况绝不会影响这一分类法的绝对的正确性。事实上这不是假设，而只是事实的表现。让我们以某一国的全年产品来说吧。有一部分产品，尽管它有充当生产资料的能力，然而还是加入了个人消费。工资、利润和地租就是花费在这些产品上的。这部分产品是社会资本中一定部类的产品。可能，同是这个资本也生产了属于第Ⅰ类的产品。既然如此，那么生产中被消费，因而

---

❶ 参见马克思：《资本论》，第2卷，第589—590页，北京，人民出版社，1975。

属于第Ⅰ类的这些产品，不是靠这个资本中用于Ⅱ类产品的那一部分所提供的，即不是依靠这个资本中用之于真正落在个人消费上的那一部分所提供的。"❶

在上面的第一段引证中，马克思告诉我们：生产消费资料的第二部类不仅可以替本部类提供一部分生产资料，甚至还可能替第一部类提供一部分生产资料，虽则第二部类的基本任务是提供消费资料，而不是提供生产资料。

在第二段引证中，马克思更明确地指出，第二部类提供了一部分生产资料绝不会影响两大部类划分的绝对正确性。第二部类资本基本上是提供"二类产品"的，即提供个人消费品的，这是第二部类资本中的基本部分，也就是马克思在上面一段引证中所说的"这个资本中"的"那一部分"，但是就在二部类的资本中，或如马克思所说的"就在这个资本中"，另外还有一部分资本（当然是较小的一部分）却提供了生产资料。马克思在这里所说的"这个资本"，就是指的二部类资本。

在马克思的上述引证中还有一点值得我们注意的是，他在这里虽然没有提到面粉放在哪一部类，但是他在两处都明确提出生产面粉的生产资料（即麦子或谷物）是应该放在二部类中的。不仅如此，他认为生产谷物的生产资料（即种子）也是属于二部类的。当然，从谷物全体来说，基本上是用之于个人消费的，因此，马克思从它的基本用途着眼，把全部谷物放入二部类去了。然而马基本上是役畜，而不是个人消费品，马克思也不是把它放进一部类，而是把它放在二部类的。这是不是马克思的疏忽呢？

---

❶ 参见马克思：《资本论》，第3卷，第946页，北京，人民出版社，1975。但是本文所引的马克思这一段文字，不完全是人民出版社译本的译文，而是作者根据俄译本改译的，尤其这一段中最后一句，则是重译的。马克思的这句话很长，确实不好译。我的改译也未必好，但把马克思的上述意思还能表达出来，至少不致引起上述混淆。请翻译家指正。——作者注

绝不是的。因为马克思不是随便提及，而恰是要用马和谷物这两件特殊产品来证明：虽然二者基本上应该划作二部类产品，但是同时可以为两个部类提供生产资料，而不否认两个部类之划分的"绝对正确性"的。

有人认为整个农业产品，除水果、蔬菜等可以直接提供个人消费的少数产品以外，全部应列入社会产品的第一部类。但是，我个人觉得，根据上述马克思两段引证的启示，似乎更应做出相反的考虑，即整个农业生产和农产品应列入二部类，即消费品部类。我认为这不仅使社会总产品划分为一、二部类符合常识，而且也符合马克思政治经济学的基本原理。

把社会总产品划分为一、二部类的再生产公式是马克思的创作。他没有把自己的公式"公式化"。可是我们有些同志却因为马克思在另一场合中，说过棉花对织布业来说，是不变资本，因而即是生产资料，于是就把他的再生产公式"公式化"了。

原料（棉花）是不变资本的组成部分（即流动资本），因而是生产资料。在分析原料对成品的关系时，在把某一行业、某一企业、某一产品的生产过程单独观察时马克思是如此看法的。这当然是对的。但是当马克思在分析整个国民经济再生产过程时，他所观察的不是原料对成品的关系或原料在资本构成中所处地位，而是社会总产品的实现途径，说得更确切些，就是两大部类的不同产品的不同的实现途径。

马克思在分析全社会的再生产过程时，他主要想说明的是：

1. 在社会总产品中，有 部分是无论如何不能直接用于个人消费的，这就是钢铁机器等生产资料，而有另一部分是只能用于，或主要是用于个人生活消费的消费品。

2. 生产生产资料的第一部类中有相等于（v + m）的一部分产品不能在本部门实现，而必须与生产消费品的部门相交换以取得工人和资本家的生活资料。生产消费品的第二部类不能在自己

关于生产资料和消费资料的划分问题

内部实现全部产品，而必须把相等于Ⅱc的一部分产品到一部类去实现，以补偿在生产中消耗掉的生产资料。互相实现的这两部分产品，即一部类的（v+m）和二部类的c必须相等。

3. 为了扩大再生产和生产力的发展，必须使一部类的发展快于二部类。❶

马克思在分析再生产过程或实现过程的时候，强调了Ⅱc与Ⅰ(v+m)的相等。如果这两部分失去平衡，再生产过程便会发生故障。但是马克思在上面的引证中声明，他在这里为了分析问题的单纯化起见，是把第二部类为第一部类和为本部类所提供的一部分生产资料撇开了。因为二部类自己为自己提供一部分生产资料等于一部类自己为自己提供生产资料一样，不牵涉到Ⅱc同Ⅰ(v+m)的交换。至于二部类向一部类提供的生产资料，即是Ⅱc同Ⅰc的交换，也同马克思在这里要分析的Ⅱc同Ⅰ(v+m)的交换无关。

因此，应该得出结论：如果把马克思在一般场合下撇开不谈的这两部分产品，即二部类为自己提供和为一部类提供的一部分生产资料加进去，那么Ⅱc应大于Ⅰ(v+m)，马克思在分析复杂问题的时候，常常利用抽象法，即是常把与研究的问题无直接关系的非基本现象撇开不谈，然而后来有些人却就在马克思利用抽象法的地方跌进坑里去了。

马克思在分析这些问题的时候，是从全社会着眼，因此，尽可能从原料到成品，例如，从棉花、棉纱、布匹到衣服，或者从矿石、生铁、钢、钢材到机器，看作是一个大工厂中的各个车间，把原料只当作在制品（在现有分类法中便有这样的逻辑上的矛盾：当纺纱织布在一个联合工厂中进行的时候整个厂属于第二部类，分作两个厂的时候纺纱却划进第一部类去了）。

---

❶ 第一部类必须优先发展是工业发展一定阶段的原则，不能看作绝对化的规律。——作者1978年注

有人认为，为了扩大再生产，不仅需要更多的机器，而且需要更多的原料。为了生产更多的布，不仅需要更多的纺机织机，而且必须准备更多的棉花和棉纱。因此，让棉花、棉纱同煤、铁、钢、电等划在第一部类中同样给予优先发展的权利是对的。这理由也是表面的，因为从建设的程序来说，从时间来说，棉花要到纺纱厂开工后才用得着，纺织机器却必须在动工建厂之前，就去订购，然后才能在建厂的时候安装起来。至于制造纺织机的机器和煤、铁、钢、电等更应早一步扩大生产是更不用说了。也正因为如此，所以我们常称为工业化中的先行工业的绝不是轧棉、纺纱、面粉等所谓轻工业，而是煤、铁、钢、电、重化工等所谓重工业。事实上，习惯上所说的重工业应该就是生产资料工业或第一部类或甲部类，轻工业也就是消费品工业，或第二部类或乙部类。离开了生产资料和消费资料的含义是无法理解重工业的说法的。

因此，正确的分类方法，应该是把生产劳动工具（机器）、动力、燃料、建筑材料、一切辅助材料的生产以及制造以上各种产品的原料的生产列为第一部类或甲部类，即生产资料的生产；把生产消费品及其原料的生产列为第二部类或乙部类，即消费品生产。

只有这样的分类，以及根据这样的分类来分配投资和计算生产的发展速度，才能符合国家工业化的政策，并符合马克思的再生产学说。至于为了计算全国在一定时期内可以提供的个人消费品总额（以便与同期间的消费基金相平衡或其他用途），那么可以把第二部类的总产品扣除掉本部类的内部周转（即重复计算）再加上第一部类中用于个人消费的产品（如煤、电等）求得之，即是根据产品的最终用途来分类计算。

计算投资比例和计算发展速度是把社会生产划分为生产资料生产和消费品生产，即划分一、二两大部类的主要用途。这是根据产品的主要用途来划分的。因此这种划分不按照产品来划分，而按照企业来划分（按部、局来划分又太粗）。

实践早给现行的部类划分法提出了很大的疑问。它之所以始终未改动，只因为常有人坚持说对现有分类法任何改动都是违背马克思的再生产学说的。为了坚持这种说法，又常常把苏联也如此划分作为论据。但是现在我们看到马克思的看法并不支持这种说法。

曾经有同志建议过，为了避免因与这个问题的论争而耽误了实践问题的处理，可以在保存现有的"甲""乙"部类分类以外，另外再做一个"轻""重"工业的分类。如前面所说过的一样，离开了生产资料和消费品的概念就无法来理解"轻""重"的概念。除此以外，完全为了保持一个公式化了的公式而使计划统计工作多一个分类，除了混淆观念，多花人力和纸张外，没有好处。

致李富春副总理信*

李副总理：

　　（一）过去我们公布的劳动生产率绝对数字的确不是用全员计算，也不是用净产值计算的。据我们初步计算，按净产值计算的全部职工劳动生产率绝对额在 1955 年也不是 4550 元，而是 2732 元；在 1956 年不是 4800 元，而是 3140 元。但这个净产值也不是很"纯"的。首先，因为我们的折旧率低，所以在扣除物质消耗时，固定资产折旧未扣净。其次，由于物价关系（税和利润），即由于本部门实现的低值并不等于本部门创造的价值，因此，用净产值计算的劳动生产率，以工业与农业比，工业偏高，以轻工业与重工业比，轻工业偏高，以商业部门与生产部门比，则商业部门偏高。

　　关于劳动生产率的计算方法，我们正在研究中。明日我们将在宋平同志处讨论，后天统计局局务会议也将专门讨论这个问题。希望在下星期初给你正式报告。

　　（二）你刚出发回来，一定很忙，暂时恐不能抽出时间来谈统计工作。希望在一月内，待暮桥同志回来后，你能抽出半天以至一天来研究一下统计工作。据我个人看来，至少有以下几个问题急待解决：

　　1. 随着体制的改变，业务管理和计划制度由高度集中而转向

---

* 这封信写好后作者没有送交李富春同志；此次出版未查明准确写作时间。

适当的分权以后，统计工作到底是趋向于精减收缩呢？抑是相反，应该更加比前加强；应更分散呢？抑是在某些方面反应更为集中？你在出发前曾指示我们应坚决实行精简。党组已按照你的指示，准备把国家统计局编制精简一半左右。但在我个人看来，这方针还值得再加以考虑。因为有些事过去是集中在一个部管的，现在是分散到很多部管了（如贸易，特别是农产品采购），有些事从前是集中在中央一级管的，现在则分给地方管了。以前一个部管的时候，部的统计数字就代表全面数字，分成几个部管理之后，就必须经过统计局汇总之后，才能有全面数字（如商业库存）。地方事业增加后，中央对情况的了解，很多就要通过统计数字。在这一点上，苏联的经验也还是值得参考的：过去一两年间苏联取消了几个部（把事情分给其他部管了），交给地方管的企业达全国总产值6%左右。这些取消了的部和交地方管的企业事业的统计工作任务连人员一起集中到统计局了。

最近计委长期局及经委综合局在讨论计划体制时所提出的对于今后统计工作的意见，我是完全同意的。他们说：过去计划指标太多，今后要减少——只列指令性指标，其余指标均作为计算指标；过去计委既搞计划又搞统计，今后计委只搞计划，搞平衡，一切统计数字要统计局负责。由此可见，计划指标的减少，并不等于统计指标减少。计划下放并不等于统计下放。因此，统计局编制是否紧缩，不把今后计划统计工作及体制作一通盘考虑恐难作决定。

2. 如何使用统计工作，近来对统计工作批评很多。据我所知，在统计工作人员中，对人家的批评，尤其是领导同志的批评，怨言倒不大有的，即使有时批评并不太公平。人是骂大的，工作是骂好的。但是最使统计工作者伤心的是没有人要统计，大家不大记得有一个机关是专以它的统计工作为国家、为领导服务的。从自我批评观点来说，统计工作者首先应该检讨自己，为什么自己的工作做得如此糟,以至往往被人,尤其被领导遗忘了呢?但领导上也不大使用统计机关,也不大关心如何经常对它督促检查(必要时也可以加以改造),使之适应国家需要。很多领导同志往往向非统计机关布置统计工作,但结果往往是转了几个弯仍旧找到了统计机关,但不是迟了,就是往往把领导同志的意图搞错了。

致李富春副总理信

你曾在机关党代会上号召大家给你提意见。我是早想给你写信的,但考虑到你太忙,没有时间来考虑统计工作这个无论如何是比较次要的问题,所以几次提笔总未写成。但你是直接领导我们的,有些问题不向你提出就没法解决。我想向你提的意见之一就是你对统计管得太少,使用得也少。

记得上半年工作会议时,总理和你都向劳动部布置了若干统计工作任务。劳动部没有这些资料又转向我们布置。做劳动统计的同志接到这任务时,一方面很高兴,觉得统计工作终于能为国家尽些力了。但另一方面也有些难过,因为大家知道李副总理同我们都在一个大楼,而且你在走廊的东头,我们在走廊的西头,为什么你不直接把任务布置给统计局而要绕一个大弯,通过劳动部来要资料呢?可见李副总理心中也不大有统计局的印象。

这样的例子很多。例如,最近中央要研究积累与消费的比例,工农的消费水平。在一两星期就有五六个机关向我们布置相同的任务(但因机关不同,口径也各不相同)。

因此,在统计工作干部中有一种相当普遍的想法,就是主张把统计工作并入计委算了,免得现在这样不上不下。我也曾三番五次地考虑过这问题,觉得合并不是一个办法。但我觉得如果像过去那样,那么合并也有合并的好处。我想不妨把这个问题重新提出来考虑一下(我不主张合并的理由以后谈)。

3. 关于总产值等计划统计的方法和指标问题,在计委经委均曾讨论过几次,还须继续讨论。但这个问题不仅牵涉到统计和计划，也牵涉企业管理和财政制度，光在计划统计工作者范围内讨论是不够的。希望吸收经济管理工作者、财政工作者和理论工作者一起来研究。（因此，顺便说一句，过去为了总产值光批评统计工作者和计划工作者机械搬苏联经验，也是不十分公平的。）

请原谅我写得不扼要。

利用发展经济科学的有利条件[*]

哲学社会科学的研究工作，特别是同生产直接联系的经济科学，应该来个大跃进，为生产大跃进服务。

有同志说，在这全国性的"大跃进"中，我们哲学社会科学界是落后了，也落后于自然科学界。我个人也有这种感觉。

我们不要太强调困难，而应该讲讲有利条件，尤其是如何利用这些有利条件。哲学社会科学大跃进的有利条件，首先是在我们国家，指导我们各项工作的理论是马克思列宁主义；全国解放以来，党和国家又在全国规模、全体人民中间普遍地进行了马克思列宁主义的教育。并且，毛泽东同志和党的其他领导者又结合我国革命的实践，对马克思列宁主义的哲学社会科学思想，做了创造性的阐明和发挥。

当然，我们也有困难，主要是我们专门从事马克思列宁主义哲学社会主义科学研究工作的队伍不大，水平不高。但是，我们不要光看到科学研究机关和大专学校教研室中的一些力量，我们还要看到散处在全国各地，尤其是在机关中的哲学社会科学工作者。在实际工作岗位上，不少同志具有丰富的阶级斗争和生产斗争的知识，同群众保持着密切的关系。但是，我们没有把这些力量组织起来。以经济科学而论尤其是这样。据我所知，这几年来的财经业务部门的同志对于经济科学的研究，就是做了不少工作

---

[*] 本文原载《人民日报》，1958年3月18日第7版。

的。过去，科学研究机关，大专学校和业务部门，报刊（特别是专业性的）的编辑是各做各的，很少联系，没有分工合作。一句话说，力量没有组织起来。这就是我们哲学社会科学未能充分发挥力量的重要原因。

其次，我们对于发现和培养新生力量的工作做得不够。老一辈的哲学社会科学研究工作者，原来就不多，今后还要逐渐少下去，这是自然规律。不注意和不研究如何有计划地培养新生力量是不对的。现在不仅在科学研究机关和大专学校教研室中，就是在业务部门，也有不少水平很不低的研究马列主义哲学社会科学的青年。我们必须发现他们，帮助他们。

为了发展哲学社会科学的研究工作，我们还应该加速翻译和出版外国的哲学社会科学著作。我们迫切希望经典著作早日全部翻译和出版，并且希望多翻译和出版一些资产阶级的哲学社会科学书籍。以经济学方面来说，我们不仅应该把亚当·斯密、李嘉图等古典经济学者的著作加以重新翻译和出版，就是一些反动的庸俗经济学者的代表著作也要翻译。因为如不研究外国的这些资产阶级著作，是很难彻底批判现代资产阶级学术思想的。

1958年4月24日在对私改造调研工作座谈会上的讲话[*]

我今天讲两个问题：一是对私改造研究工作的任务、前途和意义；二是对工作的一些看法。

一、对私改造研究工作的任务、前途和意义

我不是讲对私改造工作的本身，而主要是从研究工作的角度来谈谈。

听说有些同志有这么一种想法，整理资料结束以后做什么？是否会转业？对这工作存在着临时观点。如果这工作是短期的就做短期打算，如果是长期的就做长期打算。会不会转业？会不会失业？我的看法，肯定不会。你们的工作钻得愈深愈不会失业。年纪大的不会失业，年纪轻的也不会失业。因为工作很多，一辈子也做不完。我从研究工作的角度来看，这个工作有很多的内容。

第一，科学研究工作要结合实际，理论要与实际结合，理论要为现实服务。我们收集资料，整理资料，研究理论，就是要为

---

[*] 本文原载《对私改造调研工作座谈会专刊》，中央工商行政管理局和中国科学院经济研究所联合组建的对资改造研究室编，1958年5月30日。标题为编者后加。

当前私改工作服务。实际工作需要解决什么，我们就研究什么。而实际工作方面的问题很多，大有可为。我建议把研究实际工作中产生的问题作为中心的、首要的任务。工商行政部门和科学研究部门的同志，首先要为现实工作服务，不应该只限于收集、整理过去资料，对当前有关对私改造的现实问题也要总结研究。有些问题看来已经解决了，可是还没完。私营企业改造了，又出现了许多地下工厂，有的是资本主义性质，有的是个体性质。在社会主义社会中，不应让它们逃出工商行政部门的管理范围，应管理它，关心它。我们不仅要收集这方面的资料，而且要在理论上深入研究。为什么旧的改造掉，新的又出现？可能改造工作有空子可钻，但个体经济自发势力的产生是有它的客观原因的，需要提高到客观经济规律上来研究，掌握过渡时期的规律才能解决。

在这里存在有很多现实问题，如商品如何满足社会需求？如何解决社会就业？这些问题的解决，对改造问题有直接关系。在生产和流通的过程中还有一些问题，是牵涉到对私改造问题的，如企业间的协作、专业化，商品流通上的管理，并店好还是分散好，等等。这些不仅是改造政策问题，也是经济理论的问题。这些理论问题，都是与改造有关，都需要我们的研究，提出办法，提出理论性的意见。

第二，整理解放后的改造资料。各地这次整理出的资料有上千万字，这说明大家已做了不少工作，但要人家看上千万字的东西有困难，需要从一千万字变为几十万字，几万字。这就需要弃其糟粕，取其精华。这一工作，不是简单的剪贴，而需要精细的加工。这就需要花脑筋，绝不是三五年内能搞完的。就是整理成资料汇编，在二三年或三五年内能搞完，也是很了不起的。

第三，解放前历史资料的收集、整理和分析。如果要对一个财团、行业、企业做全面的观察，一定要联系它的历史，这就要整理解放前的历史资料。这也是一辈子都做不完的工作。上次对资改造研究室同志对我谈到他们的规划中要进一步研究：（1）中国资本主义产生、发展、灭亡的过程；（2）外国资本侵入中国及被肃清的过程。我同意这种提法。如果全面分行业、分地区来进行整理、分析和研究，这工作量大得很。当然重点应放在解放后改造时期资料的收集和研究。但为了进一步研究中国资本主义企业的问题，可以而且必须收集和研究解放前的资料。改造的研究与整个中国资本主义的产生、发展和灭亡的历史的研究工作不能截然分家，但在人力配合和研究重点上均不能轻重本末倒置。有人考虑到，这是否会与经济研究所经济史组的工作重复，是否会抢了经济史组的生意。我认为他们欢迎你们抢生意，欢迎你们共同来研究。从工作性质上说，对私改造研究是不可能与经济史的研究割裂的。对私改造研究工作进一步发展，必然会与国民经济史的研究发生交叉。科学研究上有许多边缘科学，交叉是难免的，不要怕重复。怎样同经济史研究工作的同志合作，可以讨论。

第四，理论研究。资料收集整理好了，就要进一步做理论研究。理论问题可分两方面，一方面是中国近代经济史上的许多理论问题，另一方面是资本主义工商业改造中的理论问题。研究这些问题，要有解放前的历史资料，也要有解放后的资料。整理资料本身也要有思想性，不是为资料而资料。要从马列主义观点提高到理论高度来分析资料，找出规律，得出结论。不论解放前和解放后的资料都需要理论研究。特别是资本主义以及个体经济改造的理论研究，对同志们来说，是只此一家，义不容辞。这项工作不仅是多得做不完，而且要好好地做。因此，已接触过这门工作的同志，不仅要把它作为实际工作，而且要作为科学研究工作。尤其是青年同志，我看值得把它作为终身的任务。希望我们在这门科学上，好好地出些学者，出些研究过渡时期理论的专家。

这项工作的重要性同志们都知道。但我还想重复一下。中国科学院与苏联科学院订了1958年的学术合作合同，其中一项就是要求中国派两个经济学家去讲对私改造问题，要讲两个月。我们现在只能请许涤新同志去，他很忙，只能讲两个星期。不仅苏联和东欧社会主义国家对我们的改造工作很感兴趣，希望能够知道更多的材料，较深入地研究；就是许多资本主义国家，特别是亚洲国家，对这问题也很关心。有许多外国经济学者要来我国考察，要来谈私改问题。当然我们欢迎他们来。我们需要派专家向他们讲解，因此我们自己就要把问题研究透彻。外国的经济学者很喜欢与中国的经济学者交谈，但是我们现在研究这问题的专家还很少。所以，中国的对私改造工作作为一门学问来研究，这门学问是有很大的现实意义和国际意义的。

大家注意我们的私改问题，绝不是为了好奇。关于过渡时期的理论，马克思、恩格斯提出了一个轮廓，但只是一般的轮廓。列宁对过渡时期农业改造、资本主义工商业改造的理论有进一步发挥，但列宁在俄国革命胜利后不久即逝世，并且他是以俄国当时的情况为根据的。现在时代不同了，我们已经有丰富的中国革命的实践和经验。而目前全世界上还有2/3的人未解放，在20世纪下半世纪他们都会遇到如何过渡问题。他们当然要参考中国的经验，不能光依靠19世纪和20世纪初期的经验。目前我们只能谈谈党中央的决议、政策、纲领、指示，这是十分不够的。我们必须整理改造工程中的丰富资料，加以全面的总结，写出书来，才能更好地向人介绍。

昨天报上登了苏联《共产党人》杂志上关于南共纲领的评论。纲领里面最多的问题是关于过渡时期和平转变的理论问题。修正主义者对过渡时期问题有许多错误见解。因此，研究对私改造的另一任务，就是用事实，用我们活生生的经验来批评修正主义。我们的对私改造是马列主义在中国活生生的实现。在这方面我们要好好下苦功研究，做出些成绩来。

收集资料与理论研究不能分开，不要收集资料的人光收集资料，研究的人光研究。两者应结合起来。不下苦功收集资料、整理资料，研究理论只能是空的。做研究工作的人都应参加资料整理工作，而具体做收集、抄写、整理等工作的同志，也应研究马克思、恩格斯、列宁、斯大林及毛主席关于过渡时期的理论以及党的决议、指示等。特别是毛主席的关于中国革命的著作和党的决议，是马列主义关于过渡时期理论在中国的具体运用，要系统地学习。各地工商行政部门、大专学校从事私改研究工作者，都应列出一个书目，订出规划，将它读完，而且深刻研究。

读书不一定从马克思读起。更好的办法是先研究毛主席的著作、党的决议，先近后远，读完这些再追溯到马列主义的经典著作。

1958年4月24日在对私改造调研工作座谈会上的讲话

二、对工作的一些看法

第一，要打倒对科学神秘化的看法。有些同志认为我们只是搞资料，至于研究理论是领导同志和科学家的事，这看法不对。资料工作不是靠剪刀糨糊来整理，要用头脑，就是说要有思想。资料进一步消化就变成理论。领导同志有他的工作任务，光领导同志做研究是不行的。至于科学家，就是在收集分析资料中成长起来的。自古以来没有研究改造的专家，这门学科要我们自己创造。我们不要把科学看得神秘化，不要认为科学高不可攀。一定要把神秘思想打掉，特别是青年同志更不应该气馁，斗争精神要比老年人更旺盛，不要被旧科学家吓倒。学科学如攀登高山，只要有决心，不怕艰苦，是可以爬上去的。青年同志也不要因为文化水平低没有做过科学研究就怕。我们共产党闹革命、成大事都是青年时代做的，我们有无产阶级专政的学说，但如何在结合中国实际情况下发展成私改政策,过去没有人总结。我们生在这个时代,如不研究总结,叫后人来考古就不合适了。青年人要更精力旺盛,朝气蓬勃,没有什么克服不了的困难。首先需要解放思想,否定科学神秘化,思想上的压力消除了,信心就来了。

第二,如何执行党厚今薄古的方针。厚今薄古不是不研究历史,主要是如何研究,如何对待历史,如何运用资料。不是为历史而历史,为资料而资料。研究历史是为了解决当前问题,要从这个观点出发。把研究当前问题作为第一项,就是这个道理,为说明今天的问题而去找过去的历史资料,这是研究历史的方法。所以对历史资料、改造资料与当前资料收集的人力配备,应有一定的比例。研究历史不一定都是厚古薄今,看观点方法如何。

第三,关于分工协作问题。研究工作一定要分工协作。你们整理出的资料有1000多万字,各地都有资料,如果不分工,一项资料大家都去钻,就会重复,而另外一些资料又没有人去搞,形成空白。但研究工作一点也不重复,是有困难的,因为科学上有很多东西是有联系的,不能绝对划分开。

分工协作的好办法是多开像这样的会。大家在会上互通消息,交流经验,交换资料。在同一地区研究工作更易重复,因此科学研究机关、学校、业务部门(包括工商局)和企业要经常开学术性的会议,了解情况,讨论问题。特别是大城市,体系多,应有一中心机关定期召开学术座谈会,轮流介绍整理资料的情况和经验,或共同讨论某些问题。有些问题是资料性的,有些是理论性的,将题目列出来定期讨论,形成一种学术气氛,自然而然就解决了协作问题。

第四,组织力量问题。同志们提出各级机构问题,科学院和工商局不能对各地机构和编制做硬性规定,党中央已提出加强研究工作问题,研究工作不要陷入事务圈子里。例如,地下工厂的产生,工商部门应设法解决,但是为什么产生地下工厂的理论问题是我们所要研究的。你们要回去向领导汇报我们会议的情况、我们的工作规划,我们不仅是收集整理资料,而且要研究理论。现在领导是重视科学理论研究为工作的,你们回去宣传一下就更好了。需要宣传,造成研究气氛,但更重要的是我们应做出成绩,为实际工作服务。这是获得领导重视的最好办法。过去我搞统计工作就有这个经验。有的地方统计工作做出了成绩,对领导有用,就获得了领导重视,机构也健全了;而有的地区没有做好,工作人员也越来越少。主要是自己工作做得对头不对头。我们应该做到领导需要什么材料、关心什么问题,我们就研究什么问题。

每个地方的工商行政部门需要有几个人搞这个工作,培养他们,使他们钻进去,从事历史、现实和理论几方面的研究。但更重要的是要组织外面力量。组织当地学术机关和大专学校的科学工作者共同来搞。此外,还有很多活资料我们应该利用,如一些老资本家,我们可组织他们写稿,给他们一个工作或出题目让他们做。多搞些学术座谈会,形成学术气氛,工作自然会展开。

总之,首先要解放思想,不要把这工作看作是临时工作,也不要为了服从组织分配,勉强搞这项工作。这样会使自己痛苦,会牺牲了光阴。这个事业是很有意义的。中央重视这方面研究,我们搞出的东西对发展马列主义学说有很大用处,不要糟蹋机会和光阴。要一心一意好好地干,要安心下来、打破迷信、鼓起勇气,搞出些成绩来。

1958年4月24日在对私改造调研工作座谈会上的讲话

在丰润韩城经济所和北大经济系工作组全体会议上的讲话提纲[*]

1. 一个月"试验田"工作是有成绩的

首先,在与群众同吃、同住、同劳动这一点上基本上(个别同志在同劳动上还差一些。有从大都市来的同志,从未过过农村艰苦生活的;有病或病后体弱的)已经做到。

其次,接触了实际,体验了农业生产"大跃进"和人民公社建设中的许多具体问题(同我们看人民日报、听报告中所了解的是不相同的)。

最后,已有几个依据第一手材料写成的调查报告(工业组,约3万—5万字)。

但是,也有缺点。就是同干部关系不大好。此外,我们也接到领导小组的报告,知道你们遇到了一些困难。我此次来韩城,一方面是原定计划,来慰问大家;另一方面是想帮助大家解决困难——参加县和社的领导问题。

2. 由于丰润县建制取消,而且分别并入不同的三个县市,因此我们的"试验田"要转到昌黎去,这是同地委商量后做出的决定。参加县、社领导工作的问题,在这次同地委和昌黎县委接洽中已得到解决。

在转移过程中要做好以下几方面的工作:

---

* 报告日期是 1958 年 11 月 6 日。

（1）总结丰润经验教训（做批评和自我批评），使到达新据点以后开始工作时，能比这次在丰润做的更好。

（2）10日前写好调查报告。

（3）同丰润的干部、群众做好辞别工作，一定要留下好印象。丰润关系搞不好，会影响昌黎，昌黎关系搞不好，今后就没有地方去了。

3. 根据过去一个月的经验（听了汇报后，分党组和核心组的初步看法），到了新地点后，首先要搞好同当地干部群众的关系。

在丰润，组织挂钩未完全做好。在昌黎大体上已做好联系工作，今后搞好关系要靠大家共同努力。提供几点意见：

（1）态度谦虚，抱学习态度。

（2）多做工作、少给人添麻烦。让各级领导感觉我们是一批力量；要尊重地方干部，他们工作很忙，不在于职位大小，要多体谅他们。

（3）积极参加劳动，不要妨碍别人的工作。先参加劳动，再谈调查研究。

4. 对缺点的一些看法。

不做评头品足的人，要看清主流和支流，主要和次要，新生的、萌芽的和暂时的缺点、过去的残余。

5. 我们是为社会科学实践开辟道路，只能成功，不能失败。昌黎搞不好，就很少可以去的地方了。

要做长期打算。

1958年我国工农业生产大跃进和全国农村的人民公社化向中国经济学家提出了什么问题*

——1958年12月9—13日在捷克布拉格社会主义国家经济研究协作会议上的报告

1958年我国工农业生产"大跃进"和全国农村的人民公社化,向中国经济学家提出了一连串的问题,需要我们从理论上来加以探讨。在我提出这些问题向各位请教之前,请先允许我简单地介绍我国工农业生产"大跃进"和农村人民公社化的情况。

一

今年我国工农业的全面"大跃进",是从去冬今春农田水利的建设高潮开始的。从去年10月初到今年9月底一年期间,全国共扩大灌溉面积3200万公顷(4.8亿亩)。(原字迹不清,此系换算,作者将稿中的亩、斤、担改为公顷、公斤、吨,现保留删除的数据,以便核对。——编者注)灌溉面积在全国耕地总面积中所占比重由1957年9月的31%跃升到59.5%,当前全国灌溉面积已达到6700万公顷(10亿亩),占世界灌溉总面积的三分之一

---

* 副标题为编者后加。本文系1958年12月9-13日出席在捷克首都布拉格举行的社会主义国家经济研究所协作会议的发言底稿,1959年1月7日在匈牙利科学院也做了内容相同的报告。

以上。短短一年中扩大的灌溉面积，超过了我国解放前数千年累计灌溉面积，也超过了解放后八年扩大的灌溉面积。农田水利建设结合其他各项农业增产措施，使今年我国农业生产获得了空前的大丰收。据我国农业部门预计，今年我国粮食总产量将达三亿五千万吨（七千亿斤）以上，比去年增产一倍左右。今年一年增产的粮食，等于第一个五年计划期间五年增长数字（625亿斤）的五倍多。今年冬麦和春麦总产量达四千万吨（八百亿斤），比去年增产70%以上，超过了美国小麦的产量。今年按人口平均的粮食产量可达500公斤（1000斤）以上，我国的粮食问题得到了基本的解决。今年的棉花总产量可达三百五十万吨（七千万担）以上，比去年增产一倍以上；今年一年棉花总产量的增长速度，相当于第一个五年计划期间每年平均增长速度的20多倍，皮棉总产量将大大超过美国。其他如油料、糖料、烟、茶等作物和畜牧业产品今年都将有很大的增长。

  农业生产的飞跃发展也带动着工业生产大步向前跃进，今年我国工业生产也以前所未有的速度逐月上升。各月工业产值和去年同月比较的增长速度，1月为14%，2月为18%，3月为29%，4月为42%，5月为46%，6月为55%，7月为74%，8月为100%，9月为120%，10月为119%。如果说今年第一季度工业总产值较去年增长仅为22.3%，今年上半年较去年同期增长仅为34%，那么，从1月到9月3个季度累计工业总产值较去年同期增长达57%，1—10月较去年同期增长67%。可以预计，今年全年的工业总产值较去年的增长速度不低于70%。我国第一个五年计划期间，工业生产平均每年增长速度为19.2%，第一个五年计划期间最高年增长速度为1953年的31.7%。

  工业生产战线上的"大跃进"，是"以钢为纲，带动一切"的方针下展开起来的。1957年我国钢产量为535万吨，在今年5月党的八届代表大会第二次会议上，提出今年生产710万吨钢的

计划指标。鉴于国民经济特别是农业方面对于机械从而对于钢铁提出的大量需要，鉴于工业战线上群众运动的逐步开展和大跃进形势的逐渐形成，今年8月底召开的党中央政治局扩大会议提出把今年钢铁生产翻一番，达到1070万吨的战斗号召。党中央提出这一任务时，从1月到8月底钢的产量还不过400余万吨。在此以后，全国城乡人民投入了炼铁炼钢的运动，钢铁产量开始直线上升，9月全国钢产量比8月增加了44%，10月钢产量比9月增加91.7%，10月一个月产钢187万吨。截至11月底，全国钢产量已达到969万吨。这样看来，1070万吨钢的数字，是有把握完成的，其他工业如煤炭、电力、机械、石油等产量今年也有很大的"跃进"。

有些人认为中国的生产"大跃进"仅仅是"人海战术"的结果，就是说仅仅是大量地投入劳动力，用最简单的工具苦战得来的成就。这种看法是不对的，至少是不全面的。当然，"人海战术"这句话本身并不坏，虽则这个说法是国民党创造出来想用以否定解放战争中人民军队打胜仗的原因，他们说共产党人就是拼人多。但是人多有什么坏处呢？如果人口众多的中国人民能够响应共产党和政府的号召，来为过去解放战争的胜利和现在社会主义建设的成功贡献出自己的力量和智慧的话。但是应该说明，如果中国革命战争的胜利并不是单靠拼消耗拼牺牲得来的，那么，今年的生产"大跃进"的成就也不是单靠大量地投入劳动力，更不是靠增加劳动强度取得的。大家都知道，中共八届代表大会二次会议上提出的社会主义建设总路线的重要内容之一，就是文化革命和技术革命。

因此，在党的社会主义建设总路线提出以后，在农村中、在矿山和工厂中，奋不顾身的、忘我劳动的感动人的事迹虽然到处皆是，但是党不主张靠增强劳动来取得"跃进"。苦战只是暂时的，而且是有限度的。反之，社会主义建设的目的之一却正在于减少劳动的强度,因此党特别强调在生产中劳动和休息应该很好调节。为此,在11月人民日报专门发表了一篇社论,要求各地的党和政府的领导注意这件事。所谓调动一切积极因素来多快好省地建设社会主义,除了要提高人民的政治觉悟之外,就是要大家动脑筋、想办法,改革生产组织,改进技术。有些同志不了解这一点,认为我国今年的工农业生产"大跃进"仅仅是大量地投入劳动力和增加劳动强度的结果。因此认为当我们把劳动潜力用完之后,工农业生产的速度就会放慢下来。我们不这样看。最好的证明就是生产的"大跃进"不仅发生在农村中,在生产力低的中小企业中,而且发生在一些现代化的大企业中,在那里成果甚至特别显著。在许多新建或是扩建的企业中,现在可以用更少的钱办更多的事,提前完成扩大了的建设计划。很多已建成的企业在不增加国家投资、不增加甚至减少职工(调到别的企业去)的条件下,成倍以致好几倍地扩大了自己的生产能力。例如,长春汽车制造厂原设计能力为年产3万辆(班产50辆),现在可以"跃进"到年产15万辆(班产250辆),同时由单一品种生产转向多品种生产,并开始独创新型汽车。鞍钢1957年产钢290万吨,1958年度原计划产钢349万吨,在"跃进"中又增加100万吨左右,今年可能产钢450万吨;鞍钢无缝钢管原设计年产6万吨,现在可以增加到年产24万吨。沈阳重型机厂原设计年产4000台,今年可以生产7000台,明年再可"跃进"到12 000台到15 000台。

因此,放在中国经济学者面前的任务是如何从理论上解说这个空前高速度的工农业生产"大跃进",特别是解说农业生产的高速度"大跃进"。因为在现代历史上总是工业走在前面,总是工业的发展速度快于农业,总是工业带动农业前进;而农业的滞缓发展速度总是拖着工业的后腿,妨碍后者前进。中国和世界上一切国家的资产阶级学者也总是以农业的这种较缓慢的速度来为

反动的马尔萨斯人口论和他的"地力渐减论"辩护的。可是1958年我国农业生产的飞跃发展和带动工业迅速前进，一反过去工业生产发展速度的成规，以事实粉碎了资产阶级学者的谬论。在这里还必须说明的是今年中国的大丰收，并不是在风调雨顺的条件下获得的，并且，众所周知中国的农业机械化程度是很低的，也没有大量的化肥供应。

那么，怎样来说明中国工农业生产"大跃进"特别是农业的生产"大跃进"呢？

当然，我们认为离开了中国人民的解放，离开了土改的胜利，离开了农业合作化运动的成功，离开了私营工商业改造的胜利，一句话说，离开了社会主义社会制度的建立，是不可能说明今年工农业生产"大跃进"的。

其次，如果没有第一个五年计划的胜利完成，没有以苏联为首的整个社会主义阵营对我们经济恢复和第一个五年计划期间的援助，今年的工农业生产"大跃进"也是不可想象的。

以上是我国工农业生产"大跃进"的政治和经济基础。然而如果没有去年开始的反对资产阶级右派的斗争，没有整风运动，没有党中央在八届二次会议上所提出的中国社会主义建设总路线，今年的工农业生产"大跃进"还是不可能的。

党和全国人民反对资产阶级右派的斗争是关于中国走社会主义道路和走资本主义道路的斗争。1956年春资产阶级右派利用党反动全民整风的机会，开始了他们对党的领导，对社会主义的进攻。党给予了及时反击，而且利用这机会在全体人民中间展开了关于中国社会主义建设的两条道路的大辩论。通过这次大辩论，工农知识分子大大提高了自己的社会主义觉悟。

党在粉碎了资产阶级右派分子的进攻以后，又继续开展整风运动。如果说反右派的斗争是关于中国建设两条道路的斗争，是关于走社会主义道路或走资本主义道路的斗争，那么整风可以说是关于如何建设社会主义的两种方法的斗争，用毛泽东同志和党中央的多快好省的方法来从事建设，抑或是用少慢差费的方法来从事建设。整风的目的就是要用正确处理人民内部矛盾的方法来调动一切积极因素，调动六亿人的全部积极性以争取社会主义建设的高速度发展。整风的方法先是要发动群众，用批评和自我批评的方法来改进领导的缺点，使领导更接近群众，使群众更积极起来。在整风中扫除了"三风五气"，推行了管理民主化。规定干部必须参加体力劳动，工厂和合作社的管理必须吸收工人和社员参加。整风以后在农村中流传着一句形象化的话"老八路回来了"。在国家生活的广大范围内，逐渐形成了一种既有集中又有民主，既有纪律又有自由，既有统一意志又有个人心情舒畅、生动活泼的政治局面。广大的劳动群众进一步地看到了个人利益和目前利益依存于集体利益和长远利益，因而他们在劳动中表现了共产主义的自我牺牲的英雄气概。在城市和乡村中，人们争先恐后地参加志愿劳动，广泛地展开了劳动竞赛和共产主义大协作。所有这一切，都汇合成社会主义建设事业中的伟大的革命干劲。人民群众的共产主义觉悟的提高和革命干劲的发挥，是目前我国社会主义建设事业全面"大跃进"的最重要的前提。可以想见，如果没有整风运动和反右派斗争，在我国是不可能出现像现在这样的群众革命干劲和建设事业空前跃进的局面的。

　　在整风运动中，党最广泛而又深入地发动群众来修改一切束缚群众积极性、束缚生产力发展的规章制度，提倡破除迷信、解放思想，提倡每一个人要有敢想敢说敢作敢为的共产主义风格。整风运动的结果是，国民经济的计划制度和各种管理制度都有了重大的改变。整风运动成了名副其实的生产力解放运动。

　　生产的最大的"跃进"（特别是工业的"跃进"）是在今年夏季以后，即在5月党的八大二次会议之后开始的。在这次会议上提出了有名的党的建设社会主义的总路线。根据刘少奇同志代

1958年我国工农业生产大跃进和全国农村的人民公社化向中国经济学家提出了什么问题

表中共中央在八大二次会议上所做的报告,在党的这个总路线的各个要点中,对今年的工农业生产"大跃进"关系最大的是三个并举的政策,这就是:"在重工业优先发展的条件下,工业和农业并举,在集中领导、全面规划、分工协作的条件下,中央工业和地方工业同时并举,大型企业和中小型企业同时并举。"在这三个并举的基础上,后来又提出了"土""洋"并举的政策。

工农业并举不仅消灭了国民经济片面发展的现象(我们称之为一条腿行路),而且将6亿人口中的5亿农民充分动员了起来。中央工业和地方工业同时并举是为了发动地方的积极性,实行全民办工业。而要大办地方工业,实行全民办工业,就必须破除对于"大""洋"的迷信,必须提倡大中小并举和土洋并举,没有大中小并举和土洋并举的方针,就不可能在中国这样一个人口众多、技术落后的国家真正做到全民办工业。

"调动一切积极因素",根据事物的客观规律,充分发挥人的主观能动作用——也就是发动6亿人民的全部力量来为国民经济的最高发展速度而奋斗,这就是中国共产党的社会主义建设总路线的精神。马克思主义者都承认人是最主要的生产力。因此,我们对于人的主观能动作用,以及促进这个主观能动作用的各种因素(其中很多是属于上层建筑的,如政治路线、管理体制的改变,和破除迷信解放思想等意识形态方面的东西)在政治经济学中应给予什么样的地位——这正是中国经济学者在最近一个时期中经常研究讨论的问题。而在过去我们对于组成生产力的两种因素,即人的因素和物的因素,往往只重视后者即物的因素,如技术设备等,而无视或忽视了人的因素。因而过去我们经济学者对于如何发挥人的主观能动作用以加强国民经济的发展,是研究得很不够的。我们经济学者都知道要研究如何提高劳动生产率,如何发掘生产潜力。但是大家都偏重于对自然资源,对技术改良,如机械化和自动化等的研究。殊不知,技术设备再重要,但是它总是人创造的，重物轻人和见物不见人，都是舍本逐末的看法。用这种观点来看问题，当然就无法解释中国当前的生产大跃进，尤其解说不了中国农业的"大跃进"，也解释不了为什么同样设备的一个现代化工厂，为什么在整风以后能够把生产增加到百分之几十甚至几倍。

二

现在我就来谈一谈人民公社。这个问题现在已经成了我国经济学者们的中心研究题目。同志们向我提出的问题主要也是关于公社的。

首先要说明的是人民公社的出现以至于普及全国，是农业生产"大跃进"和五亿农民的共产主义觉悟不断提高的必然产物，是客观形势发展的必然趋势。大规模的农业基本建设和先进的农业技术，要求投入更大的资金和劳动力；农村机械化和电气化的要求也愈来愈迫切。几十户几百户的单一的农业生产合作社已经不能适应客观形势发展的要求。因此，打破社界、乡界，以至县界的大协作，建立农、林、牧、副、渔全面发展，工、农、商、学、兵相结合，政社合一的人民公社，就成为广大农民的迫切愿望。人民公社化运动从7月末开始到9月底止，全国农村已经基本上实现了人民公社化，原来70万个农业生产合作社已经合并建成了26 425个人民公社，包括户数12 194万户，占全国总农户的98%以上，平均每社4779户，比过去农业生产合作社平均每社165户的规模大28倍。一县一个大公社和已经建成县联社的有142个，其中有的规模超过了10万户。

人民公社除了规模大，经营全面化以外，它同原来的农业生产合作社的区别在于：

（1）自留地和社员家庭个体经营的各种副业一般的都已经并

为集体经营；这不是由于统一规定，主要是由于公有经济的发展，劳动紧张，个体经营变得不合算了，这就是说公社使农民割掉了私有制的最后的尾巴。

（2）基层党和政权的组织已经同公社的党和行政的组织合而为一，乡党委或县党委就是社党委会，乡人委或县人委就是社务委员会，国家的财政、金融、贸易机构也成了社的机构，特别是在一县一社的地方，县的国营工业企业也已经下放给社。

（3）按劳动日评工记分的制度改为半供给半工资制。

（4）社员生活更具体化，普遍办了公共食堂、幼儿园、托儿所、幸福院、食堂、理发室等。公社也开始办学校，不仅办小学，而且办中学，办红专大学。

公社已经不是一个单纯的生产组织，而是一个包括流通、消费、文化、教育、卫生、民兵各种活动的综合性组织，就以生产而论也不仅只从事农业生产，而且还包括工业、渔业、交通、运输等，公社已经成为基层政权组织。

因此，公社比原来农业生产合作社更"公"了（社会化）。

1958年8月29日，《中共中央关于在农村建立人民公社问题的决议》中说：人民公社仍然是集体所有制的，但是"实际上在人民公社的集体所有制中，就已经包括有若干全民所有制的成分了，这种全民所有制，将在不断发展中继续增长，逐步地代替集体所有制"。

因此，农村公社化以后，在我们中国经济学者中间就展开了对于公社所有制形式问题的研究和讨论。有人对于公社仍然是集体所有制这一点表示怀疑，认为公社基本上已经是全民所有制形式了（特别是一县一社的地方），至少很快地将转变为全民所有制的形式。但是大多数的经济学者认为，这种认识在理论上是错误的，在实践中是有害的。

随着对人民公社所有制形式的认识不同，因而对于人民公社化以后商品生产的前途以及价值规律在社会主义社会中的作用问题也发生了不同的看法。

对这两个问题，中国的经济学家也同我们兄弟国家的经济学家一样，在近年来是经常在研究讨论的。我们原来曾经考虑在第四季度召开一次全国性的学术讨论会，专门来研究一下价格形成和价值规律问题。自从人民公社化这个大事件出现以后，经济学家们觉得不应该再沉溺于这些抽象的经济概念的讨论而把人民公社这样当前现实生活中的重大问题置于不顾。因此，我们就决定在11月中旬召开的学术座谈会中以人民公社的问题作为中心讨论题目。但是正是在讨论人民公社问题的过程中，大家就发现不把商品生产和价值规律问题搞清楚，就是人民公社问题也搞不清楚的。因此我们又从人民公社问题的角度，从集体所有制到全民所有制，从社会主义到共产主义过渡的角度，从社会主义经济的客观规律的角度，重新来研究商品生产和价值规律的问题。

有的同志认为在人民公社化以后，公社内部自给自足部分将扩大，商品生产部分将会缩小。但是更多的同志认为相反，认为商品生产部分仍将扩大。因为，随着公社经济的日趋繁荣，不仅公社的公共积累和归于国家调拨的那部分产品将逐渐扩大，而且随着社员生活水平的提高和日益丰富多彩，社员的消费基金部分中拟给予社外和外县的部分也将日益扩大，而不是某些同志想象的那样日趋压缩而逐渐回到原始公社的自给自足经济去。中国原来是一个商品生产很不发达的国家，因此在现阶段应该采取的方针不是压缩商品生产而是扩大商品生产；想把人民公社看作是自给自足经济的想法，与党所提倡的、公社应向多种经营方向发展的政策也是不符合的。

因此，进一步必然就会提出一个更一般性的问题，那就是商品生产和商品交换在社会主义经济中的意义和作用如何？前途如何？在什么条件下，商品交换才会为产品交换所代替？如果说商

品交换意味着所有权的转移,那么在生产资料和产品的集体所有制全部转为全民所有制以后,但是还不能实现各取所需的时候,商品生产是否会消失?

随着商品生产问题的提出,接着必然就会牵涉到价值规律问题的讨论。中国绝大多数经济学者都承认,就中国的情形而论,价值规律不仅在国营经济中,就是在农业合作社的生产计划中也不起调剂作用的;但是它仍影响着生产,它要求人们尊重它。因此,就要问如何来分别调节生产的作用和不调节生产而影响生产的作用?价值规律在社会主义社会中的作用到底如何?应该如何利用它为我们的社会主义建设服务?

中国的大多数经济学者也是把价值法则和抽象劳动的概念跟不同所有制的存在,跟商品交换联系起来的;同时又承认价值和抽象劳动是社会主义经济核算的工具。因此,在中国经济学者中间也有人提出了这样的问题:在不同的所有制消灭以后,甚至社会主义进入各取所需的阶段以后,社会要不要进行经济核算,在生产单位之间,要不要进行评比,要不要有先进和落后的比较?如果需要的话,那么是根据抽象劳动进行核算呢?还是根据具体劳动进行核算呢?是不是只计算个人的劳动消耗,而不要计算社会平均必要劳动消耗了呢?有人认为对于价值规律问题的研究,也需要不仅从过渡时代的一些现象出发,而且需要看得更远些,从未来的共产主义社会的经济核算出发来考察一下这个问题;这就是说不仅从两种或三种所有制之间的交换出发,而且从社会主义社会的生产中占统治地位而且日益扩大其影响的国营经济自身的经济核算的角度来考察一下这个问题。

中国的经济学者从自身的经验,从对于商品生产和价值规律问题的热烈讨论,到暂时地搁置了对这一问题的探讨,以至重新回到了对这个问题的研究,经过了这一转折之后,更深切地体验到,商品生产问题,特别是价值规律问题,是社会主义经济学的重要问题,要绕过这些重要问题来研究社会主义经济几乎是不可能的。我们深切体会到,我们过去对这个基本的理论问题研究的是很不够的,而且往往只从抽象的概念出发来研究这个问题。苏联同志编的《政治经济学》教科书第三版对这些问题已经有了进一步的说明。但是,对于某些问题还需要进一步加以研究。我们希望在我们兄弟各国经济学者的共同努力之下,社会主义政治经济学的体系能够日臻完善。

三

1958年的生产"大跃进"和人民公社化运动,在分配领域上引起了一些新情况和新问题,如消费和积累的比例问题;在农村实行供给制和工资制问题;计件工资制的取消问题;以及对于按劳取酬和物质鼓励的原则的看法问题,等等。这些问题也是目前我国经济学界广泛讨论的问题。

在这里由于时间的限制,我只就农村实行半供给制和半工资制,以及按劳取酬和物质鼓励等问题谈几句。

几年来农业生产合作社实行的评工记分按劳动日的分配办法,对促进农业生产和巩固合作化制度起了重大的作用。但是在生产"大跃进"和人民公社化运动过程中,这种分配办法日益暴露了与发展生产不相适应的矛盾。例如,劳动定额的调整赶不上生产力发展的速度;"评工记分"不仅浪费大量时间,而且使人与人之间的关系复杂化,不利于大协作的组织和劳动力在部门和地区之间的调动;社员不易摸清收入之底,不便于安排生活;有一小部分劳力少、人口多的家庭收入较少,困于生活,不能更好地劳动,等等。实行了半供给制和半工资制后,以上这些矛盾都可得到解决。目前我国各地人民公社已普遍实行了这一新的分配制度。半供给制半工资制的供给部分一般只限于粮食,有不少的社实行了伙食供给，条件较好的社除了伙食以外还对某些其他基本生活需要实行免费供给。供给部分是按人口分配的，已突破"按劳分配"的框子，具有"按需分配"的共产主义萌芽。可是，目前人民公社按人口供给的生活资料，无论在数量还是在质量上都有限额，而且水平还是很低的。现在一般不主张过分扩大供给部分，因此这同未来共产主义社会产品大大丰富后的按需分配，是有区别的。这种半供给制的办法，便于将来向共产主义分配制度的过渡。至于工资部分，包括基本工资和奖励两部分，都是社会主义的按劳分配性质。两种分配尺度——劳动和有定额的需要——的同时运用和互相补充，既能防止对生产可能产生的消极作用，又能调动积极因素。吃饭不要钱、按月领工资，这对我国农民是一件破天荒的大喜事。

马克思告诉我们：按劳分配是社会主义的分配原则。然而正是马克思本人在《哥达纲领》中就指出按劳取酬，这一"平等的权利在原则上仍然是资产阶级的法权"；由于人的能力不同，家庭负担不同"这个平等的权利对于不同的劳动是不平等的权利"。马克思把按劳分配这个资产阶级法权原则看成是社会主义阶段不可避免的缺点。我们过去未能深刻体会马克思的这一指示，而片面地宣扬按劳分配原则，看不到这一原则虽然有积极的一面，但也有消极的一面。同时，过去我国经济学者还把社会主义的分配原则同共产主义的分配原则截然分开，好像从按劳取酬向各取所需的过渡是遥远的将来的事，是社会产品极大丰富和人们思想极大提高之后一下子过渡的。我们没有看到生产力的发展和人们思想觉悟的提高是一个逐渐的过程，分配制度的过渡也应当是一个逐渐的过程。在生产力迅速增长、政治挂帅、群众觉悟迅速提高的基础上，可以在实行"按劳分配"的同时，结合实行有限度的按需分配，并随着生产的发展，逐渐扩大按需分配产品的数量、品种和质量，从而为逐步向共产主义分配制度的过渡创造条件。

因此，在社会主义阶段，一方面我们不能否认按劳取酬的原则，另一方面也不应该把按劳分配的原则绝对化。我们要看到按劳分配的原则只是一个总的原则。而随着社会主义建设的成功，我们不应该再去扩大不同劳动之间的报酬的差别，而相反地应该逐渐去缩小这个差别。

我国报刊上最近一段时期热烈讨论分配的问题。对资产阶级法权思想的攻击是这次讨论的焦点。这一讨论大大有助于削弱人们意识中的资产阶级法权思想残余，有助于人们共产主义觉悟的提高。但是在讨论过程中也出现一些混乱的观点，如全盘否认或者低估物质鼓励和按劳分配原则在现阶段的必要性和作用；把社会主义性质的按劳分配等同于资产阶级法权本身；把目前人民公社实行的有限度的供给制看成就是共产主义分配原则的实现；脱离生产观点而单纯从政治和道德观点来看分配问题，等等。这些错误的观点在讨论过程中正在逐步得到澄清。

要懂得经济必须学点哲学*

——再读毛泽东同志《关于正确处理人民内部矛盾的问题》的几点体会

前 言

这篇东西是一年半以前（1958 年），我在北京经济学者纪念毛泽东同志的《关于正确处理人民内部矛盾的问题》出版一周年的座谈会的发言记录稿。后来又在北京大学经济系讲过一次。后来，这发言记录稿曾经印发给少数经济学者征求意见。

我的这个发言的中心思想是说，经济是"人"和"物"两个因素的矛盾统一体。"人"和"物"两个因素缺少了一个，就不称其为经济。在这矛盾的两个方面之中，"人"是矛盾的主要方面。因此，政治经济学应该以研究这个矛盾，特别是人在这个矛盾中的主观能动作用，作为自己的中心任务。但是有的同志在看了我的发言记录稿以后，向我提出了这样一个问题：马克思主义者向来认为政治经济学的研究对象是生产关系，即人与人的关系，而我则主张经济学要研究"人"与"物"的关系，即人与自然的关系。这种提法同马克思主义经典作家对政治经济学对象问题所下定义不是有矛盾吗？这的确是一个带有本质意义的问题，

---

* 本文是作者在 1958 年北京经济学者座谈会上的发言稿，原载《红旗》（内部未定稿），1966（3）。第一段前言写于 1959 年 9 月 18 日，第二段写于 1978 年 8 月 14 日。

是需要给予答复的一个问题。

在过去一年间,我读了一些中外经济学者关于政治经济学和部门经济学的对象问题的讨论文章。我感觉到过去有些经济学者对政治经济学对象问题的提法似乎是有片面的地方。经典作者从来也没有说过政治经济学可以离开了生产力来研究生产关系;相反,政治经济学总是研究一定生产力水平上的生产关系;或者说政治经济学的研究对象是社会的整个经济基础,即生产方式的整体,但是以生产关系为主。而且就以生产力本身而论也不能看作单纯是自然界因素。相反,生产力也是社会的因素。

要懂得经济必须学点哲学

"人"和"物"两个因素的关系,在我看来,也就是生产关系和生产力的关系。我们所说的"物",当然也不是指没有接触过人类劳动的纯粹的自然物,而是指劳动生产品。"人"和"物"是组成经济这个整体的两个不可分割的因素。经济学应该同时研究"人"和"物"两个因素及其矛盾,而以"人"这个因素为主,而且"人"和"物"的矛盾最后是以生产关系的矛盾表现出来的。

恩格斯曾经说过:"价值是生产费用对效用的关系。价值首先是用来解决某种物品是否应该生产的问题,即这种物品的效用是否能抵偿生产费用的问题。"我认为恩格斯在这里所说的生产费用同效用的关系,也带有"人"和"物"的关系的意味;因为恩格斯所谓生产费用指的是劳动费用,而恩格斯所说的效用则指的是生产物的使用价值。但是我们应该相信,对于政治经济学对象问题做了经典定义的恩格斯的上述论点,绝不会把价值看作是自然科学的范畴,而是相反,完全把它看作是社会范畴的。因为效用也好,生产费用也好,都是从"人"的角度来说的,都是作为劳动生产物的属性来看的。

因此经过反复思考之后,我自己觉得我在这个发言记录稿里所提出的论点同经典作家关于政治经济学对象的定义是不矛盾的。我现在把这发言记录稿做了些文字上的删节和修改之后,发表出来,请读者指正。

*　　　　*

上面这篇《前言》写好之后,由于别的工作很忙,一拖好几年没有把这个《发言记录稿》修改出来。1964年《新建设》杂志社来约稿,我就把这篇《前言》和《发言记录稿》给了他们,讲好等清样出来之后,我再在清样上修改。可是清样刚出来,经济研究所"四清"开始了。我的这个《前言》连同《发言记录稿》都成了"坚持反马克思主义观点"和"有意违抗"的罪证。后来,"文化大革命"中,我被关进监牢之后,重读了马克思的《资本论》和恩格斯的著作之后,我发现:我的这篇《前言》确实有错误,不过这个错误不在于"坚持反马克思主义观点"和"有意违抗",而在于坚持马克思的观点很不得力,对批判违抗得很不坚决。

首先,恩格斯说过,"经济学所研究的不是物,而是人和人之间的关系,归根结底是阶级和阶级之间的关系;可是这些关系总是同物结合着,并且作为物出现……"❶ 资本主义政治经济学不可能离开了物来研究人与人的关系;社会主义政治经济学也不能离开了物来研究人与人的关系;即使在社会主义社会中已经没有拜物教存在了。

其次,生产(或经济)中的物的因素和人的因素的关系的提法不是我的创造,而是马克思本人首先提出来的。而且马克思的提法远比我上述《前言》中的提法深刻而尖锐。马克思在《资本论》第2卷第1篇第1章中说:

"既然生产的物的因素和人的因素是由商品构成的,资本家

---

❶ 恩格斯:《卡尔·马克思〈政治经济学批判〉》,参见《马克思恩格斯选集》,第2卷,第123页,北京,人民出版社,1972。

就得通过 G—W$\begin{matrix}A\\Pm\end{matrix}$（通过货币——商品$\begin{matrix}劳动力\\生产资料\end{matrix}$——作者注），通过货币资本到生产资本的转化来完成这两个因素的结合。"❶

下面接着又说："不论生产的社会形式如何，劳动者和生产资料（人的因素和物的因素。——作者注）始终是生产的因素。但是，二者在彼此分离的情况下只在可能性上是生产因素。凡要进行生产，就必须使它们结合起来。实行这种结合的特殊方式和方法，使社会结构区分为各个不同的经济时期。"❷

既然，马克思说社会经济结构的不同，是由于生产中的人的因素和物的因素的结合的方式和方法不同，那么政治经济学应该研究人的因素和物的因素的关系，当然是天经地义的事了。然而，竟然被认为是反马克思主义的提法，岂不怪哉！

那么，政治经济学研究人的因素和物的因素的结合（关系）同政治经济学的研究对象不是物而是人和人的关系这个定义怎么能够一致呢？

很简单！当我们说，政治经济学要研究人的因素和物的因素的结合（或关系）的时候，我们指的不是什么自然界的物，而是指生产资料，是人的劳动产物，是过去的劳动或物化的劳动。因此，我们说政治经济学要研究人和物的关系，实际上是指活劳动和物化劳动的关系，指现在正在进行着的劳动和过去的劳动的关系，也是劳动和积累的关系，是消费和积累的关系。一句话，是说生产关系。

当马克思说政治经济学研究的不是物而是生产关系的时候，

要懂得经济必须学点哲学

---

❶ 参见马克思：《资本论》，第2卷，第37页，北京，人民出版社，1975。着重号是作者加的。

❷ 同上书，第44页。着重号是作者加的。

这个物虽然不是指自然物,然而他是指作为使用价值的物。

应该全面、正确地理解马克思的话!

我的批判者对我这篇讲话的题目《要懂得经济必须学点哲学》也有意见,说是"马列主义哲学应该精通它,而不是仅仅学一点就够了"。好极了!但是我觉得就是多少学一点,也比不学好,也就不至于形而上学和唯心主义泛滥成灾了。

末了,这里还要附带说明一下。因为我的一些原稿已经散失,所以现在这里发表这篇稿子根据的是《红旗》出版的《内部未定稿》1966年第3期。当时《内部未定稿》是把这个发言稿作为批判材料刊登的。《内部未定稿》编者按:"《要懂得经济必须学点哲学》一文有两个底稿,一是1958年初稿,一是1959年修改稿。这里收集的是1958年的初稿。"现在仍旧照《内部未定稿》刊出,我只是把当时("大跃进"时期)引证的、显然是浮夸性的数字和典型事例删去了。文章中评价毛泽东同志哲学著作的那些话,反映了我当时的认识水平,现在看来当否,请读者批评。

* *

在毛泽东同志《关于正确处理人民内部矛盾的问题》这本不朽著作发表一周年纪念的时候,正是全国工农业生产在党的总路线引导之下取得初次的辉煌胜利的时候。我和许多同志一样,又重新温习了毛泽东同志的《关于正确处理人民内部矛盾的问题》。这本著作过去读过不止一遍;但是这次对照着一年来国内外发生的变化,一句又一句,一节又一节地读下去的时候,不断得到了许多新的发现。为什么过去读的时候没有发现呢?我们在读毛泽东同志的任何一篇新的著作的时候,总是读过一遍便赞叹不止,以为懂得不少了。其实,这只是懂得了一些皮毛,甚至还完全没有懂得,只有再三细读之后,而且往往是在客观事物的发展完全证实了毛泽东同志的预见性的正确之后,我们才真正算体会了一些东西。在这时，我们才恍然大悟，才发现我们在时间上，在思想的深度方面，是落后于毛泽东同志多么遥远，只有在这时，我们才多少接近毛泽东同志的思想。因此，我们为了提高自己的思想水平，提高自己的工作能力，必须反复地钻研毛泽东同志的著作，尤其是他的哲学著作。

现在，我把最近温习毛泽东同志《关于正确处理人民内部矛盾的问题》的几点体会写在下面，请大家指教。

一、《关于正确处理人民内部矛盾的问题》是《矛盾论》在社会主义建设时期的具体运用，是理论结合实际和虚实并举、以虚带实的典型范例

《关于正确处理人民内部矛盾的问题》是毛泽东同志过去许多哲学著作，特别是《矛盾论》在我国社会主义建设时期的进一步发挥，是《矛盾论》在革命新阶段的具体运用。这次我温习《关于正确处理人民内部矛盾的问题》的时候，才深刻体会到矛盾的法则在唯物辩证法哲学中的重要地位。因此，我产生了一个念头，我想弄清楚一个问题，从什么时候起，从哪一部哲学著作中开始把这一条"唯物辩证法的最根本法则"（见《矛盾论》）从马克思主义的哲学中阉割去的呢？因为确确实实在毛泽东同志的《矛盾论》发表以前，有很长一个时期，在马克思主义者中间，除了在敌我斗争或研究自然界现象外，很少注意到这个最根本法则了。

然而，很奇怪我不能发现任何一篇权威的马列主义者的著作，曾经公然否定过这条唯物辩证法的最根本的法则。相反，在过去一二十年间奉为马克思主义哲学的经典的联共党史第四章第二节《辩证唯物主义与历史唯物主义》所列举的马克思主义辩证法的基本特征的第四个特征明确地说：

"与形而上学相反，辩证法所持的出发点：自然界的对象或自然界的现象含有内在的矛盾，因为所有这些对象或现象都有其反面和正面，都有其过去和将来，都有其衰颓着的东西和发展着的东西，而这种对立面的斗争，旧东西与新东西间的斗争，衰亡着的东西和产生着的东西间的斗争，衰颓着的东西和发展着的东西间的斗争，便是发展过程的实在内容，由数变进到质变的这一过程的内容。"

我开始有些迷惑了。我发现，在书本上唯物辩证法的这个最根本的法则，辩证法的这个本质和核心，似乎是完整无损地保存着，在马克思主义的哲学界似乎一向是太平无事的。但是大家都可以发觉，事实上并非如此。在毛泽东同志的《矛盾论》发表以前，有很长一个时期，在马克思主义者中间，除了在敌我斗争，或研究自然界现象以外，很少注意这个最根本法则了。原来很多人只是在书本上，在口头上承认辩证法的这个基本法则，但是在实践中，在认识事物和处理问题的时候，特别是在认识和处理社会主义社会的人民内部事务的时候，往往就不是采用辩证法的态度，而是采用"一种盲目的不自觉的、绝对的态度，就是片面地强调社会主义社会内部的统一和一致，片面地强调领导的正确性和权威性，否认或者不重视人民内部的客观存在的矛盾，否认或者不重视领导工作中的错误和缺点"。❶ 显然，这是严重的理论和实践的脱节。在理论上承认辩证法，承认矛盾的普遍性和绝对性，但是在实践中却是奉行着形而上学。然而对于取得了胜利的无产阶级及其政党来说，处理社会主义社会的内部矛盾，处理人民内部的矛盾，却是面临着的主要实践。

毛泽东同志的《矛盾论》，尤其是《关于正确处理人民内部矛盾的问题》，则是理论结合实践的典型范例。毛泽东同志正像

---

❶《为什么要整风》，《人民日报》1957年5月2日。

马克思、恩格斯和列宁等伟大的革命导师一样,他绝不空谈哲学的原理,绝不是为了哲学而哲学,他是为了解决革命的实际问题而谈哲学。因而当1937年他写《矛盾论》的时候,他是用当时的革命实践和革命战争实践中的生动活泼的事例来说明"唯物辩证法的最根本法则",而且指出了如何对待这些矛盾的态度和解决这些矛盾的方法。当他写《关于正确处理人民内部矛盾的问题》的时候,他又从当前社会主义建设的实践中提出了几个最主要的关键性的问题,最主要的关键性的矛盾(人民内部矛盾)来说明马克思主义辩证法的这个最根本的法则,从而又给了这个法则以新鲜的血液。

这是历史上从来不曾有过的事情。一个取得革命胜利,因而掌握了政权的阶级及其政党的领袖,当着全世界面前宣布,矛盾的普遍性和绝对性的规律,连这个阶级的内部(人民内部),甚至连这个政党内部(领导与被领导之间)也不例外。这不仅要有理论上的一贯性,而且要有大智大勇,就是说要有对于自己的力量和前途的充分信心。

历史上一切统治阶级以及它们的政党和领袖不仅不敢承认他们内部有什么矛盾,甚至也不敢承认他们和被统治者之间有什么矛盾。不仅剥削阶级同被剥削阶级之间的矛盾是对抗的,是不可解决的矛盾;就是剥削阶级的内部的矛盾也是不可解决的。它们只能带着这些矛盾进入历史的坟墓。无产阶级及其政党的最后任务不仅是消灭一切剥削,而且要消灭自身;所以从根本利害来说,它不仅不讳言敌我矛盾,也不讳言内部矛盾。"一切矛盾都是客观存在的,我们的任务在于尽可能正确地反映它和解决它"(见《关于正确处理人民内部矛盾的问题》)。讳言矛盾,对无产阶级来说是有害无益的。但是马克思和恩格斯生活在革命尚未胜利的时代,列宁领导俄国无产阶级取得了革命的胜利,但是他生活在革命内战时期和建设初期,那时主要的问题还是敌我矛盾问题，所以他们除了关于工农联盟、民族等问题的基本原则以外，还不可能全面提出人民内部的矛盾来。到了社会主义建设时代，人民内部矛盾已经成为领导阶级和领导政党面临的主要问题。然而历史经验证明没有像毛泽东同志那样的高度的马列主义修养，尤其没有彻底的唯物辩证法的修养，就不可能如此大胆而明确地提出人民内部矛盾的问题来；而不能明确地提出问题，当然也就不能正确地解决这些问题了。但是当能够正确地提出而且正确地解决这些矛盾的时候，那就不仅社会物质生产和其他一切科学和文化生活都将发生一个大跃进，而且这问题的提出和解决，也就是表示唯物辩证法本身的大跃进。这就是"虚""实"并举和以"虚"带"实"。所谓"实"就是指具体，而所谓"虚"当然不是空虚或虚无的"虚"，而是指"抽象"，即是指理论和思想，尤其指哲学理论和哲学思想，因为哲学是意味着最高的抽象。

整风以来深深地体会到要做到"虚""实"并举和以"虚"带"实"真不容易。以我们经济工作者和经济学研究工作者来说，最普遍的现象是讲"实"的时候，只有"实"没有"虚"，即是一连串的现象罗列和数字指标；讲"虚"的时候就是空话连篇，"虚"变成了空虚之"虚"或虚无之"虚"。我们必须好好地向毛泽东同志学习。我们必须趁《关于正确处理人民内部矛盾的问题》发表一周年纪念的时候，大力宣传并号召大家好好地来学习这本不朽的著作。

二、经济是"人"和"物"的矛盾统一，"人"是这个矛盾的主导的一面

毛泽东同志的《关于正确处理人民内部矛盾的问题》这本书是一部政治哲学；也可以说是一部经济哲学；因为它告诉了我们如何搞经济和研究经济的基本原则和方法。

所有的马克思主义经济学教科书都承认劳动力——即"人"——是主要的生产力。但是经济工作者和经济学研究工作者搞经济，或是研究经济的时候，往往就忘记或者忽视了"人"这个因素，即是常说的见"物"不见"人"。经济是"人"和"物"这两个因素的矛盾统一体，而"人"这个因素又是这矛盾的主要的一面。重"物"轻"人"是本末倒置，而见"物"不见"人"更是拆散了矛盾的两个对立面，也就是抹杀了问题的本身，当然也就不会正确地去解决这个问题了。

相反，毛泽东同志处理经济问题的时候，先是抓"人"这个因素，而且主要是抓"人"这个因素。毛泽东同志的《关于正确处理人民内部矛盾的问题》，体现了毛泽东同志处理社会主义经济建设问题的基本原则和方法，也是党的总路线的思想基础。

总路线的基本特点就是正确处理人民内部矛盾，调动一切积极因素。所谓积极因素当然是指"人"而不是指"物"。"物"没有"人"是不会积极起来的；而要调动一切积极因素，先得正确处理好人民的内部矛盾。总路线所提的工农业并举，中央和地方并举，大、中、小型并举亦就是正确处理人民内部矛盾以调动一切积极因素这个思想的具体化。

我们先从大、中、小型并举这个问题说起。

不考虑经济效果，认为办企业越大越好的思想是一种大型狂。这种大型狂实际上也是一种西方崇拜，因为他们看到资本主义发达国家的企业都是大型的，因而我们办企业一定也要办大型企业，而且比它们的还要大。殊不知我们同它们是在完全不同的条件下办企业。它们是工业发达的国家，他们有很多卖不掉的设备，缺乏的是劳动力。（而且在资本家看来，劳动者远没有机器忠诚）中国是工业落后的国家，是在革命和战争的瓦砾堆上开始建设工业的。我们缺的是设备，尤其是大型设备，然而最富裕的是劳动力。可是大型狂者却想在设备这一点上来同资本主义发达国家竞赛，这是以我之所短比人之所长，反之，如果我们在各个不同场合下，根据具体情况来做大、中、小型的抉择，就是说采取大、中、小型相结合的方针，那就是学人之所长，再加己之所长，那就能在这竞赛中取得更伟大的胜利。打个比方来说，大型狂就是同海龙王比宝（"物"）的办法，而我们却应采取孙悟空闹龙宫的办法，应该同龙王斗智，斗力（劳动力之力）。

什么是中央和地方并举呢？这也就是毛泽东同志在多少年以前就提出的"条条"（中央各管理系统）和"块块"（省、直辖市地方）的关系问题。"条条"是按产业（也是"物"）为标志划分的，"块块"是按人民生活和生产的地点，即所谓居民点来划分的。"条条"离人民远，"块块（地方）"却天天同人民打交道。因此，"条条"办工业就把"人"的关系弄得别别扭扭；"块块"办工业却能得人和、地利。中央和地方并举而且以地方为主，这就是中央办些特大的新技术的企业，一般的工业交地方办。这也是"人"和"物"的因素的最适当的安排。

工农业并举的问题更明显地是调动"人"这个积极因素的问题。因为只发展工业而不发展农业，那就是只调动了一千几百万工业劳动者的积极因素，而放弃了5亿以上的农民的积极因素。

最后，我想谈一谈十大关系中的沿海和内地，也就是老工业基地和新工业基地的关系问题。在这个问题上也可以看出毛泽东同志的思想方法，同那种重"物"轻"人"，或见"物"不见"人"的形而上学的思想方法是截然不同的。

在毛泽东同志的《论十大关系》的报告之前，很多经济工作者对于沿海老工业基地的意义是不够重视的。他们鄙视老工业基地的企业老而小（老企业小设备），而醉心于新工业基地的新和大（新设备和大企业）。他们采取的方针不是毛泽东同志以老工业基地培养新工业基地，也不是现在提倡的"老厂下蛋"的办法，而是用限制老工业基地的发展和搬厂的办法。这是最明显不过的一种重"物"轻"人"的思想。因为老基地之所以可贵，不在于那些确已陈旧的设备，而在于那些具有较高手艺的老的产业工人队伍和多少年来在当地形成的一种生产协作关系。因此，老工厂虽然设备不全，却能做出好活来。可是搬的办法就打乱原来的协作关系。更重要的是，机器是死的，可是容易搬；人是活的却很不好搬（尤其在解放初期）。从谈判订合同，动员搬家到拆、运，以至重新建厂和开工，往往几年过去了。即使工厂开了工，往往几年不能恢复它的原来的生产能力。这种搬厂往往是豆腐搬成肉价钱，得不偿失。如果按照重"人"轻"物"的精神，采用老工业基地培养新工业基地的方针，采用"老厂下蛋"的方针，很可能在搬和重建的时期中早就一个厂变成两个厂了。重"物"轻"人"的搬厂办法，既失地利又违人和。这不是调动一切积极因素的办法，是很不经济的。

要懂得经济必须学点哲学

在这里，顺便说一说时间这个因素在经济上的价值。时间的因素，就是多、快、好、省这四个字中间的"快"字。我们在过去，对这点是不够重视的。中小型企业的主要优点之一便是在这个"快"字上。现在大家都提倡办中小型企业了。但是我们应该认清中小型企业的主要优点是什么，有些同志把中小型企业说得样样都比大型好，有利无弊，包括劳动生产率和生产成本在内。这种绝对化的看法当然是非辩证的看法。把中小型企业说得样样都好，就是看不到中小型企业的真正的优点和它的弱点；也就不能发挥它的长处，克服它的弱点。

我觉得中小型企业除了前面说过的，可以充分利用我国最富裕的劳动资源；由于技术较简单，县区乡社都可以办；由于分散各地，可以利用当地零星资源；由于接近市场，可以减少运输成本等以外，还有一个很大的优点就是"快"。这个"快"还可能是最主要的。因为，中小型企业的其他优点，大型企业也可以办到（到了10年、20年以后，很多今天我们所说的大型企业，很可能县区乡都能办了);唯有这个"快",是大型企业竞争不过的。

就劳动生产率和生产成本而论,中小型企业一定不会比大型企业优越(不考虑上述运输成本和工资差别在内)。如果中小型企业的劳动生产率比大型企业还高而生产成本则比大型企业低,那就一定是大型企业的设计和经营管理出了毛病。

正因为中小型企业的很大一个有利条件是时间因素——快,而它的很大的不利因素是生产成本高,因此,应该发扬它的有利的一面,尽量克服它的不利的一面。

时间是一个很复杂的哲学概念,同时也同人的积极性和能动性一样,是最难计算的一个经济因素。要懂得这些因素的经济价值而且能够加以运用,就必须依靠马列主义哲学思想。因此,要懂得经济,就必须学一点哲学,特别是必须研究毛泽东同志的哲学著作。因为毛泽东同志的著作才是马列主义哲学思想同中国革命实践相结合的最好范例。

马克思说过,"理论掌握了群众,便立刻成为物质的力量"。

毛泽东同志在《关于正确处理人民内部矛盾的问题》一书中,务的全是"虚",是最高的抽象。这些道理归结为"鼓足干劲,力争上游,多快好省地建设社会主义"的总路线的时候,就更"虚"了,干劲的"劲"完全是精神的东西了。❶然而这些道理,这个精神掌握了群众之后,却变成了完全物质的东西。

见"物"不见"人",只务"实"不务"虚"的结果,"物"

---

❶ "鼓足干劲,力争上游,多快好省地建设社会主义"在俄文中译成:"Налрнгая все силы, стрямясъ вперед, строися социализм биъще, быст рее, лучше изопномнее"。如果把这句俄文再译回来,就变成了"紧张起一切力量,努力前进,多快好省地建设社会主义"。我觉得俄译文的最大缺点就在把这个"劲"字译成了"力量"。"劲"的妙处就在它的"虚",指的是精神的东西,"力量"二字的缺点就在于"实"了些。"努力前进"当然也不同于"力争上游"。——作者注

增加得并不多；但是重视"人"的结果，以及多务"虚"，少务"实"，以"虚"带"实"的结果，却获得了更多的"实"和"物"。这也是辩证法。

三、肃清政治经济学中的唯心论和形而上学观点，插上唯物辩证法的红旗

现在大家都不很满意现有的政治经济学教科书的社会主义篇。社会主义政治经济学的体系尚未完全形成，这是一个客观事实，这也不足为奇。因为世界上第一个社会主义国家从产生到如今还不过几十年，我们的经验还不多，这是客观的原因。❶ 但是除了这个客观原因外，还有主观的原因存在。这就是我们的政治经济学界受到了一些唯心论和形而上学观念的毒害，妨碍了这门科学的前进。

什么是政治经济学中的唯心论观点呢？

这就是否认或者轻视客观经济规律的观点，就是把政治同经济对立起来的那种观点；就是不用客观的经济规律来说明经济现象和经济问题，而是相反，用政治和思想意识上的原因来代替客观经济规律。

例如，在整风以前，在我们的经济部门中互相扯皮、浪费资财等官僚主义和本位主义现象是很普遍的。很多人常常把这种现

---

❶ 在资产阶级民主革命之前，社会上早就存在着资本主义的商品生产关系；但是社会主义的生产关系却只有在社会主义革命胜利之后才能逐渐建立起来。这是资产阶级占光的地方。但是即使如此，英王理查二世（1377—1405年）同伦敦商人研究致富之道，而后者提出重商主义的最初的朴素的论点："我们应该想法向外国人多卖少买"，从这时候算起，到资产阶级古典经济学者亚当·斯密的《原富》出版（1776年），差不多历时四百年；即以早期重商主义者威廉·史塔福特的代表作《我国同胞的某些意见的批判性的叙述》一书出版（1581年）算起，到《原富》的出版，也历时两个世纪。——作者注

象的发生归源于我们干部的思想意识的毛病,而且往往扯皮的双方互相责备对方的思想意识有问题。不错,本位主义和官僚主义是思想意识上的问题,但是为什么许多一心想为人民服务,想把事做好的共产党员干部,也会犯那么严重的官僚主义和本位主义等思想意识上的毛病呢?为什么在过去屡经批判总改不掉,这次在整风中,废除或者改变了许多规章制度以后,尤其是在改变了过去的过分集中的管理体制以后,许多扯皮的事和官僚主义、本位主义的现象就好了许多,企业之间的协作关系也比以前大大改进了?显然,光用思想意识的原因不可能说明这些扯皮和官僚主义本位主义现象,相反,思想意识本身还需要从客观原因中去找说明。

另外很多人就用是不是走群众路线和有没有政治挂帅来说明这些或那些经济现象。他们说,为什么从前要互相扯皮,闹本位主义呢,为什么会产生官僚主义,浪费资财呢,为什么从前的生产和建设是少慢差费,而现在就能做到多快好省呢?无非因为从前不走群众路线,而现在走了群众路线,从前没有政治挂帅,而现在实行了政治挂帅。

这种说法,只是从政治上说明了问题,还没有从经济上说明问题。

不错,走群众路线是搞好财政经济工作的关键。群众路线是根治官僚主义的良药,可以帮助我们揭露和改变一些过了时的不合理的规章制度,发现并建立一些合理的规章制度,从而促进生产发展和经济繁荣。但是群众路线本身还不能说明,为什么旧的规章制度妨碍了生产发展和经济繁荣,而新的规章制度就能够促进生产发展和经济繁荣。

我们主张政治挂帅。但是大家懂得,我们并不是主张让任何一种政治来挂帅。我们绝不会让资产阶级的政治来挂帅,也不会让右倾机会主义和"左"倾机会主义的路线来挂帅。

因而，经济工作者和经济研究工作者的任务就在于找出客观经济规律并且掌握这个规律，使它为实践服务。首先，我们要根据客观经济规律来阐明为什么一种政治挂帅要引导我们走向资本主义复辟的反动道路，另一种政治挂帅只能使我们少慢差费地建设社会主义；只有马克思列宁主义、毛泽东思想指导的党的总路线的挂帅，才能使我们多快好省地建设社会主义。只有认识并掌握了客观的经济规律，才能有更好的政治挂帅，才能把经济工作做得更好。因为正如列宁所说的一样，政治是经济的集中表现。凡是能从政治上说明的，必能从经济上解释得明白。

脱离了经济来谈政治，用群众路线和政治挂帅来代替客观经济规律，用政治上的说明来代替经济上的说明，不仅是唯心论观点，也可以说是经济学中的懒汉思想。这种观点对于政治经济学的发展当然是有害的。

什么是政治经济学中的形而上学观点呢？为要说明这观点的内容，让我们先来回忆一段历史。1920年，布哈林在他的《过渡时期经济》那本书里，就传播了德国社会民主党人希法亭等人的一种观点，认为政治经济学是以资本主义社会商品经济为研究对象的一门科学。他们说，在商品经济中，人与人的关系是通过物与物的关系来发生的，这才产生了马克思所说的商品拜物教之谜；理论经济学或是政治经济学的任务就是要揭开拜物教的谜，要透过物与物的关系来发现人与人的生产关系。但是在共产主义社会的经济中，人与人的生产关系，像在原始公社中一样，是自觉的、直接的关系。在原始公社中，一切生产活动都归公社首脑指挥，在共产主义社会中，全社会的一切生产活动，都归集中统一的计划支配。在以上两种场合下，人与人之间的社会生产关系都一目了然，商品拜物教已不存在，用不着专门设政治经济学这样一门科学来从事解谜工作。政治经济学就没有存在的必要了。

我们常说形而上学是把一切社会现象看成一块铁板一样死

要懂得经济必须学点哲学

板，可是经济学中的形而上学是把社会主义经济看成玻璃板一样死板而且透明和一目了然。其实，物理科学家和工程技术学家会告诉我们，不论铁板也好，或是玻璃板也好，并不是那样静寂、死板和一目了然。铁板也经常在内在的和外在的因素影响之下，在不断变化着，玻璃板也不是我们外行所想象的那样一目了然，这里也还有不少问题没有被科学家所看透。更何况较此更为复杂的人类社会及其经济活动。

布哈林等人的这种观点，在1925年和1927—1930年的苏联关于广义经济学的两次论争中屡次被提出来。在1927—1930年论争期间，公布了列宁对布哈林的《过渡时期经济》的批注。列宁对布哈林书中所说"因此，政治经济学是研究商品经济的"这句话批注说："不单是那样。"对布哈林所说"资本主义商品社会的终结同时也就是政治经济学的终结"，列宁批注说："不对。即使在纯粹共产主义的社会中，至少也有 I（v+m）对 II c 的关系吧？还有积累呢？"

列宁的这个批注公布之后，布哈林否定社会主义政治经济学的观点受到了批判；但是政治经济学中的形而上学观点并未被彻底肃清。

这种形而上学观点主要是表现在把未来的共产主义社会的经济（以及社会主义社会中的全民所有制经济的内部关系）看作是像原始共产主义社会一样的实物经济，即没有抽象劳动、价值、价格和货币等概念的自然经济。上述这些概念被当作资本主义商品经济的专有物，同商品市场交换、交换价值、资本、危机等概念一起，从社会主义经济学的范畴中被清除出去了。

从这种形而上学的观点来看，在原始共产主义社会的部落经济中，全部生产、分配和消费都为部落的首脑所支配；而在社会主义和共产主义社会中，一个统一集中的计划机关代替了原始部落经济中的首脑，领导着全社会的经济活动。这里，规模是不同了，但本质还是一样的。因此，在这里，政治经济学的任务，无非是计算和计划国民经济各个部门之间和各种产品之间的实物量的比例关系的一门科学而已。譬如说计算生产一千万吨钢，需要多少生铁，多少铁矿和煤炭，多少电力和设备等，其实，计算这种实物的或自然物的比例关系与其说是政治经济学或理论经济学，倒不如说是技术定额学，是技术经济学。这种比例关系与其说是经济学的研究对象，倒不如说是物理学或化学的比例关系。政治经济学从研究生产关系的科学变成为研究生产力的科学了。试问在批判了布哈林之后所保留下来的政治经济学，在本质上，同布哈林所说的"在社会主义的秩序上，经济学就失掉了它的意义，而这时候，它不过只是被当作单纯的经济地理学——个别记述的科学，或关于经济政策的规范的科学出现罢了"有什么区别呢？

近年来，经济学界已经批判了否定社会主义社会中价值规律作用的观点，但是大多数经济学者认为，在社会主义经济学中，所以还保存着价值、抽象劳动等概念，只是因为我们还处在共产主义经济的初级阶段，在这里还存在着几种所有制，因而还存在着商品交换，还需要进行核算，因此还不能取消货币、价格、价值以至抽象劳动等概念。换句话说，这些概念是作为过去的经济形态的遗迹，作为商品经济的遗迹，作为经济核算的工具被保存下来的。

也许有人认为重要的是实践，既然我们承认了这些概念在现阶段经济中是存在的，而且是很重要的，那么问题就已经得到解决。至于这些概念的身份问题——它们是因为存在有几种所有制和商品交换而被暂时保存下来的，抑或是在未来的，只存在一个全民所有制的共产主义经济中也将存在着，这似乎是一个纯理论问题，对当前的实践是无关紧要的，因此可以让理论家去争论，实际工作者是可以不问讯的。这种看法是错误的。

首先，如果价值等概念是由于存在两种以上的所有制形式和因此而发生的商品交换而保存下来的，那么这些概念当然是暂时的，而且它们的作用将随着全民所有制的影响的扩大，随着集体所有制和个体所有制的影响的缩小而日渐缩小。这就是说这些概念和它们的作用是递减性的。

其次，如果价值等概念是因为存在两种以上的所有制形式和因此而发生的商品交换而保存下来的；那么这些概念和它们的作用主要是发生在两种以上的所有制相互发生交换关系的地方，至于全民所有制内部，这些概念和它们的作用的影响或者是不存在的，或者是微不足道的。

最后，既然价值等概念是因为存在两种以上的所有制形式和因此而发生的商品交换而保存下来的，那么至少对于未来的只有一个全民所有制的社会主义高级阶段，以及对于当前的国营经济内部，上面那种把社会主义经济看作是玻璃板一样清晰的自然经济（或实物经济）观点将是正确的了。

然而正是这种形而上学的自然经济观点，妨碍了社会主义政治经济学的前进，使得我们的社会主义政治经济学教科书缺乏一个完整的体系，或者缺乏一条红线能把社会主义政治经济学的各个章节串联起来。

我们试把现在的政治经济学教科书打开来看一下：这里面大概可以分为不同内容的三个部分。第一部分是有关社会主义制度的基本特征和经济政策的，如无产阶级革命和无产阶级专政，社会主义的所有制，社会主义国家的工业化和集体化的政策，等等。这一部分当然很重要，但是这些章节既可以放在任何一本历史唯物论教科书中，也可以放在任何一本时事手册中，因此，把这些章节放在政治经济学教科书中，就应该不仅考虑到政治经济学教科书的特点，而且应该考虑到如何把这些章节同其他章节串联起来。

现有政治经济学教科书的第二部分内容（在分量上是最主要的一部分）就是从形而上学的观点看来仅是由于过渡时期的特点，由于两种所有制的存在；由于商品交换的存在而从商品经济遗留下来的一些概念。这就是社会主义制度下的商品生产，价值规律和货币、工资、经济核算和赢利，成本和价格，商品流通，信贷，等等。在教科书的这一部分很强调同资本主义政治经济学概念的差别。这是很好的。我们在任何时候也不反对把社会主义同资本主义的界限划得清楚些。但是，我们在这里，连马克思在《资本论》中讲到这些概念时所用的贯穿它的整个经济学说的那条红线也不见了。因此，教科书的一部分不仅同其他部分缺乏内在的联系，而且它自身也缺乏内在的联系，它倒有些像布哈林所说的"个别记述的科学，或关于经济政策的规范的科学了"。不仅如此，现在社会主义政治经济学中有些章节的排列简直是很值得怀疑的。例如，价格的概念不是承接着劳动两重性和价值等概念下来的，而是同赢利和成本的概念联系起来的。虽则我们的经济学家为同资本主义划清界限起见，在术语的使用上很郑重，甚至郑重到近于避讳的意味，如我们不仅不用"资本"这术语，而称"资金"，而且也讳言"利润"而称"赢利"；但是我们的经济学家却是把价格同"赢利"和"成本"等概念联系起来讲的，这倒是很有"资本"的味道了。

要懂得经济必须学点哲学

在现有的政治经济学教科书中，除了上述两大部分内容以外，剩下来的第三部分应该算是纯粹的共产主义社会的政治经济学中也应保存下来的那一个部分了。论理，这一部分在全书中，应该是最基本的部分，所占分量也应该很大。因为过渡时代的那些政策和经济学范畴，不论何等重要，它总是过渡时代的东西，不能成为社会主义政治经济学的基础；我们的基础就应该是我们将要过渡去的那个社会的经济规律。但是在现有的社会主义政治经济学教科书中，如果除了被判定为商品经济遗留下来的范畴以外,剩下来的大概只有社会主义基本经济规律,有计划按比例规律,社会主义制度下的社会劳动,国民收入和社会主义再生产等章节了。然而这些章节内部以及同其他各章节不仅同样缺乏内在的联系,而且分量也很小。这是不足为奇的。因为既然把社会主义经济看成是一种自然经济(实物形态的经济),那么按比例发展就只是实物的比例,再生产也不过是实物的再生产而已。实物的比例,归根结底,如同前面所说的一样,不过是物理化学的比例,或技术经济学的比例,是技术经济定额,而纯粹的实物再生产就不会包括生产关系的再生产在内;虽则马克思主义的经济学者在口头上谁也不否认再生产应该同时是社会生产关系的再生产。因而在现有的社会主义政治经济学教科书中,国民经济有计划按比例发展的规律只是作为社会主义经济区别于商品经济的特点提出来的,因而这一章同社会主义再生产是隔得远远的,不发生互相联系的。

过去我们大家都感觉到,在现有的社会主义政治经济学教科书中,缺乏内在的联系,缺乏一条贯穿各个章节的一条红线;但是大家都说不出这一条红线应该是什么。在工农业生产"大跃进"的胜利光辉照耀之下,重读毛主席的《关于正确处理人民内部矛盾的问题》以后,我才恍然大悟,这条红线就是矛盾的规律,而若干年来妨碍着社会主义政治经济学的完整的体系的形成,也正是这种否认矛盾的普遍性和绝对性的形而上学观点。但是具有形而上学观点的经济学者并不一般地否认经济中的矛盾。相反,他们很可能一般地是承认有各种各样具体的经济矛盾,如生产和消费的矛盾;供给和需求的矛盾;积累和消费的矛盾;工业和农业的矛盾;工农业和商业的矛盾,等等。但是他们往往把各种各样的具体矛盾看作是偶然性的现象的堆积,并不认为它们之间有什么内在的联系,有什么共同的、较深远的根源。因而在很多经济学者的解释中,这些各种各样的,具体的经济矛盾,从经济学的观点来说，仍然是无源之水，无本之木。

然则，根据马克思主义的矛盾学说，根据毛泽东同志的《关于正确处理人民内部矛盾的问题》的学说，根据我国社会主义建设的实践，特别是半年来实行社会主义建设总路线的实践，应该怎样来认识社会主义社会中一切具体的经济矛盾的最深远的共同的根源呢？或者什么是社会主义经济的最深远的内在矛盾呢？

我认为这就是前面在本文第二节中已经说过的"人"与"物"的矛盾，也就是劳动两重性（抽象劳动和具体劳动）的矛盾和社会产品两重性（它的价值和使用价值）的矛盾。我现在试图来说明一下这个道理。

大家知道，人类不同于动物界的地方就在于动物只能依靠自然界的恩赐而生活，而人类是靠自己的劳动而生活，靠征服自然界而生活。生产得好与坏就看劳动效率如何，也就是说依靠人类征服自然界的程度来决定。因此，一切经济问题的秘密就在于如何以更少的劳动获得更多的产品，或者就是说在于如何使同样的劳动时间生产出更多的产品，也就是如何减少生产每一单位产品所需要的劳动量。这个关系用一个公式表现出来，就是：$\frac{产品}{劳动时间}$，也就是劳动生产率的公式。

不仅一切经济问题的秘密都包含在这个公式里，而且诚如列宁所说过的一样，在社会主义同资本主义的斗争中，胜负谁属的问题，归根结底也是提高劳动生产率的问题。而提高劳动生产率的问题，用上面的公式来表示也就是如何缩小分母和扩大分子的问题。

这一个公式的分母和分子，代表了前面所说的经济生活中的"人"和"物"两个相互矛盾的因素，这公式本身也就形象地表现了这两个因素的矛盾统一。"人"和"物"两个因素是统一不可分的。两个因素少了一个就不成其为经济。但它们是互相矛盾的。人为了生活就要生产产品，就是说被迫着要劳动；为了更好

要懂得经济必须学点哲学

地生活，就要生产更多的产品；但是取得更多的产品的方法主要却不在更多地劳动（因为劳动强度的增加是有限制的），而在较少地但较好地劳动。搞经济的目的是在增加产品（物），但是要抓的关键是在劳动（人）。

$\dfrac{产品}{劳动时间}$ 这个公式也反映着价值和使用价值的矛盾。产品作为具体的实物，不就是产品的使用价值吗？社会必要劳动时间，即社会必要劳动的消耗不就是产品的价值实质吗？生产的发展，劳动生产率的提高不就表现在产品价格的下降和产品的增加吗？一面降低，一面增加，这就是矛盾。

决定社会劳动生产率的劳动时间，不是个别生产者的劳动而是社会平均必要劳动，这就是说这不是具体的生产者的具体劳动，而是抽象的劳动。抽象劳动决定了产品的价值，具体劳动决定了产品的使用价值。马克思在研究商品经济时所发现的商品的内在矛盾，即商品的两重性和劳动的两重性，在商品变成了"不经过市场而进入消费的产品"（列宁对布哈林著《过渡时期经济》一书中"商品变成了产品"的批语）之后，不是仍然存在着的吗？

否认劳动的两重性和社会产品的两重性的结果，在理论上就不能贯彻马克思主义关于矛盾规律的学说，不能使这规律像一条红线一样把经济学上一切问题串联起来，而且在实际工作中也就造成了许多恶果，其中最重要的便是主观主义的价格政策。

由于在理论上否定社会主义社会中"价值"这个概念的存在，因此在经济学界以及经济工作者中间，产生了一种对于价格的离奇看法，就是认为社会主义社会中的价格与同产品的价值量（社会必要劳动的消耗）是无关的，它是根据当前的政策需要决定，不受客观经济规律约束的。而且曾经有过这样一种看法，认为价格和价格政策只是政治问题而不是经济学的研究对象。形而上学的（非辩证的）价值论必然会走向唯心论的，也就是主观主义的价格政策论，把政治的理由同客观的经济规律对立起来，认为可以从政治上解释的，就不能用客观的经济规律来解释。

斯大林在《苏联社会主义经济问题》一书中批判了这种无视价值规律的价格政策，但是他也是以两个所有制的存在为前提的。他也认为仅仅是因为在社会主义初级阶段中，还存在两种所有制，还存在商品流通，因此还必须经济核算，不能否定价值规律的作用，等等。

这就是说，斯大林也是把价值和价值规律看作是资本主义商品经济的残余，看作是国家（全民所有制）同集体农庄进行经济核算的工具。这样的提法也就是前面所说的，不会对价值概念在社会主义经济中的意义充分认识，因此也不可能彻底解决价格问题。

看不见社会主义经济中仍然存在着劳动的两重性，仍然存在着社会产品的两重性；当然也就不能认识现实经济生活向我们提出的许多新问题。

例如，我们常常听到这样的话，"现在有的是钱，就是没有东西（或物资）"，这是什么意思呢？我们现在并没有通货膨胀（物价稳定，且有下降趋势，即是证明），我们的钱的来源不是印钞机而是靠工农业生产的大发展，即物质财富的增长。那么怎么会有的是钱但没有东西（或物资）呢？其实说这话的人并不是说没有任何东西（物资），而是说没有大家所需要的物资。例如，为了扩大再生产，需要的是生产资料，但是手中掌握的却是消费资料。因此，所谓"现在有的是钱，就是没有东西（或物资）"这句话，其实就是反映着国民经济平衡中的价值形式和实物形式（使用价值）的矛盾。❶

这事实证明了在国民收入使用中，消费和积累的比例关系的

要懂得经济必须学点哲学

---

❶ 其实，当时消费资料也不富裕。因此，当时所说"有的是钱"只是财政数字的浮夸。——作者1978年注

改变，不是全凭我们的主观愿望和热情就能解决的。主观上我们愿意把我们增产的财富多用于积累，多用于扩大再生产，但是在客观上能否实现，还要取决于新增财富的实物构成，就是说取决于Ⅰ(v+m)和Ⅱc的关系。列宁所说甚至纯粹共产主义社会也有Ⅰ(v+m)对Ⅱc的关系，也有积累和消费的关系，也有政治经济学。这句话不正就包括我们面临着的这个"有的是钱，但没有东西"的问题吗？而这问题不也正是反映着社会产品的价值形式（钱）和使用价值形式（实物）的矛盾吗？难道列宁所说甚至纯粹共产主义社会也将存在这个问题是错了，而否定社会主义经济的社会产品有价值，把价值概念同两个所有制的存在，同商品交换相联系起来的观点倒是对的吗？

由此可见价值和使用价值的矛盾统一的存在，绝对不是一个同实践无关的抽象的理论问题，而是同当前的社会主义经济实践密切相关的重大问题。

我的以上的看法当然不一定对。我只是根据敢想敢说的精神，把我的一些不成熟的看法提出来供经济学研究者讨论和批评。理论经济学落后于社会主义建设的实践——这是一个客观的事实，虽然是一个使人痛心的事实。造成这种现象的主观上的原因，就是前面说过的唯心论形而上学观点的影响。因此，要发展经济科学，使理论能为实践服务，首先必须肃清政治经济学界的唯心论形而上学观点，插上唯物辩证法的红旗。我们经济工作者和经济研究工作者中间，经济学固然不多，但是唯物辩证法的哲学更缺乏。不懂得点哲学，是不会了解经济学的。我们经济工作者和经济研究工作者之所以只务实不务虚，或多务实少务虚就是缺少马列主义哲学的结果。因此，我的以上的立论可能有错的地方，但是我想我的这点基本体会是不会错的，这就是说，要懂得经济，必先学点哲学。

关于苏联经济学界一般情况（报告）*

1月21日至2月26日，根据中苏两国科学院的合作协定，我在苏联进行了一个多月的访问。访问对象主要是苏联科学院经济研究所，同时也访问了苏联国家计委研究所、苏联科学院"经济学中运用数学和统计方法研究室"、乌兹别克科学院经济研究所、苏联中央统计局等单位。在访问过程中，我着重对以下3方面的问题进行了解：①国民经济发展速度问题；②商品生产和价值规律问题；③经济学中运用数学方法问题。关于这几个问题的情况，另分别写报告（见报告第2、3、4号）。在本报告中，我想扼要汇报一下我在同苏联各方面经济学者访谈中间所获得的对于苏联经济学界一般情况的印象和感想。

苏共二十次代表大会后，苏联经济学界在克服教条主义和联系实际上是有进步的。这表现在学术讨论的空气比较生动活泼，研究工作中比较注意调查和研究实际经济问题，学术会议广泛邀请业务部门和企业的工作人员参加等。但整体来说，理论研究工作仍远远落后于实际经济生活发展的要求，因此，各方面对经济研究工作特别是对经济研究所的批评很多。例如，在去年6月经济研究所召开的关于投资效果问题的全苏性的学术讨论会上，曾有人提出建议案，请科学院主席团检查经济所长期不能解决与利用价值规律有关的国民经济重大问题（如投资效果问题、价格构

---

* 本文原载《访问苏联科学院经济研究所报告和资料》，总第1号，报告第1号，中国科学院经济研究所1959年4月印。

成问题、折旧问题等）的原因，并检查经济问题杂志编辑部为什么不采用业务部门工作人员投寄的材料。虽然大会主席（当时经济所所长是拉甫节夫）企图回避讨论这一建议案，但终被全场一致通过。参加会议的工程技术人员和企业工作人员也向经济学研究工作者提出了很尖锐的批评。❶ 曾有一位电气技术员向科学院主席团提出一个电站投资效果问题的提议书，主席团转批经济所讨论，但经济所对此问题过去并未研究过，提不出妥当的意见，显得非常被动。苏联科学院为了加强与利用价值规律有关的国民经济重大问题的研究，在去年下半年决定成立投资效果和价值问题委员会，❷ 以推动和协调各方面的研究工作。

对经济科学工作和经济研究所的批评，到二十一次代表大会时到达了顶峰。计委主任、科学院院长的发言中有很严厉的批评。计委主任库兹明指出经济研究所在投资效果、国民经济平衡和集体农庄制度的发展等问题的研究上很少做出对国家有用的成果，并且当党提出改组拖拉机站问题时，该所在前所长拉甫节夫领导下还继续研究巩固拖拉机站的问题。科学院院长涅斯米扬诺夫院士指出经济学家对国家是欠着债的，他要求经济科学成为一门对国民经济计划有指导作用的真正的精密科学，并认为经济学应广泛利用现代计算技术的最新成就。

库兹明在发言中提出了这样一个建议："为了建立真正科学的计划工作的牢固的基础，必须使国家计委和科学院共同具有几个经济研究所，这些所既研究理论经济问题，也研究具体经济问题。应当讨论一下关于在我国设立经济科学院的问题。"但是据闻苏联科学院方面许多老院士和老经济学家对这一建议并不赞

---

❶ 参见访苏报告资料总第9号：1958年投资效果问题学术讨论会的一些情况。

❷ 参见访苏报告资料总第11号：苏联科学院价值委员会工作计划纲要介绍。

成,估计可能是不愿受计委的约束。二十一次代表大会后,苏联科学院主席团为检查经济研究所的工作,组织了一个25人的委员会,由哲学家费多谢也夫通讯院士主持,委员会的成员中业务部门的代表占多数,苏联中央统计局局长斯塔罗夫斯基也是委员之一。相信经过这次检查和采取相应的措施后,苏联经济研究所和整个经济科学研究工作将会出现一个新局面。

苏联经济学界的上述情况,是值得我国经济科学工作者引为借鉴的。应该说,苏联科学经济研究所的工作虽然也落后于实践,没有能够解决实践中提出来的许多理论问题,但是从苏联整个经济学界来说,他们总还是首先把社会主义实践中这些重大理论问题提了出来,而且有不少经济学家对这些问题提出了正确论点。我国经济科学的专业队伍往往还不善于把实践中存在的有待于解决的问题提到理论的高度上来研究。这当然与我们经济学专业队伍的理论水平不高有关;我们需要向苏联经济科学学习的地方还是很多的。

苏联经济科学进步迟缓的原因,根据我在访谈中所得印象,可以归结为学风上的原因和思想方法上的原因。在学风上,1953年以前,曾有相当长的一段时期,学术界缺乏自由讨论的空气,对与当时占统治地位的学术思想不合的意见常常是用一棍子打死的办法。学术界的这种不正常的学风,在二十大以后有了改善,但残风犹未消灭,如去年投资效果学术会议的材料在经济问题杂志上发表时,同会议主持方面不合拍的很少刊载。又如莫斯科大学经济系一学生写了一篇关于价格形成问题的作业论文,其导师是经济问题杂志的编辑查敏,据说这篇论文的水平是可以在杂志上发表,但因文中批评了一些老院士和学术界有地位的人士,因而决定不发表。在互相对立的学派中,甚至还有禁止自己的学生阅读对方著作的现象。虽然这些都是个别的现象,不过也可以说明过去那种学术上的专断和门户之见的风气,还没有完全清除。

这对经济学的发展，是起了一定阻碍作用的。

在思想方法上，过去经济理论工作只限于解说实践，而实践中的东西因条件变化不一定永远是正确的。经济理论工作者从不正确的实践中抽象出来的概念一经形成，就容易僵化，人们习惯了这些理论概念，就好比是画地为牢不容易一下子跳出自己画的圈子。例如，过去苏联农业中的商品货币关系受到人为的限制，但人们为了说明现存现象，反而曾认为商品货币关系的发展是阻碍集体所有制的提高和共产主义建设的，而主张发展实物关系，例如巩固拖拉机站与实物报酬制、集体农庄没有成本概念等等。这种理论反过来阻碍了农业发展。当实践中已经采取了一系列重大措施以纠正过去的错误后，理论工作者虽努力适应新的形势，却不容易一下子摆脱旧的观念。这也是经济科学研究工作赶不上实践要求的原因之一。

据我们所知，在我们回国后，苏联科学院经济研究所已经改组，所长拉甫节夫的工作已由财政部调来的普洛特尼柯夫接替。今年苏联科学院经济研究所预备派去出席10月在华沙召开的国民经济平衡问题会议的代表团大多数是业务部门和高教部门的经济学家所组成的。我们可以相信，苏联科学院经济研究所经过这次改组，一定能克服过去的缺点，不仅把研究所本身的工作大加改进，而且对整个苏联经济学界的工作也将有很大推动。

苏联经济学界关于经济发展速度问题的一些看法（报告）*

发展速度问题是我在访问苏联经济学者时所接触到的重要问题之一。这个问题在苏联公开文献上的讨论并不多，但在经济学者和经济工作者当中存在着不同的看法，特别是在编制七年计划和更长的远景规划时争论很多。同我谈到这个问题的有苏联国家计委长期计划局副局长兼经济研究所研究员保尔同志，苏联科学院斯特鲁米林院士等人。此外还看了在苏联计委工作的瓦秀金教授对我驻苏使馆工作人员的一个报告纪录，及一些其他材料。现在把我对这个问题所得印象及体会报告如下。

问题的焦点在于发展速度同生产水平的关系：随着经济水平的提高，速度是不是一定会降低？这个问题最早是在苏联第一个五年计划和第二个五年计划的交替时期，即在1933年由斯大林提出来的。第二个五年计划规定的速度较第一个五年计划低，斯大林在解释这一问题时，除了列举一系列其他重要原因外，曾指出由于水平提高，每一增长百分数所包含的绝对额却增加了。那时斯大林又预言在苏联经济制度下，"……完全可以，而且应当实现出产量每年增长百分之十三至百分之十四的标准，作为最低限度"。可是战后时期的平均速度又降了下来。

第一个五年计划时期每年平均增长速度　　+19.2%

＊ 本文原载《访问苏联科学院经济研究所报告和资料》，总第2号，报告第2号，中国科学院经济研究所1959年4月印。

第二个五年计划时期每年平均增长速度	+17.1%
第三个五年计划时期每年平均增长速度	+13.2%（三年）
第四个五年计划时期每年平均增长速度	+13.6%
第五个五年计划时期每年平均增长速度	+13.2%
1956年增长速度	+11%
1957年增长速度	+10%
1958年增长速度	+10%
1959—1965年七年计划平均每年增长速度	+8.6%

上述速度下降的趋势是不是会继续下去呢？是不是随着生产水平基数的提高，速度一定要降低呢？苏联计委瓦秀金教授对于这个问题是这样回答的：计划工作者要估计高速度趋势的限度，基数大了速度会降低的，中国现在速度很快，但以后基数大了，就不能这么快，事实将证明这一点。他又说计划工作者还要估计速度下降的趋势，到什么时候终止。在他看来，工业发展到了一定高度的国家，例如现在的苏联，速度下降的趋势可以稳定下来，苏联在今后一段时期年速度将稳定在8%~9%的水平上。至于为什么就会稳定在这个水平上，瓦秀金并未说明。他似乎认为，既然现实生活中的速度已经稳定在8%~10%的水平上，那么这一速度就是合理的。

保尔同志在谈速度问题时，表示同意诺特金的观点，诺特金认为工业速度决定于两组原因，一是投入工业中的为社会生产的产品或积累，二是单位产品的资金容量或资金需要量（即投资效果）。关于速度同水平的关系，起初他说速度同工业发展水平无关，但在描写苏联过去的发展情况时，又承认过去速度是逐渐下降的；他也认为速度下降到一定时期，即目前阶段，就开始稳定下来了，目前的速度是最恰当的速度。在谈到七年计划的速度时，他指出这样一个因素，即劳动生产率按小时计，七年中增长是很大的，达80%，但由于劳动时间缩短，按年月计的总劳动生产率只增长45%~50%。这对速度也是有一定影响的。

斯特鲁米林院士在谈速度问题时提到两点：①我们既要高速度也要保持成比例的发展，一般的比例失调并不可怕，可怕的是那些引起阶级关系紧张的比例失调现象，这种现象是要防止的；②随着工业水平上升，速度将有一定的下降，但他反对速度是一下降曲线的论调，认为速度的发展长期看是波浪形的曲线，经过一定时期会出现几个波峰。苏联40年来的速度上下波动好几次，但总起来看，平均速度是10%左右，这同近年来的实际速度差不多。今后由于技术上的新革命特别是自动化的采用和推广，他认为可能出现新的速度波峰。

最近莫斯科国立经济学院出版的一本新书，其中有 Л. А. 柯兹洛夫的《论苏联工业增长速度指标》的一篇文章，对速度随水平的上升而下降是一客观趋势的论点提出批评。他说从社会主义经济制度的本质来看，工业发展速度绝不能低于人口增长速度，最低的工业发展速度，要比人口增长速度高些，这一比人口速度较高的工业发展的最低速度是不能再低的。单从劳动量增长的因素来看，今后的速度还有降低的可能，但有一最低界限，即人口增长速度。从劳动生产率因素来看，劳动生产率的增长没有什么界限，它主要取决于科学技术的发展和生产管理方式的改善。而后二者不像决定劳动量的增长的最后界限即人口增长率那样，是没有界限的。因此今后的发展速度主要受科学技术和生产管理方式改善的情况，从而受劳动生产率增长的程度来决定。这就是说，今后的速度并不一定是下降的。

从上述我在苏联时所接触到的一些论点看来，苏联经济学者除少数例外，有不少人还受着"速度递减论"和"实际存在的速度是最合理的速度"这些观念的影响，并且，对于将来的速度，主要是寄托在自动化等的技术进步上面，对于生产关系的改变，如计划管理制度的改善很少谈到。用水平高低来解释速度是不能令人满意的。诚如苏联统计局的一位经济学家（索包里同志）对我说过："水平高了每一百分比的绝对值会大，这是连小学生也知道的，何劳经济学家来发挥呢?"他对那种以生产水平来解释速度的论点颇反感。他曾很愤慨地说："很多经济学者认为在开始建设的时候事情容易办些，我的意见恰恰相反。制造第一支铅笔的时候，要比制造第一百万支不知困难多少!"我以为，速度递减论同土地报酬递减论的性质是一样的，列宁曾批评土地报酬递减论好像是当火车停在车站时估计火车的速度。速度递减只是在假定生产关系和生产力两方面的条件不变的情况下才对。当生产关系改变（如生产管理体制改善等）和生产力改变（技术进步），从而使得社会所掌握的劳动时间得到更充分的利用，并使社会劳动生产率不断提高的情况下，发展速度就不一定是下降的趋势，而完全有可能保持长久的高速度的。索包里同志很赞同此种说法。

（注）参见访苏报告资料：总第 8 号保尔的谈话纪要；总第 5 号斯特鲁米林院士的谈话纪要。

关于商品生产和价值规律的一些问题（报告）[*]

商品生产和价值规律问题，是苏联经济学界长期讨论的问题。这个问题同许多重大的实际经济问题，如价格问题、投资效果问题、劳动生产率问题（后两个问题可总称为经济核算问题）、比例关系问题等有着极其密切的关系。我在访问苏联时，适值国内也正在展开关于商品生产和价值规律问题的讨论，很想乘此机会了解一下苏联经济学界对这些问题的看法。但是由于种种关系，没有能够广泛地同苏联经济学者交换意见，只有经济所代理所长加托夫斯基同我做了比较系统的谈话。其他经济学者关于这方面的谈话则比较零星；此外，我们还翻阅了去年苏联经济所召开的投资效果问题全苏学术会议的速记材料，得到一些印象。

加托夫斯基教授首先说明目前在向共产主义过渡时期，为什么还要强调发展商品货币关系。最重要的原因是过去有一段时期商品货币关系受到了人为的阻碍，使得国民经济特别是农业部门遭到损害。这种情况反映在经济学理论上，就有许多错误的观点，如：①认为商品货币关系已经开始妨碍共产主义建设，应当代之以产品交换；②认为集体农庄形式已经过时，应当很快把它提高到全民所有制；③集体所有制只适用于产品，而不适用于生产资料；④生产资料不是商品；⑤按劳动日进行实物分配是集体

---

[*] 本文原载《访问苏联科学院经济研究所报告和资料》，总第3号，报告第3号，中国科学院经济研究所1959年4月印。

农庄所有制所永远固有的特殊分配形式；⑥经济核算只适用于国营企业，不适用于集体农庄，集体农庄没有成本范畴，等等。所有这些错误观点，曾给国民经济带来不好的后果。这些论点已经随着近年来党在发展商品货币关系上所采取的一系列措施而得到了澄清。目前强调发展商品货币关系的另一重要原因是经济管理的进一步民主化，行政方法逐渐被物质鼓励的方法所代替，而物质鼓励方法是通过价值杠杆的利用来实现的。因此，不仅要从量上发展商品货币关系，而且要从质上发展它，也就是说要提高价值范畴如价格、成本、赢利等作为经济杠杆的作用。

关于在社会主义制度下必须存在着商品生产的根据问题，加托夫斯基教授指出，奥斯特罗维强诺夫院士和大多数苏联经济学家现在都认为不能单从两种社会主义所有制形式当中来引申商品生产的原因。不过，在研究全民所有制内部商品生产的根据时，经济学者的说法很不一致，如克隆洛德认为是社会劳动的多样性及其化为统一的社会劳动的必要性乃是商品生产的根据，而加托夫斯基认为按劳分配和等价原则才是商品生产的根据。

据我从接触的苏联经济学者和一些材料所得印象，苏联经济学界关于商品生产价值规律问题的讨论，并非只停留在抽象概念的讨论，而是进入实质问题特别是同利用价值规律有关的重大经济问题的讨论，如价格形成、投资效果、经济核算等。在价格形成问题上，目前有几派意见争持不下。这几派意见是：①按价值定价，即价格应等于成本加上比例于工资的利润；②按生产价格定价，即价格应等于成本加上比例于资金的利润；③按成本加上比例于成本的利润定价；④保持现行的定价办法，即按成本加上小额利润定价（批发价格）。为了解决计算产品价值和确定价格问题，苏联科学院最近已成立一个"价值委员会"，组织各方面的力量进行研究和试算。

同价格形成问题密切联系的是投资效果的计算问题。去年经济所组织的全苏学术讨论会上对这一问题争辩甚烈。多数经济学家主张采用投资收回期间作为比较投资方案的主要指标,但反对采用资金利润率和生产价格的概念。但是有少数经济学家及一些采用资金利润率和生产价格的概念。但是有少数经济学家及一些技术工程界的人虽然不反对投资收回期限指标,但指出,所谓投资收回期限不过是资金利润率的倒数,是掩盖的资金利润率;承认收回期限指标在理论实质上就是承认生产价格的原则,因此他们主张用统一的资金利润率并在此基础上计算产品价值(生产价格),用以比较各种投资方案,就可以得到最大的效果。讨论会上对这种意见的很多,甚至有人斥此种论点为修正主义。

关于经济核算问题,苏联经济学界一般是把这一概念同商品生产的价值范畴如成本、价格、利润等,以及同物质鼓励概念联系起来谈的。同这些概念联系的经济核算在目前是有必要加以强调的。但随着向共产主义过渡,这种意义上的经济核算将逐渐消亡,而在计算社会必要劳动量、比较先进与落后意义上的广义的经济核算将获得越来越大的意义。在谈话过程中,加托夫斯基教授也承认,广义的经济核算将来是存在的,目前有逐渐重视它的必要。

以上是我在访苏时期对与商品生产、价值规律有关的问题所了解的一些片段情况,同加托夫斯基谈话的详细记录以及关于某些问题(如投资效果讨论情况、价值委员会工作)等,将另写资料。

关于经济学中运用数学方法问题的报告*

最近时期，苏联和一些东欧人民民主国家，如匈、捷、波等国，在经济学研究工作中出现了一个新的值得注意的情况，就是他们越来越注意在经济学和统计工作中运用数学方法和现代计算技术的研究，在苏共二十一次代表大会上苏联科学院院长涅斯米扬诺夫院士发言中特别指出，经济学要解决摆在它面前的任务，就"必须改进自己的方法，研究生活，成为真正意义上的精密科学，广泛地运用最新的计算技术工具，成为国民经济计划工作的指路明灯"。我在苏联时，曾了解到目前苏联从事研究经济学中运用数学方法问题的机构有十余个，其中有科学院经济学哲学法学学部直属的一个"在经济学中运用统计方法和数学方法研究室"，是由学部主任涅姆钦诺夫院士（经济学家）和苏联科学院康托洛维奇通讯院士（数学家）二人领导的，据涅姆钦诺夫院士谈，研究室的任务主要是研究"投入产出平衡法"和"线性规划法"在分析经济问题中的利用。这些方法的用途很广，既可以用来研究大范围经济 МАКРОЭКОНОМИКА 即国民经济问题；也可以用来研究小范围经济 МИКРОЭКОНОМИА 即企业或更小单位的具体经济效果问题。（详细情况，参见访苏报告资料总第6号[(1)]。）

---

* 本文原载《访问苏联科学院经济研究所报告和资料》，总第4号，报告第4号，中国科学院经济研究所1959年4月印。

(1) 本文集未收集到此资料。——编者注对于在经济学中运用数学方法，在苏联经济学界不是没有反对意见的。反对者的最主要的理由是数学不能代替社会科学，可是主张研究这一问题的人也并不是要以数学来代替社会科学，而只是把数学作为一个工具，事实上利用数学公式作为一个方法和工具来研究和说明经济问题是从马克思就开始了的。经济问题不仅是质的问题，而且也是量的问题，运用数学这一工具可以帮助我们更精确地理解经济现象间的数量关系，掌握数量关系上的规律性，利用它们来为计划管理工作服务。据这个研究室的同志谈，运用数学方法于经济问题的研究，现在还处在开始阶段，方法还不完善，但这是任何新事物都不可避免的，正如新发明的汽车走起来比马车还慢。从发展上看，这个研究工作是有着光明前途的。涅姆钦诺夫院士还谈道，苏联在发展新兴科学（如原子能利用火箭技术等）的经验之一，就是依靠青年，因为青年人保守观念少，容易接受新事物，敢想敢做。因此，他所领导的研究室成员，绝大多数都是从刚毕业的大学生中选拔出来的。

由于经济学和计划统计工作中运用数学方法和计算技术的研究是一门新的研究领域，它有着宽阔的发展可能性，我觉得我们必须及时地给予足够的重视。我国经济学界对国外这方面的进展情况和这一学科的用途现在知道的还很少，为了正确估计这一新的研究领域的意义和及时开展这方面的研究工作，我觉得除了加强这方面的学术情报工作外，有必要把国内搞运筹学的一些力量集中起来，在中国科学院经济研究所内成立运用数学方法的研究室，在马列主义政治经济学的理论指导下，进行对大范围经济问题和小范围经济问题的试验研究。此外，我认为有必要从今年起，派遣留学生到苏联有关研究机构去学习这门学科。

要用历史观点来认识社会主义社会的商品生产[*]

不是名词之争

经济学界对于商品生产和价值规律的认识很不一致,争论很多,有时连用语也统一不起来。往往两个人使用同一概念,讲的却是完全不同的东西。有时讲的是同一意见,但是用着不同的概念。表面上这些争论仅是概念的争论,甚至只是名词的争论;然而事实上是反映着对于事物本质的不同认识。

为什么我们马克思主义者队伍里对于资本主义社会的商品生产和价值规律等概念的认识,从来不曾发生过这么大的分歧,但是一谈到社会主义的商品生产和价值规律的时候,连用语都统一不起来了呢?我觉得原因正在于我们是处在社会主义时代,即是处在从资本主义过渡到共产主义这两个社会经济形态之间的过渡社会。在这个社会里,一方面保留有母胎中带来的斑痣,即资本主义社会经济范畴的特点。这些特点将随着社会主义建设的前进而日渐衰退;但是在一定的阶段上,还有非常重要的意义。另一方面在这个社会里,包含有未来共产主义社会的萌芽。这些萌芽将随着社会主义建设的胜利而日益壮大。整个过渡时代,就是旧

---

[*] 本文原载《经济研究》,1959(5)。

的因素日渐衰亡,新的因素日渐壮大的过程,是一个复杂的消长过程。古希腊的辩证哲学家说,一只脚不能两次伸入同一流水。这句话应用到我们对于社会主义社会的各个经济范畴的研究时,就是意味着,我们要充分掌握历史的方法,或者说要有历史的观点。这就是说,我们对于社会主义社会的经济现象,既不能用资本主义社会的经济学概念来硬套,也不能用共产主义社会的标准来衡量。在社会主义社会中,既有商品经济的因素,也有非商品经济的共产主义因素,但是二者都不是"纯粹的"。既然不是"纯粹的",那么我们对于社会主义社会的商品也只能说它们基本上是商品经济性质的,抑或是非商品经济性质的,而且指出二者的消长趋势。

要用历史观点来认识社会主义社会的商品生产

正因为过渡时期的社会主义社会是一个变化多端和错综复杂的社会,我们在研究它的时候,一方面固然要从实际出发,另一方面又必须运用抽象法。这就是说,在分析某一现象时,必须先抓住它的主要的方面,而把其他次要的方面舍弃掉。在观察全民所有制内部关系的时候,这种抽象法特别重要。这是因为,第一,我们都是在商品经济中长大的,对商品经济中一切事物是比较熟悉的,对共产主义的生产关系还缺乏直接的、完整的体验。不加抽象,我们更看不清共产主义萌芽的全部特点。第二,正因为它是萌芽,它在社会主义社会中将日渐壮大,而我们的任务,也在于促成它的壮大。因此我们就应该在这种萌芽状态中,用"显微镜"来把它放大观察。抽象法就是研究社会现象的"显微镜"。马克思在研究资本主义社会的时候,就是用的这种抽象法。没有这种抽象法,而只有就事论事的方法,是不能做深入的科学研究的。

不同所有制之间的商品交换

上面曾经说过,社会主义社会的商品交换的特点,首先就在于它已经不是我们在资本主义政治经济学教科书中所读到的那种纯粹的商品经济了。事实上，纯粹的商品经济在历史上从来也不曾存在过。纯粹的商品经济只是马克思的一种抽象，其目的是为了把商品经济的某些特点加以突出观察。在历史上存在过的只有原始公社时代的商品经济（先发生在公社和公社之间，然后深入到了公社内部），奴隶社会的商品经济，封建社会的商品经济和资本主义社会的商品经济。而且在前三种社会中占统治地位的是自然经济而不是商品经济。人类社会自从产生最早的商品交换到现在至少已经有五六千年的历史。在这五六千年的过程中，商品经济之所以为商品经济，我们只是就它的本质而论。若是就它的具体形态来说，也是千变万化的，而且在许多场合下，往往也是很不符合教科书上写的商品的定义或商品交换的公式的。因此，要根据严格的商品定义或商品交换公式的规格来寻找社会主义社会的商品，那就很难找到"理想的"或"典型的"商品生产，甚至在形式上比较近似于商品的，可能在本质上反而最不像商品。

譬如说，所有的经济学者都不怀疑社会主义社会中全民所有制和集体所有制之间，或者公社相互间的交换是商品交换。因为，这里有所有权的转让，也符合"商品—货币—商品"这个商品交换的典型公式。但是如果我们进一步推敲，就可以发现两种所有制之间或是人民公社相互间的交换，也很难说是什么"典型的"商品交换。因为马克思曾经说过，商品之所以成为商品，"只是因为它是互相独立经营的私人劳动的产品……生产者们只是通过他们的劳动产品的交换而发生社会的接触"。❶ 恩格斯也说过：商品"是多多少少互相分离的私人生产者的社会内所制造的生产品，就是说，首先是私人生产品"。❷ 正因为如此，所以在一般的概念中，商品生产和商品交换总是同市场的自发势力相联系

---

❶ 参见马克思：《资本论》，第1卷，第48页，北京，人民出版社，1963。
❷ 恩格斯：《反杜林论》，第323页，北京，人民出版社，1956。

着的。

显然，在社会主义社会的两种所有制之间或是人民公社相互间所交换的商品绝对不是"互相独立经营的私人劳动的产品"。我们的国营企业和人民公社也并不要通过双方的"劳动产品的交换，才发生社会的接触"。反之，双方都是在国家计划统一领导之下进行生产，在国家计划统一领导之下进行交换，而且双方都是通过一定的组织密切结合在一起的。因此，这种交换同市场自发势力是无关的，而且这种交换的合理发展只能有助于根绝市场自发势力的抬头。如果违反了等价交换的原则，反而会促成自发势力的抬头。

那么这种交换同所谓"典型的"商品交换（"互相独立经营的私人劳动的产品"的交换）有什么共同之处呢？这种交换之所以被称作商品交换，它的基本特点是什么呢？

如果我们抛开各个历史时代的各种交换形式的特点，而去找寻它们的共同点，那么我们就发现，在这一切交换中，有一条必须遵守的原则，这就是等价交换的原则。而所谓遵守等价交换原则，也就是交换双方要互相承认对方是自己的产品的所有者，没有等价物作为交换条件就不能占有对方的产品。否则，就成为无偿占有而不是等价交换了。因此，在等价交换的基础上的所有权的转移，应该是商品交换的本质。著名的商品交换的方式："商品—货币—商品"，或"商品—商品"，无非是形象化地表明了等价交换的原则，表明公式的两端是属于不同所有者的两个价值相等的商品，不经过等价交换就不能互换位置，就不能使二者的价值和使用价值得以实现。是所有权使得商品的价值和使用价值在这个交换方式的两端互相对立起来，而不是由于产品自身的分裂为价值和使用价值之后才产生了商品；换言之，是生产关系决定了产品变为商品，而不是产品自身分裂为价值和使用价值的变化决定了生产关系的变化——这才是辩证唯物论的说法；相反的说

要用历史观点来认识社会主义社会的商品生产

法，将使我们陷入客观唯心论或商品拜物主义。

以上是从抽象的理论来看商品生产问题。现在再从我国当前的实际生活来看。试问我们今天为什么要提出商品生产和商品交换的问题呢？这不是与人民公社的性质问题，即是跟肯定人民公社的集体所有制问题同时提出的吗？肯定国家和人民公社之间以及各个人民公社之间的交换是商品交换，或等价交换，也就是肯定或尊重人民公社的集体所有制性质，二者是一回事。这是当前我国头等重要的政治问题。因为这是城乡关系问题，这也是工农联盟问题。问题的关键就在于尊重人民公社的集体所有制，办法是强调商品交换，强调等价交换，即是强调所有制问题。因此，离开所有制问题来谈商品交换，也是脱离了我国当前的实际的看法；也就是忘记了我们党今天为什么要提出商品交换或等价交换的现实意义，从而就会把我们的讨论变得没有意思了。

消费品是不是商品

如果我们肯定，在等价交换基础上的所有权的转移是商品交换的本质；那么我们就应该承认，在社会主义社会中，职工向国营商店购买消费品以及国营商店把消费品卖给职工，都是商品买卖关系。因为这里存在着所有权的转移。所以社会主义社会的消费品应该是商品。

但是有些同志反对这种看法。他们说：先要卖出才能买进，"商品—货币—商品"的公式是不能截成两段的。❶ 他们说：如果社会主义社会的劳动力不是商品，工资不是劳动力的价格而是劳动证券性质的东西，是向国营商店领取消费品的凭证，那么在国

---

❶ 自从"商品—商品"的交换公式改为"商品—货币—商品"的公式之后，即是自从货币出现之后就已经存在了只卖而不买的可能性，在危机时期，这种可能性就成了现实性。然而那是暂时的。——作者注

营企业发凭证的时候，一定份额的消费品已经确定分发给一定的职工，即是说所有权已转移；而这份所有权的转让带有直接分配性质；因此，在这里消费品就不是商品。反之，如果肯定消费品是商品，工资起着等价物的作用，职工用工资去购买消费品，是商品和作为等价物的货币的所有权的互相转让，那么必须承认职工在取得这份工资的时候一定也转让出了别的商品，就是说必须承认劳动力也是商品。总之，这些同志认为，如果我们以所有权（权利）的转让作为一切商品交换中最本质的东西，那就必须承认"商品—货币—商品"这个公式，那就必须承认劳动力和消费品或者都是商品，或者都不是商品。二者必居其一。

根据形式逻辑的排中律来说，以上推论是完全对的；然而这里也正是形式逻辑无能为力，而需要求助于辩证逻辑的地方了。从辩证逻辑出发，也就是从社会主义社会的实际情况出发，我们应该承认社会主义社会的劳动力不是商品。因为我们不能假定在工人阶级当家做主的社会里，职工会把自己的劳动力当作商品去卖给自己的企业。因为我们不能假定国营企业同职工的关系是雇佣关系。因而我们就应该承认国营企业发给职工的工资不是劳动力的价格，而是已经具备劳动证券的性质了；虽然招聘工人和发放工资的形式在许多方面都还沿用着旧的形式。但是在这里有决定意义的是社会本质，而不是所采取的形式。

那么劳动证券是什么东西呢？劳动证券是社会发给每一个职工的一份证明书，证明他替社会做了多少工，因此根据按劳分配的原则，他有"权"从社会总仓库中取得一定份额的消费品。这里所说的"权"就是最一般意义的"权"，就是所有权，就是权利，也就是法权。因为一切权利都是同法律的限制分不开的，没有了任何限制也就无所谓权利（法权和权利只是从两个角度来表达了"权"的意义）。按劳分配还保留有资产阶级法权残余的说法就是由此而来。按劳分配的限制是生产力水平决定的。由于生产力水平还不是很高，物质财富还不是很充裕，因而对于每一个职工从社会总仓库中领取的消费品的份额不能不根据他对社会贡献的大小，在价值量上加以大小不同的限制。但是既然在价值量上给予限制了，那么在使用价值方面，即是说在花色品种方面，就不能再加以具体规定。怎样解决这个矛盾呢？出路是现成的，用不着去找寻，因为这是资本主义社会遗留下来的现成办法。这就是通过买卖的形式。因此，职工从国营企业取得的，已经带有劳动证券性质的工资，当同一个职工去国营商店购买消费品的时候，它（工资）又以表面是等价物、实际是流通手段的姿态出现，而与消费品相对立，组成了商品交换的后半节公式："货币—商品"。这半节公式反映出消费品在按劳分配的社会里，在本质上仍是商品。

当然，不是"货币—商品"这半节公式决定了社会主义社会的消费品是商品。决定社会主义社会的消费品为商品的是这半节公式所体现的上述社会内容。同样，我们也不能因为商品交换的公式在这里只有半节，便据以否定社会主义社会的消费品是商品。

有的同志认为在职工购买消费品的行为中，没有所有权的转移，只有所有权的实现。因为如同前面已经说过的一样，他们认为所有权在发放工资的时候就已经转移给职工了，而这种转移是通过直接分配的方式实现的。因此，这种转移同赠送一样不能称为交换。这种说法首先是有语病的。因为没有实现的所有权的转移，就应该了解为不现实的转移，就是所有权还没有转移。其次，这个文字表达上的毛病还反映出对于工资以及对于纸币发行的认识不是完全明确的。

消费品的所有权的转移到底是发生在国营企业给职工发放工资的时候呢，还是在职工到国营商店去购买消费品的时候呢？本来，当我们说，国营企业发放给职工的工资是带有劳动证券性质的时候，而我们又能正确地了解劳动证券这个概念的全部意义的话，我们就应当承认在发放工资的时候，只是发了一个证件，但是并没有发生消费品的所有权的转移。现在我们再从另一个角度，从货币发行角度观察。当职工在国营企业做了一定时期工作以后，他们领到了一定数量的纸币。什么叫纸币呢？纸币是没有价值的，它是由国家银行发行，用以代替贵金属作为流通手段的。国家银行在发行纸币的时候，在簿记上是记在债务项下的。银行簿记上记的这笔账只是表明职工为国营企业做了一定时间的工作以后，国家还没有发给他生活消费资料，而只是给了一定量信用券。一直到职工到国营商店去购买货物的时候为止，国家是处于债务人的地位，而职工是处于债权人的地位。因此，很明白，当职工领取工资的时候，并不曾发生消费品——物质财富的所有权的转移，而只是移交了一张债权证明书，或称作劳动证券。消费品所有权的转移是发生在职工向国营商店购买消费品的时候。

在社会主义社会的几种交换关系中，国营企业同职工之间的交换关系可能是最复杂的一种。"商品—货币—商品"这个公式中所包含的形式逻辑往往困惑住了我们的认识，使我们不易理解社会主义过渡时期的事物的辩证发展：劳动力已经不再是商品；但是消费品却仍然保持着商品的基本特性。原来是不可截断的商品流通的典型公式，现在只留下了半截。表面上这有些奇特，但从实际出发来做分析是太自然了。从历史上说，劳动力是在一般商品出现以后很久才变为一种特殊商品的，那么为什么它就不能先于一般的商品而结束自己的商品史呢！劳动力之所以成为商品是与资本主义社会的产生不可分的。当工人阶级消灭了资本主义生产关系之后，劳动力当然就不再成为商品了，而一般的商品，特别是消费资料的商品当然不可能马上随着资本主义一同消灭的。事物的发展有量变到质变的过程。

我们必须反复证明：在社会主义社会里，劳动力不再是商品，而消费品必须有相当长的时间保持商品的本质和形式这一真理。这不是一个单纯的概念之争。坚持这真理不仅有一般的理论意义，而且具有重大的实际意义。

从理论上论证社会主义社会的劳动力不再是商品，对于培养工人阶级的主人翁思想，对于提高工人群众的共产主义觉悟有很重要的意义。但是论证社会主义社会的消费品是商品，对我们有什么实际意义呢？当然，首先，这是一个客观真理，而且这个事实是同劳动力不再是商品这另一个事实尖锐地对照着的。因此，我们必须在理论上加以阐明。其次，如同我在前面所努力想加以证明的那样，消费品在社会主义社会仍旧保留着商品的实质和形式这一事实，不是人们的主观上的好恶所决定的，而是由按劳分配这个客观条件所决定的。商品的形式可以帮助我们很好地解决职工工资在价值量上的限制和使用价值（花色品种）的选择自由这两方面的矛盾。

如果我们搞清楚了这些道理，我们就应该在整个社会主义时期（是按需分配未实现之前），很好地来发展消费品的零售贸易。我们就应该把这贸易看作是帮助我们解决上述矛盾，并为社会主义建设服务的一种很好的武器，而不要仅仅把它看作是资本主义的残余。因而就要遵守零售贸易中的许多重要原则，如等价交换、增添花色品种，以及其他，等等。

我们搞清楚了以上道理，就可以懂得，在按劳分配的条件下，废除或削弱消费品贸易，而过早过多地代以实物供应制是没有好处的。我们应该懂得带有共产主义分配形式（按需分配）的萌芽的供给制（军事共产主义），同实物工资制是截然两回事。

有同志说，如果是所有权决定了社会主义社会的消费品是商品，那么商品在共产主义社会中也将存在；因为马克思主义者承认消费品在共产主义社会中也将归私人所有的。这是一种误会。

因为在按劳分配制度下的消费品的所有权，同未来共产主义社会中消费品仍归私人所有这两种"所有"是完全不同性质的。在按劳分配制度下的所有权，如上面所说过的一样，是权利也是法权，实际是对"所有"的限制，是一种产权。在共产主义社会中消费品的供应已经有充分保证，因而今天这种产权性质的限制不存在了。事物的充分发展就走到了它的反面，"所有权"有了充分的保障也就无所谓"所有权"了。因此，马克思和恩格斯在许多场合下说到的，消费资料在共产主义社会中仍归私人所有，绝不是我们现在所用的"所有制"意义上的所有。那时，也绝不会有什么人会把大家都充分所有的东西拿去同别人作等价交换。

国营企业之间的经济往来是不是商品交换

如果我们同意了所有权的转移是商品交换的基础，那么我们就应该承认国营企业之间的经济往来在本质上已经不是商品交换的性质了，虽则这种往来在形式上还很像"商品—货币—商品"的公式。因为国营企业都属于一个所有者，属于全体人民，属于全社会，它们之间的交换并不引起所有权的转移问题，而只有核算的问题，因而它们之间的往来并不根据等价交换的原则，而是根据直接分配和调拨的原则（这句话有毛病。应该就是产品流通的原则。——作者1979年注），根据记账核算的原则。但是，在社会主义社会里，这种往来还要采取商品交换的形式或外壳。这种形式或外壳是同这种往来还带有一定程度的商品性有关的（但不是基本的一面）。因此，这种形式或外壳不是与内容完全无关的。

这种往来的商品性何在呢？首先，在于社会主义社会的生产关系是一个整体，很难把一种生产关系同另一种完全割裂开来看。每一个国营企业不仅同其他国营企业发生往来，而且同时也同集体所有制的人民公社往来。同一个国营企业的产品，一部分调拨给其他国营企业，另一部分出卖给人民公社，或供个人消费。在整批产品中，哪一部分是作为商品出卖的或作为产品调拨的，往往取决于仓库的调拨员以至搬运工人。其次，国营企业销售所得的利润的一部分还是作为奖金而归该企业的职工个人所得，或作为集体福利而为该企业的职工的集体享受。因此，在社会主义社会中，国营企业之间的往来难免带有一定程度的商品性质；它们之间的交换仍旧需要采取商品交换的方式。

结束语

理论要为实践服务，要为政治服务。前面已经说过，尊重商品交换和等价交换的原则是我国当前的一个重大政治问题。这是我们能否处理好城乡关系和工农关系的关键所在。强调商品交换和等价交换的原则是肯定人民公社为集体所有制的必然结果。因此，不以所有权的转移作为商品交换的基本特征，那就会使我们忘掉为什么今天我们要强调商品生产和商品交换的原因。

但是理论为政治服务、为实践服务是同理论的科学性、逻辑性不相违背的。因此，我觉得因为强调商品生产和商品交换在社会主义社会的重要性而把商品的定义扩大到凡是投入交换的都是商品，那就是抹杀了商品之所以为商品的主要原因，也等于是贬低了商品的重要性。特别是今天在全民所有制和集体所有制的相互关系上，在集体所有制内部关系上，商品交换之所以重要恰恰不在交换这一点上，而在等价这一点上。而强调等价却是因为我们在今天必须尊重生产资料和产品的集体所有制的存在，必须尊重按劳分配的原则和消费资料的个人所有权。

因此，我觉得，在今天有些同志根据商品经济中价格和价值经常背离的事实，以及资本主义社会中商品不按价值出卖而按生产价格出卖的事实,来宣布马克思的等价交换原则从未实现过,这不仅在科学上是毫无根据,而且在政治上是很不合时宜的。

列宁在《再论实现论问题》一文中驳斥资产阶级经济学者对马克思政治经济学的歪曲时说过,在资本主义社会中一切经济规律都是通过不实现来取得实现的。他讲到这里就是引证价值规律做例子的。因为大家知道价格的上下摆动是以价值为引力中心的。❶

资产阶级经济学者,在《资本论》第3卷出版以后,曾叫嚣说马克思已放弃了他的价值学说,说马克思是自相矛盾,等等。但是大家也知道,后来恩格斯在《资本论》补编中是如何答复这些资产阶级学者的。因为平均利润与生产价格的形成非但不否定价值规律,而且正是价值规律起作用的结果。由于这个问题在我们的同志中间一般都是了解的,我就不再详加分析和说明了。

---

❶ 列宁的这一段话是这样的:"价值论假设而且应当假设供求是均衡的,但是,价值论决没有断言在资本主义社会中经常可以看到或者有可能看到这种均衡。和其他一切资本主义规律一样,实现规律'只能通过不起作用而起作用'。"我觉得"起作用"和"不起作用",不如直译为"实现"和"不实现"较妥。——作者注

论价值[*]

——并试论"价值"在社会主义以至于共产主义政治经济学体系中的地位

什么是价值？什么是价值规律？仅仅解放以后10年间，我们经济学者就这两个题目所写的论文和专著，就何止数百万言。其中固然有不少精辟的见解；但是的确也有不少文章"仅仅是概念的争论，而没有触及问题的实质"。对于这样的争论，不仅不搞经济学的人不感兴趣，就是经济学界人士也感觉到有些腻烦。薛暮桥同志的"避免卷入概念的争论"[❶]的建议也就是对此而发的。

然而，这里也是有矛盾的：讨论"价值"和"价值规律"的文章固然已经不少，但是经济学者们对于这两个概念的认识仍旧很不一致，而且我们在下面可以看到，往往是同一个经济学者写的同一篇文章，对于"价值"和"价值规律"这两个概念的解释也未必前后一致。显然，很有必要澄清一下经济学界对于政治经济学的这些基本概念的认识上的混乱状态。更重要的是这种概念上的混乱会给实践带来很大害处。例如，我们从过去一年间人民公社化和"大跃进"过程中的许多事例中可以看到，由于一些人对于商品和价值这两个重要概念有错误认识（把它们看作是纯粹的资本主义的概念），以至在实践中曾经在一个短时期中产生了

---

[*] 本文原载《经济研究》，1959（9）。

[❶] 以上均见薛暮桥：《社会主义制度下的商品生产和价值规律》，《红旗》，1959（10），第20页。

一些压缩商品生产和忽视公社的集体所有制性质的不恰当做法。

一方面讨论概念的文章已经嫌多；可是另一方面概念还没有被说清楚。没有被说清就得再讨论，就是说还不能笼统地说"避免卷入概念的争论"。更何况现在经济学者对于许多问题的见解很不一致，有时，在甲认为是毫无内容的空论，在乙却认为是具有重大的理论原则意义的；或者相反。然而，真理总只有一个，到底哪种见解是真理就只有通过讨论或争论才弄得清楚。

二者必居其一：或者是因为害怕陷入概念中兜圈子，"避免卷入概念的争论"，而不能触及问题的实质。如果是这样，那么混乱的概念恐怕就难以澄清。或者是鼓励学术讨论（包括概念的争论在内）。如果这样，就有可能出现一些不能触及问题实质的空洞议论。这也只有通过讨论来加以克服。

马克思在《政治经济学批判》序言中说：

"在科学的入口处，好比地狱的入口处一样，必须提出这样的要求：

'在这里意志必须坚定，在这里不能让恐惧来做顾问'。"❶

马克思把理论研究工作比喻为"入地狱"，是表示其艰苦，但是我觉得在这里也可以从另一个意义上来引证这句诗，那就是：理论研究工作是带有一定危险性的工作，如果方法不对头，是会陷入脱离实际、为理论而理论、为概念而概念、为科学而科学的"地狱"中去的。然而正如马克思所说，我们在这科学的大门口不能畏缩不前，让恐惧来做顾问。我们应该经常警惕自己，不使理论研究脱离实际，不做空洞的、不触及问题实质的争论；但是我们不能因噎废食、避开概念的争论，因为这将意味着让概念的混乱永远延续下去。

因此，我的文章，首先想从什么是价值和什么是价值规律说

---

❶ 但丁这两句诗，是本文作者根据俄文本转译的。

起，而且不免要同从事经济学研究的若干同志进行一些讨论。

先从什么是价值规律谈起

什么是价值？大家都会说价值是社会必要劳动量决定的，劳动是"形成价值的实体"。❶ 对于这一点，大家似乎是认识一致，没有什么争论的。但是一提到什么是价值规律，这规律如何起作用，大家的解释就很不一致了。从大家对价值规律的解释不一致中，我们可以看到，在骨子里，大家对于什么是价值，认识并不是一致的。搞理论，搞学术研究不能采用求同存异的办法，而要采用求异存同的办法。在理论研究工作上如果采取求同存异的办法，那么永远是天下太平，没有问题，用不到研究和讨论，而科学也永远不会进步了（当然，也不是为了争论而争论）。因此，既然对于什么是价值的问题，似乎没有什么不同认识，那么我们就把这个问题暂时存而不论，先从意见分歧较明显的问题，从什么是价值规律说起。把这个问题弄清楚了，然后再回过头来分析一下，我们对价值的认识是不是真正取得一致了。

1953年斯大林的《苏联社会主义经济问题》的出版，曾经引起了我国经济学者对价值规律问题的一次研究和讨论的热潮。

当时，中国刚刚结束了经济恢复时期，第一个五年计划刚刚开始。当时，资本主义经济和农民、手工业者的个体经济还普遍存在而没有得到改造。因此，当时经济学者研究价值规律的时候，自然而然是同资本主义经济和个体经济的自发势力联系起来研究的。因此，当时经济学者在报刊上发表的有关价值规律的文章，也总是从资本主义经济和个体经济占国民经济总产值中的比重多少等谈起，把这作为研究价值和价值规律的背景。当时有些

---

❶ 参见马克思：《资本论》，第1卷，第9页，北京，人民出版社，1963。

经济学者几乎是把价值规律同自由市场、同市场规律、同市场竞争、同资本主义自发势力等作为同一意义的范畴提的，是把价值规律作为计划工作的对立物提的。许多经济学者认为，在国营经济的范围内归计划支配，在资本主义经济和个体经济范围内归价值规律支配。价值规律和计划规律被看作是两种互为消长的势力。前者至多被看作后者的一种补充（自己力所不及的地方的一种补充）。在计划工作所及的地方，价值规律就不起作用；在计划工作达不到的地方，就让价值规律去活动。

总之，价值规律是被当作资本主义社会的经济规律看待的。价值规律之所以仍然被允许存在于社会主义社会，那是由于仍然存在着资本主义经济或商品经济的缘故。因此，价值规律在社会主义社会中就不能不受到限制，也同资本主义经济和商品经济之不能不受到限制和改造一样。因此，在我国经济学界开始研究价值规律的时候就十分强调对价值规律的限制，而且认为价值规律的受限制和国营经济的加强，同样是当时经济工作的一种胜利。❶

在1956年，当我国对农业、手工业和资本主义工商业的社会主义改造已经取得了决定性胜利之后，经济学界曾联系到计划体制和计划方法问题重新掀起了一次讨论价值和价值规律问题的热潮。最后，在去年的工农业生产"大跃进"和全国农村公社化以后，经济学界在研究公社体制和公社化以后商品生产的前途问题的时候，又第三次讨论了价值和价值规律问题。在党的八届六中全会的《关于人民公社若干问题的决议》公布之后，党又屡次强调发展商品生产和等价交换，要大家尊重价值规律。从此，大家

---

❶ "国营经济领导地位的逐渐加强，和价值法则的逐渐受到限制，是我们三四年来经济工作中的一个重要胜利。"（薛暮桥：《价值法则在中国经济中的作用》，载《学习》1953年第9期，转引自《我国经济学界关于社会主义制度下商品、价值和价格问题论文选集》，中国科学院经济研究所政治经济学组编，科学出版社出版）。

对价值规律的认识比以前全面多了。

但是多数经济学者仍然把价值规律仅仅看作是商品经济的规律，而且主要是资本主义的经济规律。杨英杰同志在《计划经济》1957年第6期上发表的《对于计划经济和价值规律的研究》一文中说："价值规律是商品生产和商品交换的经济规律。""价值规律通过盲目的市场供求关系和资本主义的'危机—萧条—复苏—高涨'这种'罪恶循环'在起生产、交换和各方面调节者的作用。"如果价值规律在本质上是这样一种罪恶的规律，那么社会主义社会在不得已而要利用它的时候，当然就得对它保持充分警惕，并且必须加以限制、加以控制。关梦觉同志在《关于当前的商品生产和价值规律的若干问题》那篇文章中，就抱着这种高度的警惕性提醒我们说："……不应忘记，在过去的漫长历史中，价值规律是同私有制相联系的，特别是在资本主义制度下，它自发地对于生产和流通起调节作用，成为生产无政府状态的杠杆。现在，在社会主义制度下，它虽然'改土归流'，和商品生产一道，被置于生产资料公有制的基础之上，但毕竟是'野性'难除，如果不注意加以控制，它就会产生消极的作用，乃至泛滥成灾。"❶

关梦觉同志把价值规律人格化的生动描绘，也是生动地反映出了经济学界对价值规律的一种相当普遍的看法。这种看法的特点是混淆了离开我们的主观意志而独立存在的客观经济规律和由我们主观决定的政策，混淆了客观经济规律本身和这规律在不同的社会历史条件下所起的不同作用。

作为一种离开我们主观意志而独立存在着的客观经济规律，不管人们限制它也好，尊重它也好，价值规律总是按照自己的道路行动着的。至于价值规律在不同的历史条件下所起的不同作用

---

❶ 《经济研究》，1959（2），第9页。

以及作用的不同方式，也只有跟着社会历史条件的改变才能改变。如果社会历史条件不改变，那么人们就是要改变它的作用和作用的方式也是枉然的。这也就是价值规律的客观性和独立性之所在。至于我们主观决定的政策如何：是为资本主义自发势力创造条件的修正主义政策，亦是违背客观经济规律，只凭愿望出发的主观主义政策，亦是尊重客观经济规律，依据客观规律来改变历史条件，推动历史前进的马列主义政策呢——这又是另外的事情了，这些都可以影响事物的发展趋势；但是都不能否定经济规律的客观性和独立性。我们的政策只有通过改变社会历史条件（如对资本主义经济和个体经济的社会主义改造），才能影响经济规律所起的作用。

论价值

由于混淆了以上所说的不同的事物，因此在讨论当中，大家对于价值规律这个概念，发生了不同的理解，用的是同一个术语，指的却是不同的内容。在许多经济学者口中所说的价值规律，实际上仅仅是指通过市场价格的涨落，或者更正确一些说，仅仅是指通过价格对价值的背离，对某一产品的生产和消费所发生的刺激或抑制作用；而且往往只是指资本主义市场的自发势力控制下的价格涨落所发生的作用，即它的自发性的调节者作用。杨英杰同志所说的"罪恶循环"以及关梦觉同志所说的"野性"或"泛滥成灾"就是指的这种作用。

每当讨论价值和价值规律的时候，特别是每当提到要重视价值规律的时候，有些经济学者大声疾呼，要大家提高警惕，当心犯修正主义错误等，他们心目中的价值规律也是杨英杰同志所说的这个"罪恶循环"和关梦觉同志所说的"野性"或"泛滥成灾"，也是指的价值规律在资本主义经济或者至少是个体经济的自发势力统治下所起的作用，以及它起作用的方式。当有些经济学者谈到价值规律的时候，把价值规律当作国家计划的对立物，把价值规律和国家计划当作两种互为消长的势力看的时候，当他们说要控制或限制价值规律的作用时，他们心目中的价值规律也是指这个规律在自发势力统治下所引起的作用。要不然，怎么会发生限制或者控制的问题呢？

然而，只要资本主义或个体经济的自发势力存在着，价值规律必然就会按照杨英杰同志和关梦觉同志所描绘的那种途径行动，就会发生不利于社会主义经济的作用。因为这就是客观规律。在这种场合下，就不是去否定、去限制或咒骂价值规律的问题（否定规律也即是斯大林所说的消灭规律），而是如何对资本主义经济进行社会主义改造的问题。在社会主义改造问题上，在对待资本主义经济和个体经济的政策问题上，是会有发生修正主义错误的可能的，但也有发生主观主义"左倾"错误的可能。然而这一切都是如何采取正确政策的问题，而不是否定或限制价值规律的问题。

当经济学者说要控制或限制价值规律的作用的时候，他们最后所希望达到的是什么呢？实际上，他们所希望的是由国家主动通过价格政策，即是通过调整物价的方法来刺激或是抑制某种产品的生产数量或销售数量，以代替市场价格的自发性的涨落对于生产数量和销售数量所发生的影响。

怎样才能达到这样的目的呢？这除了必须要对资本主义经济实行社会主义改造以外，还必须有正确的价格政策，而所谓正确的价格政策，就是价格的确定要遵守价值规律的要求。价值规律要求什么呢？它要求价格向价值靠拢而不是同它背离。但是在许多经济学者的心目中，似乎只有在价格同价值背离的情况下，价值规律才能发生作用，才能对生产和销售起刺激和抑制的作用。他们心目中的价值规律的作用，就是这种刺激和抑制作用。有些经济学者以为强调价值规律的作用，就是意味着物价的急剧涨落，就是意味着价格应该急剧地背离价值。正因如此，所以许多经济学者在宣传了一阵尊重价值规律的道理之后，往往就急着补充说，也不要太强调或过高地估计了价值规律的作用。他们这句话的意思就是不要物价波动太大了。然而这是双重的误解。首先这是概念上的混乱：他们又是把政策，即价格政策（这是主观的东西）同价值规律（这是客观的东西）混为一谈了。其次，价格政策应该以客观规律为依据，即应该依据价值规律，而价值规律是要求价格向价值靠拢，而不是要求同它背离的。价值规律要求价格同价值靠拢的趋势，不论是资本主义经济还是社会主义经济中，都同样存在的。在资本主义无政府状态的生产中，价值规律就是通过这一趋势起了自发性的生产调节者作用；在我们社会主义社会中，我们就应该通过计算，通过计划，主动地使价格和价值靠拢。

论价值

因此，薛暮桥同志在《红旗》1959年第10期发表的《社会主义制度下的商品生产和价值规律》这篇文章中对价值规律所做的解说，比起他自己以前的文章所做的解说以及其他许多经济学者所用的价值规律的概念是要完全多了。但是我个人觉得他对价值规律的概念也还不是十分明确的，他的解释也不是前后一贯的。薛暮桥同志认为，通过产品的价格涨落（高于或低于价值），来影响产品的生产数量和销售数量，固然是价值规律的一种作用，但是另一方面，产品价格同价值相符，即"各种产品的价格，都必须以它的价值，即所消耗的社会必要劳动量为基础"，也是价值规律的作用。他认为价值规律的这两种作用实际只是一种作用的两个方面。这是他的价值规律的概念比较全面的地方。

薛暮桥同志在这篇文章里，着重指出价值规律"不能由人们的意志来改变"。他并且把价值规律比之于自然规律，比之于电。他说："天空中的闪电是自发地起作用的，电灯里的电就是听从人的指挥发生作用的。但如果你违反了电的自然规律，就是已被掌握的电，仍然会违反人的意志，烧死人，烧掉房子。价值规律也是如此。现在我们已经基本上能够自觉地运用价值规律，使价值规律听从我们的指挥,这是我们主动地遵守了价值规律的结果;而不是说我们可以任意违反价值规律,也不是说价值规律已经不再发生作用。"

这的确说得很好。但是,在说了以上一段之后,他又紧接着补上了一句:"当然,我们也不赞成对价值规律的作用作过高的估计。"接着,他在分析了三种不同性质的交换之后,又警惕大家说:"在价值规律的作用问题上,如果无限制地利用价值规律来调节生产,调节消费品的销售,而否认国家计划的作用,像现代修正主义者所主张的那样,这显然是十分错误的。""国家既不应当不考虑价值规律的作用,任意违反等价交换的原则(顺便说一下,这里的'任意'两字,也是很含糊的。难道非任意的违反就可以了吗?——作者注);也不应当滥用价值规律来调节各种产品的生产和流通,更不应该抛弃了国家计划而依靠价值规律来进行调节。"❶

既然对于价值规律,同对于电、对于一切自然规律一样,应该主动地去遵守它才能自觉地运用它,使它听从我们的指挥;那么照斯大林的说法,对它有"任何的违反,即使是极小的违反,都只会引起事情的混乱,引起程序的破坏"。因此,在这里就无所谓"滥用"或"无限制地利用"。暮桥同志所说的"滥用""无限制地利用"以及"过高的估计"显然不是指的价值规律的作用,也不是指价值规律本身。他所说的"无限制地利用价值规律……而否认国家计划的作用,像现代修正主义者所主张的那样……"等,显然是指放纵了资本主义自发势力,放弃了对资本主义经济和个体经济的社会主义改造,是政策问题,是政治路线问题,这与价值规律是两回事情。他所说的"对价值规律的作用作过高的估计""滥用价值规律来调节各种产品的生产和流通

---

❶《红旗》,1959(10),第19—20页。

……抛弃了国家计划而依靠价值规律来进行调节"等,大概就是指利用物价涨落来刺激或抑制生产和销售的政策。这里除了放弃国家计划这一点也属于前面所说的对资本主义自发势力的修正主义政策问题以外,其余都是价格政策的错误问题。而这种价格政策之所以错误,恰恰不在于对价值规律的作用估计过高,而在于违背了这规律的要求。

同样我也不赞同薛暮桥同志年初在《经济研究》第1期《对商品生产和价值规律问题的一些意见》中对这问题的提法。他说:

"关于今后一个时期价值规律是否还起重要作用问题。我认为,价值规律所起的作用同前一个时期比较是进一步受到限制了;但它仍然还起相当大的作用。只要商品生产还在扩大,而不是缩小,价值规律所起的作用就不会一下子缩小到无足轻重的地步。"

"从农业生产合作社发展成为人民公社以后,国家计划对人民公社生产所起的作用是显著地增强了,许多公社不再斤斤计较自己的利益,勇敢地来接受国家所分配的任务。从这方面来说,价值规律所起的作用是显著地缩小了。但是,能否因此就认为人民公社可以无条件地接受国家的任务,而不考虑自己的利益呢?不行!不仅不可能,而且不应该……因此国家同公社之间的工业品和农业品的交换,一般还要遵守等价交换的原则。这就是说,价值规律还起重要作用。"❶

薛暮桥同志在这里还是把价值规律作为国家计划的对立物提的,"国家计划对人民公社生产所起的作用是显著地增强了……价值规律所起的作用是显著地缩小了"。一个增强,另一个便要缩小。

---

❶ 《经济研究》,1959(1),第19页。着重号都是本文作者加的。

但是紧接着上面一段之后,暮桥同志又说了以下一段话:

"那么,人民公社的生产究竟是由谁来调节呢?毫无疑问,基本上是由国家来调节的。对重要的农产品,国家一方面通过计划来调节,如分配粮食、棉花的种植面积和生产任务等;另一方面又通过供销关系来调节,如预购合同和价格政策等。在通过供销关系来调节的时候,还要利用价值规律。对不纳入国家计划的次要的农产品和副产品,国家主要通过供销关系来调节,价值规律所起的作用就更大。就是在后一种场合,仍然应该说调节生产的主体是国家,或者说起决定作用的是国家,价值规律仅仅是被国家所运用的一个工具。在这里既不应当贬低国家所起的作用,也不应该忽视价值规律所起的作用。认为承认了国家起决定作用,价值规律就不起作用;或者承认了价值规律还起作用,就必须贬低国家所起的作用,这样的认识都是不完全的。"❶

在这一段里,暮桥同志把价值规律同国家的作用(也即国家计划的作用)统一起来看,而不再把它们当作互为消长的两个对立因素看了。然则,为什么在前一段中,暮桥同志把国家计划的作用和价值规律的作用说成是一个"显著地增强了",另一个便要"显著地缩小了"呢?

其次,暮桥同志在一方面承认商品生产还在扩大,"国家同公社之间的工业品和农业品的交换,一般还要遵守等价交换的原则。这就是说,价值规律还起重要作用"。但是,又认为"价值规律所起的作用同前一个时期比较是进一步受到限制了"。那么试问进一步受限制的作用是什么作用呢?还在起重要作用的那个作用又是什么作用呢?这里不是也有些交代不清吗?而这个交代不清是根源于"价值规律"这个概念在暮桥同志的文章中也如在其他许多经济学者的观念中一样,到底指的什么是不大清楚的,

---

❶ 《经济研究》,1959(1),第19页。

是含糊的。暮桥同志也是把客观的经济规律以及这规律在不同的社会历史条件下所起的不同作用，以及作用的不同方式，同我们主观的经济政策混为一谈了。因此，我们读了暮桥同志的文章（以及同暮桥同志的说法相类似的其他经济学者的文章），很难得出一个结论，这个价值规律到底是个什么规律，到底像对于一切客观规律一样尊重它好呢，还是对它抱着敬而远之的态度好？

在这里，我又要提到本文开头时所说的概念争论的问题了。在原则上，我很同意暮桥同志的意见，要"避免不必要的争论"[1]，避免卷入"没有触及问题的实质"的"仅仅是概念的争论"[2]，即是说，要尽可能不做言之无物、玩弄名词的空洞争论。但是我总不大赞同一般地提"避免卷入概念的争论"我国经济学界讨论社会主义社会的价值和价值规律已经6年多了。许多经济学者头脑中的价值和价值规律的概念仍然是很混乱的。而这种混乱使得一般人心目中已经让资本主义自发势力的"鬼"同"价值"和"价值规律"这些概念结了不解之缘。因此，当现在广大的群众都在学习政治经济学的时候，经济学者首先有责任要帮助大家把资本主义这个"鬼"同"价值"和"价值规律"这两个概念分家；因为即使像现在大多数经济学者所主张的一样，"价值"和"价值规律"是两个商品经济的概念，那么也应该肯定：如果在资产阶级专政的社会里，商品生产及其一切范畴是为资本主义服务的，那么在无产阶级专政的社会主义社会中，商品经济及其一切范畴是为社会主义服务的。

什么是价值规律呢？顾名思义应该是价值这个客观范畴的存在和运动的规律。而价值，照现在大家似乎一致同意的定义，是"形成价值实体"的社会必要劳动决定的，那么价值规律应该就是"形成价值实体"的社会必要劳动的存在和运动的规律。但是

---

[1] 《经济研究》1959（1），第19页。
[2] 《红旗》1959（10），第20页。

现在大多数经济学者是反对这样解释的。经济学者们承认社会必要劳动形成价值的实体，是决定价值的，但是不承认价值的规律就是它的实体的规律，因为，"社会必要劳动和价值究竟不是一回事"，❶ 价值规律不是形成价值的那个实体的规律，那么从逻辑上推论，价值规律只是属于价值形式的规律了！这岂不有些奇怪吗？因此，为了进一步说清什么是价值规律，现在有必要回过头来弄清一下：什么是"价值"。

什么是价值

什么是价值？到共产主义社会还有没有"价值"这个概念存在？这两个问题必须联在一起研究。可能有些同志会认为，这又是舍近求远，脱离实际的做法。放在面前的社会主义社会的价值和价值规律还没有说清楚，如何能说得清未来的、我们还不知道的共产主义社会的价值和价值规律呢？实则相反，只有说清了共产主义社会中有没有价值范畴，才能说清价值和它的规律在社会主义社会中的地位。这可以从两方面来讲明这个道理。

首先，社会主义社会在人类社会发展史上不是一个独立的社会形态。它是资本主义社会和共产主义社会之间的一个过渡时期。在社会主义社会中，一方面存在着旧社会母胎中遗留下来的斑痣——属于这一类母胎斑痣性质的东西很多，然而它们是会逐渐褪色以至于消失的；另外，在社会主义社会里已经出现了不少新的共产主义社会的萌芽——这些萌芽可能很小，然而它们是在成长中的，它们将日益壮大。就事论事，仅仅从当前过渡时代的现状来认识这些东西，往往会分不清旧与新，认不透事物的本质："不识庐山真面目，只缘身在此山中"。

---

❶ 王思华：《我对社会主义制度下商品生产和价值法则的几个问题的一些看法》，载《经济研究》，1959（1），第21页。

马克思告诉我们，研究自然现象要用实验室，把研究的对象从它原来的环境中隔离开来；而研究社会现象必须用抽象法，把一切与本质无关的表面现象暂时舍弃不管。在研究当前社会主义社会这个过渡时代的价值和价值规律的时候，我们也应当采用这办法。因此，我们必须从纯粹的资本主义经济的角度，又从纯粹的共产主义经济的角度来观察社会主义社会的价值和价值规律，只有这样才能认识清楚这个范畴在社会主义社会中的真实内容。但是把价值和价值规律当作资本主义经济范畴看待，如像现在大多数经济学者所认识的那样，是比较容易的。这不仅因为马克思主义的经典作家对于资本主义经济的价值规律已经分析得很多，很透彻；而且我们这一代人，对此都有生活的体验。但是如何从共产主义社会的角度来观察这个问题，就比较困难了，因为马克思主义的经典作家对此只做了极少的预言，而我们对此毫无生活的体验。然而，从这个角度来观察是非常重要的，因为我们现在正在朝着这个社会走去。

论价值

其次，我们必须从共产主义社会的角度来认识价值规律问题，还有一个更带有现实意义的理由：就是为了说明全民所有制经济的内部规律。谁也不能否认全民所有制经济（我们的国营企业）在社会主义经济中处于领导地位的，它代表着我们的共产主义经济的未来。因此，我们要问，在这里，在全民所有制经济内部，是什么经济规律来代替过去在这里作用着的价值规律呢。

对这个问题，我们通常只听到一个干脆然而相当笼统的回答：这里是不可分割地统治着国民经济有计划按比例发展的规律，这还用问吗！然而这样回答，往往还没有体会到他所说的计划和比例，如果离开了价值，实际上只是一个实物量的计划和比例（包括不变价格的总产值计划在内）。而一个实物量的比例关系，如多少吨标准煤和多少千瓦小时电的比例关系，多少吨钢和多少公里铁路钢轨的比例关系等，与其说是经济科学的研究范围，毋宁说是技术科学的研究范围了。因为这些都是物理学的和化学的比例。我们的经济学者和经济工作者由于被不变价格表现的总产值指标所迷惑，往往在这里忘记了，必须将实物量的比例同价值的比例（社会必要劳动量）结合起来才能称作是"经济"（关于这问题以后再详细说明）。在去年的"大跃进"中，很多经济工作者已经从实践中体会到，一切比例关系归根结底还是劳动力或劳动的比例关系。但是我们经济学理论工作者还很少注意到价值这个范畴如何在计划工作中，主要是在全民所有制经济的内部关系中发挥它的作用。

相反，经济学者至今还在想尽办法找理由把"价值"当作资本主义和商品经济遗留下来的范畴，从全民所有制的内部关系这个神圣园地中驱除出去。

近两三年来，这个神圣园地的门似乎逐渐开放得宽一些了。许多经济学者们说：一则社会主义社会里还存在着不同的所有制，而不同的所有制之间还需要商品交换，二则国营企业职工的共产主义觉悟程度在社会主义阶段还不是那么高，还需要采用物质鼓励的手段，因此价值规律还不能不在全民所有制内部起一定作用。

我们可以看到，实际上价值规律不是从全民所有制这个神圣园地的大门进来的，而是开后门把它放进来的。因为要同别的所有制交换，因为职工的共产主义觉悟不高，所以还需要价值规律来帮助对付。价值规律被看作不是全民所有制生产过程本身需要的东西：价值不是生产过程的范畴，而是流通过程的范畴了（为了交换）。我们从以后的分析中可以看出，在很多经济学者的理解中，价值这个范畴的确是被当作流通领域的概念用的。现在我们在这里想附带说几句的是有关共产主义觉悟的问题。近年来，每当现实经济生活中发现了新的矛盾，经济学者还未能从客观经济规律中找到解释，或者是不愿从客观经济规律中去寻找解释的时候，就可以听到最简单的一个解答：这是思想意识问题！这是共产主义觉悟不高的缘故！似乎人们的思想意识和共产主义觉悟不是越来越高，而是在倒退了。这不仅是对于包括我们自己在内的干部和群众的觉悟估计不足，而且完全是一种唯心论的分析方法。

现在很流行的一种看法是：在我们的全民所有制经济中所以还需要"利用"价值规律，在对外关系来说是因为它还要同别的所有制进行交换，在对内关系来说是为了进行经济核算，而经济核算之所以必要，仅仅是因为职工的共产主义的觉悟程度还不很高，还需要物质鼓励。照此推论，好像觉悟高了就不需要经济核算似的。因此，为了把全民所有制经济内部关系中最本质的东西说清楚，我们有必要把一切非本质的东西抽象掉，即是把它同其他所有制的交换关系，把物质鼓励和属于意识形态的觉悟程度等抽象掉，即是把它当作一个完整的共产主义社会来观察。我们只有这样，才可以明白，从全民所有制经济本身的需要来说，是不是可以完全不要"价值"这个经济范畴了。

在这里，我想再提起大家注意一件事，就是价值规律在资本主义经济中，也不像有些同志现在所常说的一样，只起消极破坏作用，只有"罪恶循环"的作用。相反，它在资本主义社会中的历史作用却是推动了这个社会的技术进步和生产力的发展。至于在社会主义社会，那么就连肯定价值规律是资本主义经济规律的经济学者也不否认目前还要"利用"这个规律来起"积极作用"。那么我们应该问，随着过渡性的社会主义社会的前进，这些所谓"积极作用"应该移交给什么规律来担负呢？

事实上，如果我们肯定价值和价值规律是资本主义范畴，那么无异乎就是承认这个规律不论在当前怎么重要，随着社会主义社会的不断前进，它的作用是递减性的。但是我们可以看到，许多经济学者一方面不断在限制甚至抹杀价值规律，诅咒它的灭亡；另一方面却又在被迫着不断把新的任务"交给"价值规律。

在起先，只允许价值规律以资本主义经济和个体经济的市场自发势力的代言人身份参加社会主义各种经济规律的大家庭。随后，认为在资本主义经济和个体经济被社会主义改造之后，这个规律还可在被控制之下，由国家通过主动的提价和降价的办法来起调节作用，而且给它调节的范围也在逐渐扩大：起先只承认在流通范围中价值有调节作用，后来承认在生产领域内也有调节作用了。再进一步，就承认价值规律不仅通过提价和降价，即通过价格和价值的背离在起作用，就是在价格和价值相符的情况下也在起作用。近两三年来，经济学者逐渐更多地强调起价值规律的核算作用来了。例如，薛暮桥同志在《红旗》第 10 期上发表的那篇文章中有一段的小题目就是"根据价值（社会必要劳动量）来进行经济核算"。

然而只要经济学者还是把"价值"仅仅当作商品经济的范畴的时候，那么他越把价值规律的作用扩大，就越显得他们的观点很难首尾相接。最明显的例子是王亚南同志今年在《人民日报》发表的关于价值规律问题的两篇文章。[1] 两篇文章内容基本相同。我们不能发现他在"关于价值规律及其作用的再认识"（他的第 2 篇文章的第 2 节的标题）之后，有什么新的论点提出。他的第 2 篇文章，把他的论点发挥得更详细、更有力。但是亦同他这篇文章中关于价值的前途所下的定义更矛盾了。因为王亚南同志的这篇文章代表着很多经济学者的共同看法，但是表达得更明确，所以我想较详细地把它介绍一下。

他在文章的第一段中指出，某些经济学者"把价值规律看成资本主义的特产物"，"一味从消极方面去考虑它的作用，于是，

---

[1] 王亚南：《价值规律在我国社会主义经济中的作用》，载《人民日报》1959 年 1 月 17 日；《充分发挥价值规律在我国社会主义经济中的作用》，载《人民日报》1959 年 5 月 15 日。

人们一谈到社会主义的计划经济，就很自然地把它和价值规律对立起来"。因而"在整个国民经济中，价值规律被允许发生作用的……只限于没有纳入国家计划中的那百分之二十到百分之二十几的商品生产和流通活动的范围"，等等。王亚南同志在批评了别的经济学者的这些观点之后，得出了这样的结论："价值规律和计划经济并不是势不两立的。它是社会主义基本经济规律和国民经济有计划按比例发展规律的一个好助手；它是从属于前者来发生作用的。定计划，执行计划，都不能不认真考虑到价值规律的作用。"

他在文章的第二段（"关于价值规律及其作用的再认识"）中说："马克思提出的价值规律的基本形式是：社会必要劳动量决定商品价值。事实上，价值规律的基本作用，也表现在这里。"他在描述了价值规律如何通过社会必要劳动量的确定而发挥作用的过程之后，总结说："所以，价值规律的这个形式，就是意味着先进、落后的分野；用我们现在的语言来说，就是争先进赶先进的社会客观强制力，所谓先进定额，先进平均定额，都是通过这个形式（？）体现出来的。"

接着，他引了马克思的一句很重要的话来证明他的论点："商品的价值量，与其中实现的劳动的量成正比例，而与其中实现的劳动的生产力成反比例。"

他在这一段中还说："价值规律为一切社会形态的商品生产所共有的特性，并不是表现为消极的，而是表现为积极的，它的基本作用是促进生产，只有在资本主义商品生产的特殊条件下，才在促进生产的同时，发生了严重的消极破坏作用。"

接着王亚南同志在文章的第三段中，用生动事实描述了"价值规律在我国社会主义经济生活和经济政策活动中在怎样发生作

---

❶ 参见马克思：《资本论》第1卷，第11页，北京，人民出版社，1963。着重号是作者加的。

用";在第四段中号召大家如何"结合商品生产与价值规律的讨论,正确认识党的方针政策,探究有助于发挥价值规律的积极作用来迅速提高社会生产力的一切有效措施"。

王亚南同志的这些话,我基本上都赞同,特别是其中由我加重点的地方是我在近两年前在一篇文章中讲过的,王亚南同志对这问题的提法同我的提法几乎完全相同。❶ 但是王亚南同志在讲了这一切之后,怎么会在第四段的最末,也是全文的最后,提出这样的结论来呢:"至于在共产主义高级阶段是否还要商品生产,是否还要运用价值规律来提高生产力,那不是我在本文里面所要回答的问题。如因论坛上对这个问题的意见很多,那么有必要在这里附带指明一下,我认为,商品生产是一个历史形态。我们当前的任务,就是要促进商品生产,利用价值规律,来加速我们社会劳动生产率的发展,更快地来完成两种过渡,因而辩证地达到消灭商品生产、终结价值规律作用的结果。"

我不反对王亚南同志去"消灭"共产主义社会的商品生产,虽则我以为如果表达得确切些,那么商品生产也不是被谁个所消灭的,而是让它也像国家一样逐渐衰亡的。但是王亚南同志在给价值规律下了如此的定义,对它的积极作用做了如此完善的描述之后,如何能硬派价值规律做商品生产的"殉葬者"呢?你给它下的这个定义和作用的内涵同商品生产完全无同生共死的必然性呀!王亚南同志的这个结论完全不像从文章的内容得出来的,而是同整篇文章的内容相反对的。

王亚南同志如何自圆其说呢?他对此没有交代。但是别的经济学者每当陷于这样的矛盾的时候,总是找到了恩格斯的一句话作为共同的出路。凡是肯定共产主义社会中不再有"价值"概念,认为"价值"只是资本主义经济,至多是商品经济范畴的

---

❶ 孙冶方:《把计划和统计放在价值规律的基础上》,载《经济研究》,1956(6)。

人,主要也是根据的这段话。因此,我请读者原谅,想把这一段话全部引出来,以便我们可以较全面地正确地理解它:

"社会一旦占有生产资料并且以直接社会化的形式把它们应用于生产,每一个人的劳动,无论其特殊用途是如何的不同,从一开始就成为直接的社会劳动。那时,一件产品中所包含的社会劳动量,可以不必首先采用迂回的途径加以确定;日常的经验就直接显示出这件产品平均需要多少数量的社会劳动。社会可以简单地计算出:在 1 台蒸汽机中,在 100 公升的最近收获的小麦中,在 100 平方米的一定质量的棉布中,包含着多少工作小时。因此,到那时,由于产品中包含的劳动量社会可以直接地和绝对地知道,它就不会想到还继续用相对的、动摇不定的、不充分的、以前出于无奈而不得不采用的尺度来表现这些劳动量,就是说,用第 3 种产品,而不是用它们的自然的、相当的、绝对的尺度——时间来表现这些劳动量。同样,化学一旦能够以相当的尺度,即以实际重量,以 10^{12} 分之一或 10^{24} 分之一克,来绝对地表现原子量,它也就不会想到再用迂回的途径,用氢原子来表现各种元素的原子量了。因此,在上述前提下,社会也无须给产品规定价值。生产 100 平方米的布,比如说需要 1000 工作小时,社会就不会用间接的和无意义的方法来表现这一简单的事实,说这一百平方米的布具有 1000 工作小时的价值。诚然,就在这种情况下,社会也必须知道,每一种消费品的生产需要多少劳动。它必须按照生产资料,其中特别是劳动力,来安排生产计划。各种消费品的效用(它们被相互衡量并和制造它们所必需的劳动量相比较)最后决定这一计划。人们可以非常简单地处理这一切,而不需要著名的'价值'插手其间。"❶

从表面上看,恩格斯这段话好像完全不利于共产主义社会和

---

❶ 参见恩格斯:《反杜林论》,见《马克思恩格斯全集》,第 20 卷,第 334 页,北京,人民出版社,1971。

全民所有制经济内部再保持"价值"概念的。王思华同志说"社会必要劳动和价值究竟不是一回事",他的根据大概也就是恩格斯的这句话。许多经济学者为了证明将来的共产主义社会没有"价值"概念,也为了证明在今天社会主义社会还需要"价值"概念,而且还要重视"价值规律",便不断在恩格斯的这段话上做文章。为了证明将来共产主义社会不再有"价值"范畴似乎很容易;因为恩格斯似乎就是这样说的(实际上他是说的"交换价值",这一点留待下面再说)。但是根据恩格斯这段话来证明现在暂时还需要求助于有名的"价值",就有些不妙了。

一般经济学者总是从两方面来论证今天还有必要求助于有名的价值。

第一,因为现在社会还没有直接占有全部生产资料,现在还存在两种所有制,它们中间还需要商品交换。因此,还需要强调"价值规律"。但是如同我们在前面已经指出的一样,这种解说等于承认"价值规律"只是存在于两个所有制的边缘上,至于两个所有制的内部关系的本身,尤其对于全民所有制内部来说,"价值规律"原来是可以不要的。

第二,因为现在社会还不能直接计算劳动,所以不得不迂回地求助于有名的"价值"。有的经济学者从技术上的困难来说明目前不能直接计算劳动的原因,从直接计算的复杂性来做文章。有的经济学者从社会的原因来说明当前我们还不能直接计算劳动量,如说现在还存在复杂劳动和简单劳动的差别,熟练劳动和非熟练劳动的差别等。实际上这些都不成其为理由。因为现在国家可以向国营企业和公社颁发报表,直接向它们取得统计资料,只要大家重视这个工作,资料的质和量是可以保证的,至于计算技术的困难,在发明了电子计算机的今天,正确计算产品的全部劳动消耗(包括直接的和间接的消耗)是完全可以办到的,问题也在于大家先要有重视计算社会必要劳动的认识。而且据专家意见，如果不按每一产品来计算，而以每一行业（产业部门）来计算，就是不求助于电子计算机，就用数学中的近似法也可以计算得出全部劳动消耗。至于各种复杂程度和熟练程度的劳动的折算，我们可以按照工资收入标准折算，因为我们应该承认我们的工资制度基本上是合乎按劳分配的原则的。因此，以计算上的困难作为理由（不论这困难是技术的原因或是社会的原因造成的）是不成立的。这是事情的一方面。

论价值

然而更重要的是：如果认为现在还不能直接计算劳动，而要按照恩格斯的说法，采取迂回的办法来表现，用价值来表现，那么提出这样主张的经济学者可曾考虑到恩格斯所说的用迂回办法，用价值来表现，指的是什么意思。有些经济学者以为这仅仅是一个称呼问题，就是说，在将来我们解决了计算劳动的技术困难以后，我们就可以直接说某一产品值多少小时社会必要劳动；而现在，只好绕一个弯说某一产品值多少元人民币。如果这样理解恩格斯的话，那么迂回地用价值来表现和直接计算劳动小时，在解决计算技术问题之后，其差别仅如我们的作家换一个笔名那样，这未免太简单了。

那么恩格斯所说的迂回地用价值来表现是什么意思呢？恩格斯在这一段话里面，讲得已经很清楚，这意思是说每一个商品要用另一个商品来表现，就是说要通过交换关系来表现。如何确定这个交换的比例关系呢？难道说是每一个商品的价值用任何数额的另一个商品来表现吗？那是不可想象的。大家知道，在典型的商品经济中，这是通过无数次的交换，才形成了每一个商品同另一个商品，或同货币交换的一个公认的比例。这就是说，恩格斯所说迂回地表现为价值，或者说用别的商品（恩格斯说的是第三个商品，因为他在这里讲的是货币问题）来表现的时候，他是以自由市场，以竞争为前提的，他讲的实际上是商品的交换价值。

因此，那些根据恩格斯以上这段话作为我们今天还需要保留

"价值"范畴的理由的经济学者，没有想到，他们这么说，实际上就是意味着主张通过自由市场，通过竞争来决定价格。当然大家知道，我们的物价不是这样订定的。

因此很多经济学者所说的价值实际上是交换价值，就是经过无数次交换关系（同样也无数次地发生过交换的一方吃亏，另一方占便宜）才形成的市场价值（平均价格）。这样的"价值"不仅在将来共产主义社会不会有，就是今天在我们社会主义社会中，也已经不存在。我们今天就应该提倡通过劳动成本的计算，通过社会必要劳动量的计算来确定我们的物价。要否以社会必要劳动量的计算作为我们的价格政策的客观依据（价格形成问题）也正就是今天我们研究社会主义制度下的"价值"问题的时候，应该讨论的题目之一。

自从两年多以前，我在《把计划和统计放在价值规律的基础上》那篇文章中，提出了"价值"这个范畴在共产主义社会里仍将会存在的意见之后，曾经引起不少同志对我的文章的批评，他们说我不懂得"价值"这个概念是代表一定的生产关系的，即是代表商品生产关系和资本主义生产关系的，说我是错用了这个概念，是概念的混淆，甚至说我是想要把社会主义的计划工作和统计工作放到资本主义的经济规律基础上去了，等等。其实，我在那篇文章中是交代得很明白的，我说应该把计划和统计放到价值规律的基础上去，不是指那个狭义的价值规律（市场价值规律）的基础，而是指广义的价值规律，即社会平均必要劳动的基础。可是我的批评者以恩格斯所说的"不再迂回地表现为价值"这句话为根据，来反对我的意见，而同时主张在今天的社会主义社会中还保留"价值"，因为还不能直接计算劳动，还只好迂回地表现为价值等。当他们这样说的时候，实际上自己倒真的是混淆了两个不同的概念，即混淆了"价值"和"交换价值"，是把通过自由竞争，通过无数次偶然的交换（其中往往是交换的一方吃了亏，另一方占了便宜）才迂回地表现出来的交换价值同我们社会主义的计划价值相混淆了。实际上他们才是把资本主义和个体经济的生产关系同我们社会主义的全民所有制和集体所有制的生产关系混淆起来了。

分清"价值"和"交换价值"这两个不同的概念是一件非常重要的事情。交换价值反映着资本主义和个体经济的商品生产关系的特性，而价值则是物化在产品中的社会必要劳动本身，并非商品经济所特有的。在马克思以前的政治经济学分不清这两个概念，因而当时经济学界习惯以"价值"这个概念来代表"交换价值"。马克思和恩格斯顺从着当时经济学界的习惯用法，为简便起见也常常把"价值"当作"交换价值"使用（尤其在同资产阶级经济学者论争的时候，因为他们是不分这两个概念的），但是马克思在《资本论》第1章（"商品"）专门论述"价值形态或交换价值"的这一节中，详细分析了"价值"和"交换价值"这两个不同的概念。如果我们仔细体会马克思给予这两个不同概念的内容，我们就可以看出在许多场合下，马克思和恩格斯在使用"价值"这个名词的时候，是应该当作"交换价值"了解的。例如，对前面我们引过的恩格斯那段话的最后一句"再不必求助于有名的'价值'"，许多经济学家只从字句的表面来读，而不想一想为什么恩格斯在这里要给"价值"戴上引号，而且还在前面加上"有名的"这个形容词。显然，这里是按照当时资产阶级政治经济学界的习惯用法使用的，即是说当作"交换价值"用的。

很多经济学者把马克思和恩格斯在许多场合下说的生产资料归社会公有之后，劳动不再表现为价值，理解为共产主义社会中，不再有"价值"这个概念。我在《把计划和统计放在价值规律的基础上》那篇文章中，就指出，凡是讲到"表现为"或"不表现为"价值的时候，"价值"二字应当作"交换价值"理解。因为既然说是表现，当然是指的价值的形态，即是"交换价值"。

论价值

有些经济学者认为这也是我根据自己的一套看法，对马克思和恩格斯的话做了牵强附会的解释。因此，我希望我的批评者和读者把《资本论》第1章第3节（《价值形态或交换价值》）的第二段再仔细翻阅一下，马克思在这一段中告诉我们：

"商品的价值不同于瞿克莱寡妇之处，就在于不知道从哪个方面来对付它才好。跟商品体的感性的、粗糙的可感触性不同，在商品体的价值中没有放进自然物的一个原子。不论你如何去捉摸和观察每一个商品，不论你如何去对付它，作为价值，它仍然是不可捉摸的。然而，如果我们记住了，商品只有在它们是同一个社会单位的，即人类劳动的体现时，才具有价值，所以它们的价值是带有纯粹的社会的性质的；只要我们记住了这些，那么我们自然就会明白，价值也只有在一个商品同另一个商品的社会关系中才能表现出来。事实上，我们要探索隐藏在商品中的价值的踪迹，我们就得从交换价值或交换关系出发。现在我们必须回到价值的这个表现形态。"❶

马克思在这里讲得很明白，在讲到价值的表现的时候，指的总是"交换价值"，即"交换关系"。因为在这里马克思是讲的资本主义的商品价值。

因为，事情本来就很明白，既然价值自己尚且还要在商品的交换关系中，在交换价值中去表现自己，那么它自己怎么能去表现社会平均必要劳动呢。可见，凡是马克思和恩格斯说到"表现为价值"是应该当作"表现为交换价值"理解的。

马克思在另一节（《商品拜物教和它的秘密》）中又曾经回到这个问题上来：

---

❶《资本论》这一段话作者是从1952年俄文本转译的。着重号也是作者加的。在俄文本里，中译本中译成"价值对象性"和"价值物"的两个德文词，一律译为价值，而把德文原文附在后面。作者这里仍照俄文直译。参见《资本论》，第1卷，第19页，北京，人民出版社，1963。

"不错,政治经济学(指的是资产阶级政治经济学。——本文作者注)曾经分析过(虽然并不充分)价值和价值量,并且曾经发现过隐藏在这些形态中的内容。然而它从来也不曾问过:为什么这个内容要采取那种形态,换言之,为什么劳动表现为价值,而作为劳动的计量单位的劳动时间要表现为劳动生产物的价值量。"❶

在这里,我们可以看到,马克思又是把"表现为价值"作为"价值的形态",即作为"交换价值"提的。更重要的是马克思对于上面这一段的最后一句,加上了一个具有十分重要意义的脚注(原注号码32)。现在我一并摘录如下:

论价值

"古典政治经济学的基本特点之一,是它从来不曾能够由商品的分析,尤其是商品价值的分析,引申出价值的形态来,然而正是这个价值的形态使价值成了交换价值。正是亚当·斯密和李嘉图,古典派政治经济学的最好的代表,也把价值形态看作是完全无关紧要的事,甚至于把它看作为对商品本质而言是外表的事。他们之所以会如此,不仅因为他们的注意力完全被吸引到价值量的分析上去了。还有更深刻的原因。劳动生产物的价值形态,不仅是资产阶级生产方式的最抽象的,并且是最一般的形态。资产阶级生产方式当作社会生产的一个特殊类型正是由于价值的形态才取得特征的,从而也取得了历史的特征。如果把资产阶级生产方式当作社会生产的永久的自然的形态看了;那么不免就会把价值形态的专门的特性看漏掉的,从而就会把商品形态的特性,甚至再进一步发展下去,就会把货币的形态,资本的形态等特性都看漏掉的。"

引证长了一些,然而这是十分重要的引证,希望读者,特别

---

❶ 《资本论》的这一段和下面引的一个脚注都是根据俄译本转译的。着重号也是本文作者加的。参见同上《资本论》,第1卷,第56—58页,北京,人民出版社,1963。

是我的批评者,对这些引证详细地、反复地读。马克思在这里明白地告诉我们:使资产阶级的生产方式成为一种特殊的、历史的社会生产方式的,正是由于价值的形态,即由于交换价值,而不是由于价值。正因为如此,所以资产阶级政治经济学的代表可以承认价值由劳动创造,可以客观地分析价值和价值的量,但是不敢正视价值的形态,即是不会分辨"价值"和"交换价值"这两个不同的概念。我们很多同志硬要在有无"价值"这一点上同资本主义生产方式划分界限,却偏偏看中了"交换价值"的迂回地表现的方法,这不是有些奇怪吗?

正因为如此,我也不敢赞同薛暮桥同志以下的意见:

"价值规律这个术语通常是同商品生产相联系的。因此,为着避免不必要的争论,最好说国营企业利用价值的形式来进行经济核算,而不要用'价值规律'来代替'价值的形式'。"❶

我很不理解为什么暮桥同志如此怕争论。不错,暮桥同志说的是不必要的争论。对不必要的争论,我也不赞成。然而一切问题就在于什么争论是不必要的争论。暮桥同志遇到概念的争论,往往采取绕过去的办法,就是另找一个说法。然而一个新的说法往往总是一个新的概念;每个新的概念,如果也并不恰当的话,就会引起新的争论。马克思为了这个"价值形态",不惜在这里添上一个很长的脚注(我们所引的一段,还只是这个脚注的小半),同资产阶级经济学者大争了一番!而暮桥同志却想用"价值形式"来"避免不必要的争论"。(暮桥同志当然知道"形态"和"形式"是同一含义的,在欧洲文字中原来是一个词,有些中文本也就译作"价值形式"的)暮桥同志这里所说的"价值形式"并不是马克思在《资本论》中关于价值形态所讲的那个含义。当然,暮桥同志无非想以"形式"二字来表示:在全民所有

---

❶ 薛暮桥:《对商品生产和价值规律问题的一些意见》,载《经济研究》,1959(1),第19页。

制内部，以及在将来社会中进行经济核算时，不过是借用价值的"形式"而已，或者还有一种更流行的说法——不过是把它作为"核算的工具"❶ 而已。暮桥同志无非想以"形式"二字来冲淡"价值"的那个严峻面貌，避免同那些反对"价值"的人展开"不必要的争论"。但是"形式"即形态，它的色彩比起"价值"本身更浓烈多了。因此，暮桥同志在这里不料又碰上了争论。越是怕争论，争论越是同他纠缠不清。而且我希望有更多的经济学者来参加这个问题的讨论，因为我不认为这仅仅是一个空洞的概念争论。

归结前面所说一切，我的意见是：凡是马克思和恩格斯在几处说到，在生产资料归社会公有之后，个人劳动直接成为社会劳动，不再迂回地表现为"价值"，这里的"价值"应该是当作"交换价值"理解的。马克思和恩格斯除了用过"不再表现为价值"这样的表达方式以外，并没有说过将来社会不会再有作为"实体"的"价值"这个概念。相反，他们二人都曾说过"价值"在未来社会中的作用将更大，"价值"只有到了共产主义社会才算找到了"真正的活动范围"。我在《把计划和统计放在价值规律的基础上》那篇文章中已经引证过马克思的以下一段话作为我的看法的根据：

---

❶ 见薛暮桥同志同一论文。暮桥同志一方面反对"仅仅是概念的争论"，另一方面在价值规律的作用问题上，自己也逐渐走向多从字面上用功夫了。经济学家们为了辨别价值规律在社会主义社会和资本主义社会中所起作用的差别，创造了不知多少"级别"的作用，如"调节者作用""调节作用""影响作用""重大作用""一定作用"以及上面所说的"工具作用"等，难道我们能从这些"作用"中看出什么本质上的差别吗？如王思华同志在前面引过的那篇文章里，在表示了他对我和仲津同志的观点的不同看法之后，他说："在全民所有制的国营经济中，价值法则只起经济核算工具的作用，在集体所有制下的合作经济中，价值法则才起着一定的作用。"请问：这两种级别的作用到底如何辨别，难道"工具的作用"就不是"一定的作用"，"一定的作用"就不能包括"工具的作用"吗？——作者注

"在资本主义生产方式消灭以后,但社会生产依然存在的情况下,价值决定仍会在下述意义上起支配作用:劳动时间的调节和社会劳动在各类不同生产之间的分配,最后,与此有关的簿记,将比以前任何时候都更重要。"❶

这两年多以来,许多经济学者为了反驳我在那篇文章中提出的观点,对马克思以上一段话作了各种各样不同的解说。他们的主要论点:马克思在这里只讲了"价值决定",没有讲"价值规律"。因此,说我的意见是无根据的。胡寄窗同志并且翻阅了德、中、俄、英四国文字的《资本论》版本,把马克思使用"价值决定"这个概念的章节都做了研究,然后得出结论:"因此,价值决定或价值决定的规律,就不可能是价值规律。它可以是价值规律的前提,不能是价值规律自身。因为,价值决定所要回答的问题是什么事物形成商品价值以及各个价值成分的形成与分解问题。显然,在这些问题未获得解决以前,就谈不到价值规律及其作用……"❷

我对于胡寄窗同志研究学问、研究经典著作的认真态度,是敬佩的。但是他对这个问题的看法,我却不敢赞同。

我在我那篇文章中引证了马克思上面这句话之后曾经说过以下的话:"马克思……非常肯定地指出,价值决定在劳动时间的调节和社会劳动在不同各类生产之间的分配这个意义上仍然'起支配作用',而且'将比以前任何时候都更重要'。马克思没有说'价值规律',而只说'价值决定';但是难道这个用字上的区别有什么决定意义吗?"❸

由于我在写那篇文章的时候,还没有像现在这样深刻体会到,

---

❶ 参见马克思:《资本论》,第3卷,第963页,北京,人民出版社,1975。

❷ 胡寄窗:《"价值决定"不是价值规律》,载《经济研究》1959(7),第55页。

❸ 《经济研究》,1956年(6),第35页。

许多经济学家对于"价值规律"这个概念已经形成了一个偏狭的固定化了的看法,所以我的话简单了一些,以至两年多来,我的批评者同我的争论,等于是不断地在打"三岔口"。例如,骆耕漠同志批评我说:"马克思……的'这个意义上的价值决定',是不可能指价值规律而言的,因为那时根本不存在商品和价值规律(但是读者可以做我的证人:我也没有说过那时还存在商品以及商品价值的规律呀。——本文作者注);因此,他说'这个意义上的价值决定',而不说价值规律,绝不是偶然的用语问题。"❶

又如胡寄窗同志说:价值规律"反映在商品的生产运动中,价值怎样通过偏差来贯彻实现自己,怎样通过对所得形态的转化在各生产要素所有者间进行分配,从而支配生产并调节生产要素的移动"。❷

总之,骆耕漠同志和胡寄窗同志都是先把价值规律的定义在一个很偏狭的范围内肯定下来,而对于在这偏狭的圈子之外是否还可以有别的定义,他们根本不加考虑,甚至没有想到还有考虑的需要;然后,他们再质问说,难道在共产主义社会里还会有这样的价值规律吗?

而我则在讲上面那几句话的时候,也根本没有体会到原来只有这样一个偏狭的圈子才算是价值规律的定义。对于我重要的是,马克思在上面这句话里面,第一,他肯定了到共产主义社会里还保留有"价值"这个重要范围,以及"价值"这个概念;第二,他指出了在共产主义社会中,"价值"这个范畴,在劳动时间的调节和社会劳动在不同各类生产间的分配这个意义上仍然起支配作用,而且会比以前任何时候都更重要。我根本没有考虑(因为毫无必要),"决定"和"规律"是一回事,还是两回事。

---

❶ 骆耕漠,《社会主义制度下的商品和价值问题》,第120页,北京,科学出版社,1957年。

❷ 《经济研究》,1959(7),第57页。

我认为既然马克思认为"价值"这样一个重要的范畴在共产主义社会中确实还存在着,而且马克思接着还指出,"价值"还将在社会劳动的调节和分配方面起支配作用;那么"价值"必然会有它的存在和运动的规律。至于这规律的范畴、定义等,我的确没有做全面考虑,因为这正有待于我们去认识,去掌握的,因为这正是我们理论研究工作者的任务。我真想不出,对马克思以上的一段话,还能做任何别的解释。

除了马克思以上一段话以外,恩格斯对这问题也有过两个非常重要的正面的指示;而过去我们对这两个指示是没有注意到的。

过去当我们在读《反杜林论》,读到上面引证过的"再不必求助于有名的'价值'"这句话的时候,总是把恩格斯这句话当作否定共产主义社会中还有"价值"范畴理解的,因为我们没有注意到在这个"有名的'价值'"之后,还有一个十分重要的脚注:

"在制定生产计划时,上述的对有用效果和劳动花费的衡量,正是政治经济学的价值概念在共产主义社会中所能余留的全部东西,这点我在1844年时已经说过了(《德法年鉴》)。可是,读者可以看到,这一见解的科学论证,只是由于马克思的《资本论》,方才成为可能。"❶

下面就是恩格斯1844年在《德法年鉴》上讲的话:

---

❶ 参见恩格斯:《反杜林论》,第340页,北京,人民出版社,1974。斯特鲁米林院士著的《在建设共产主义的道路上》这本书(中译本,生活·读书·新知三联书店,1959),根据这个脚注以及恩格斯在下面所引的,他在1844年时所说的一段话,也肯定"进行计划而不求助于价值,并不是那么简单"。斯院士也以为恩格斯在《反杜林论》中所说的"不必求助于有名的'价值'",是"指的交换价值"。他这看法是同我在1956年那篇文章中对这句话所做的解释一致的。但是我在那时却没有注意到这个注。在这里我也得到了一个很大的教训:读书,尤其是读经典作家的著作,是不能粗枝大叶的,哪怕是对于一个注释。大家在这里就可以看到,前后所引马克思和恩格斯的这两个注释是有多么大的理论价值呀!——作者注

"价值是生产费用对效用的关系。价值首先是用来解决某种物品是否应该生产的问题，即这种物品的效用是否能抵偿生产费用的问题。只有在这个问题解决之后才谈得上运用价值来进行交换的问题。如果两种物品的生产费用相等，那么效用就是确定他们的比较价值的决定因素。"

"……不消灭私有制，就不可能消灭物品本身所固有的实际效用和这种效用的决定之间的对立，以及效用的决定和交换者的自由之间的对立；而在私有制消灭之后，就无须再谈现在这样的交换了。到那个时候，价值这个概念实际上就会愈来愈只用于解决生产的问题，而这也是它真正的活动范围。"❶

论价值

在这里，恩格斯同马克思一样认为，"价值"在共产主义社会中，它的作用更重要了，而且实际上只有在共产主义社会中，它才找到了真正的活动范围，因为到这时，它才被直接用于解决生产问题，解决生产计划问题；而以前在资本主义社会里，价值主要只被运用来解决交换问题，即当作流通过程中的范畴被运用，要通过流通过程才能去影响生产过程。然而，现在许多经济学者却是仅仅把价格和价值的背离所引起的作用看作是"价值"存在的全部意义。这不是有些像我们在儿童读物中看到的，摸到了一个象鼻子当作象的全貌的盲人一个样了吗？我这话好像是挖苦人家。然而，价格和价值的背离所起的作用在价值的存在和运动的全部过程中，不也有些类似象鼻子之于整个象的比例吗！

因此，归结起来，我认为价值规律是价值的存在和运动的全部过程的规律，价值决定是这规律的基础，亦是这规律的起点。价格和价值的背离以及通过这种背离所发生的作用只是这规律在

---

❶ 恩格斯：《政治经济学批判大纲》，见《马克思恩格斯全集》，第1卷，第605页，北京，人民出版社，1956。着重号是本文作者加的。

个体经济和资本主义经济时代的一种作用方式；❶ 这种作用方式，目前在我国就算基本上是已经过去了。因为我们现在就已经不再采用迂回曲折地表现社会必要劳动的方法，即不再采用通过市场竞争来决定价格的方法，而要用直接计算劳动成本的方法来定价格，并编制生产计划。我在1956年时说要"把计划和统计放在价值规律的基础上"，就是指的这个含义。

资本主义经济和个体经济（简单商品生产）同共产主义经济（和全民所有制内部关系）的区别，不在于前者有价值规律，而后者没有价值规律；区别在于资本主义和个体经济（简单商品生产）的价值规律是自发地起调节作用；在那里商品的价值要迂回地通过同另一个商品的交换关系，即通过交换价值来表现自己；在那里，这个交换价值的"公式本来在额角上写着，它们是属于生产过程支配人而人还没有支配生产过程的那种社会形态的……"❷因此，在那里价值规律不仅起调节作用，而且成了"调节者"，它统治着人们；而共产主义和全民所有制内部关系中的价值规律，已经被人们所掌握，因为在这里，"人们已经统治着生产过程"了，所以生产品的价值已经用不着迂回地去表现自己，而是可以通过计算直接表现出来了。

很多同志也想在"调节作用"上做文章，以便把资本主义经济和个体经济的价值规律同我们现阶段社会主义经济的价值规律区别开来。例如，在资本主义经济和个体经济中有调节作用，在社会主义社会中没有调节作用，等等。但是，我们从上面马克思的引证中可以看到，他认为价值在共产主义社会中，在对于"劳动时间的调节和社会劳动在各类不同生产间的分配"等，还起

---

❶ 马克思从来没有把价格和价值的背离以及由此发生的作用说成是价值规律的全部。相反，我们应该承认马克思的全部经济学著作，特别是他的全部三卷《资本论》都是讲的价值的存在及其运动的规律。——作者注

❷ 参见马克思：《资本论》，第1卷，第98页，北京，人民出版社，1975。

"支配作用"。我们所说的生产中的调节作用,归根结底还不是马克思所说的"劳动时间的调节和社会劳动在各类不同生产间的分配"吗!前面所引的恩格斯的话也应该做如此解释:"价值首先是用来解决某种产品是否应该生产的问题。"这不是在生产中起调节作用是什么呢!我希望我的批评者不要在"决定"算不算"规律"等问题上来展开争论,我只希望你们回答以下问题:马克思和恩格斯是不是曾经把"价值"这个概念应用于共产主义经济的生产关系的?马克思是不是曾经说过"价值"对于"劳动时间的调节和社会劳动在各类不同生产间的分配"起有"支配作用"?恩格斯是不是曾经说过到了共产主义社会,"价值这个概念实际上就会愈来愈只用于解决生产的问题,而这也是它真正的活动范围",而且他所说的解决生产问题,就是"首先……解决某种物品是否应该生产的问题"?调节和分配劳动以及某种物品是否应该生产算不算对生产的调节作用?

我希望经济学者们不要被近二三十年间形成的,对于"价值"概念的错误认识所迷惑,而要细细体会前面所引的马克思和恩格斯的几段话。

好意的同志劝告过我:你强调价值规律的目的,无非是要强调社会必要劳动的计算,你何必斤斤于名词的计较,打这个不必要的概念"官司",硬要争这价值规律的名称呢?你就把这称作社会必要劳动的规律不好吗?这便是暮桥同志的"避免不必要的争论"的意思。

但是我的确也不是好做无谓的争论。在这个意义上我是同意王思华同志的那句话的:"社会必要劳动和价值究竟不是一回事。"我在前面反对他的这句话是因为他认为共产主义社会计算、调节和分配社会必要劳动不属于"价值"范畴。但是我也同意不能把"社会必要劳动"这个概念和"价值"这个概念等同起来。因为,"社会必要劳动"实际就是"社会必要劳动量"的意思,基本上是一个量的概念。它不能表达出"价值"这个"概念"的质的一方面，而这个质的一方面，用恩格斯的话来说就是："价值是生产费用（社会必要劳动。——作者）对效用的关系"。这才是我们要重视"价值"这个概念的真正意义。计算社会必要劳动并不意味着劳动越少越好，如果这样，那不劳动更好。计算社会必要劳动是意味着要把劳动耗费去同劳动成果比较。因此，重视"价值"概念，在我们社会主义社会中，就意味着重视经济效果，而不是像许多的经济学者所想象的一样，是意味着还要迂回地去表现价值（市场竞争）。正因为如此，所以长期在理论上否定了共产主义社会的"价值"概念之后，就会引起对经济效果的轻视。（否定社会主义经济有成本的概念，认为资金利润率、投资效果等都是资本主义概念等说法即是由此而来）

我在 1956 年写那篇文章的时候，对问题的认识，还没有现在这样明确。我那篇文章中说，在共产主义社会中不能只讲生产，而不计生产过程中的劳动代价。至于"把这代价叫作'价值'呢，还是直接叫作'社会必要平均劳动量'呢，那倒是无关紧要的"。❶ 读者可以看出，那时，我也像暮桥同志一样，很不想在概念上展开争论，认为叫这、叫那，都是一样的。

但是，骆耕漠同志在他的《社会主义制度下的商品和价值问题》一书中，抓住我这个弱点向我进攻了：

"一个事物叫什么，确是有相对性的，我们有一定的自由，但我们后人比前人要少一些自由；因为，我们必须尊重和沿用已成的科学术语和范畴，除非我们所讲的事物是前人没有讲过的事物，那不妨由我们自己用一个什么名称去叫唤它……"

我现在接受耕漠同志的意见，赞成"必须尊重和沿用现成的科学术语和范畴"。不过，这里有一个问题没有解决：谁是前人？

---

❶ 《经济研究》，1956（6），第 31 页。

是马克思和恩格斯他们,还是近来二三十年间的许多论文、讲义和教科书的作者?我们应该尊重和沿用前者的科学术语和范畴,还是沿用后者的科学术语和范畴?

还有一个问题没有解决:根据许多经济学者的规定:在未来共产主义政治经济学中,将没有"价值"这个范畴了,那么是不是在未来的人类语言中也将没有"价值"这个概念了呢?很多经济学者在不久的过去就像避讳一样回避使用"价值"一类(尤其是成本、利润、资金利润等)概念,好像应该把"价值"这个词(不论作为名词或作为动词)从人类语言的未来的词典中完全删去似的,这简直是不可想象的。

试论"价值"在社会主义以至于共产主义政治经济学体系中的地位

根据我对"价值"这个范畴的认识,我主张要大大提高这个范畴在社会主义政治经济学体系中的地位。但是我不主张单独地把"价值"作为一个规律,作为一个公式来提;更不赞同把"价值"当作商品经济的规律来提。

如果说对于一般的经济规律不应该孤立地作为一个公式来表述,那么对于价值规律更不能孤立地作为一个公式来表述。但是根据我上面对于社会主义社会中"价值"这个范畴的认识,也不应该把它同商品和商品生产放在一章中谈。商品和商品生产可以单独立为一章。价值规律则应该贯穿在社会主义政治经济学的各章,即是通过对于社会主义经济的全面分析来表述它。

为了避免再发生误会,我在这里不嫌重复,要再向我的批评者申明一下:我这里所说的"价值规律"不是许多经济学者经常强调的,那个通过价格和价值的偏离而发生的调节作用,或影响作用。我这里所说的"价值"概念是广义的"价值"概念;就是恩格斯所说的,"在共产主义社会中所能余留下来的全部东西"。至于通过价格偏离所起的作用,可以在有关章节中,作为从过去遗留在过渡时代的东西附带叙述一下。(因为如前面所说过的一样,现在这种作用已经不大,现在我们要强调的是等价交换,是通过计划价格来直接表现的价值)

但是,对于社会主义经济,我们应该按照怎样的一个程序来加以研究呢?我认为,基本上应该按照马克思写《资本论》的程序来研究,按照马克思分析资本主义经济的程序来分析社会主义经济,就是说,先分析生产过程,再分析流通过程,最后分析社会主义社会的整个生产过程。

《资本论》的直接的研究对象,固然是资本主义社会;但是他在分析资本主义经济的特殊规律的同时,也分析了社会生产的一般规律。这些一般规律,就是恩格斯所说,去掉了资本主义的特殊性"余留下来的全部东西",就是我们今天应该从《资本论》中去好好学习的。

我们在旧社会中同敌人斗争的时候,我们总是强调特殊性,而不强调共同性或一般性;而统治阶级老强调共同性和一般性,为的是掩盖阶级对立。例如,他们老是一般地提国民,一般地提人。我们则说,在阶级社会中没有一般的人和一般的国民,只有工人、农民、资本家、地主、官僚等不同的国民和不同的人。对于经济规律也是如此,我们不大提一般的经济规律,因为在阶级社会中,这个一般的规律是什么也不能说明的。但是在今天,在社会主义社会中,我们在抛弃资本主义经济特殊规律的同时,连作为经济规律中的一般性、共同性的东西,即把恩格斯所说的"在共产主义社会中所能余留下来的全部东西"都否定了,这就好比是因为我们不承认阶级社会中有一般的人,只承认有阶级的人,因而说将来共产主义社会就没有人,或者说那时还有无产阶级一样,是极可笑的。

马克思的《资本论》是从分析那个组成资本主义社会财富的细胞——商品开始的。我认为，在社会主义政治经济学体系中，在讲完开头的过渡时代（主要是三大改造）和社会主义社会所有制问题（以上可以作为一篇）以后，紧接着的一篇应该分析社会主义的生产过程。这一篇的第一章就应该从社会主义社会的物质财富以及组成财富的细胞——生产品——分析起，从什么叫财富讲起。

论价值

恩格斯的"……有用效果和劳动花费的比较，正是应用于政治经济学中的价值概念在共产主义社会中所能余留的全部东西"，就应该是社会主义政治经济学的第二篇第一章的中心内容。在这一章里面，应该批判那种否定共产主义经济有"价值"概念，因而把未来共产主义社会当作自然经济看待，只看见一大堆使用价值而无"价值"，只对物量感兴趣而不关心劳动花费的自然经济（实物经济）观点。在这一章里面，要说明，以社会必要劳动量为实体的社会主义的价值规律，实际上就是不断促进生产力发展，推动社会前进的"落后赶先进，先进再先进"的规律。

因此，在这一章里，要发挥马克思的产品双重性（使用价值和价值）和劳动双重性（具体劳动和抽象劳动）的学说。在这一章里，应该证明，在脑力劳动和体力劳动的对立消灭之后，复杂劳动和简单劳动的差别也将随之消灭，但是熟练劳动和非熟练劳动的差别，即社会必要劳动消耗量和个别劳动消耗量的差别将永远存在，这也就是推动社会前进的，落后赶先进的运动永远存在的基础。

在接着的下一章中就应该讲经济核算问题。但是这个经济核算不是现在一般人所说的经济核算，不是指独立会计和定额管理的意思，而是指经济效果的计算，指劳动时间的节约，关于这问题，马克思讲过如下的话：

"共同的生产既然已经作为前提，时间规定自然就成为主要的了。社会需要用于生产小麦和牲畜等上面的时间越少,它得以从事于其他生产的——物质的和精神的——时间就越多。和单独的个人一样,社会的全面发展,它的享受和它的活动,都视时间的节约而定。一切的经济,最后都归结为时间的经济。同样,社会必须有目的地分配它的时间,才能达到一种适合于其全部需要的生产,必须像个人那样正确地分配他的时间,才能按适当的比例获得知识,才能满足他的活动的各种要求,时间的经济和有计划地分配劳动时间于不同生产部门,于是就成为共同生产基础上的第一个经济规律。甚至可以说,这是程度很高的规律。然而这和用劳动时间去测量交换价值(劳动或劳动生产物)有本质的区别。"❶

马克思这段话对于我们在这里所讲的问题十分重要,而且这正是我们的实际工作者和理论工作者都很忽视的一个问题;所以我不厌其详,引证了这么长一大段。理论工作者对于这种忽视的造成,特别要负责任;因为对于未来社会和全民所有制内部关系中"价值"概念的否定,是不可能引出重视经济效果,重视劳动时间节约的结论来的。

而且就连这一段引证中的最后一句话,也被许多经济学者作为否定共产主义社会和全民所有制内部关系中存在"价值"范畴的证据的。经过我们前面关于"交换价值"的解释之后,我们现在应该明白,"交换价值"的概念和"价值"的概念确有"本质的区别"。马克思这一段话只是否定了"交换价值"的存在,但是价值规律恰成了"第一个经济规律,甚至可以说这是程度很高的规律"。马克思这里所说的第一规律同前面已经引证过的马克思在《资本论》第3卷中所说的"价值决定……有支配作用",以及恩格斯所说的"在共产主义社会中所能余留的""价值概念"

---

❶ 马克思1857—1858年经济学手稿之一《货币论》。译文是董问樵同志翻译,并由刘潇然同志校对的。着重号是本文作者加的。

只能是作为同一内容了解的。

研究经济效果（"最后归结为时间的节约"）是社会主义社会的价值规律问题的核心。因此，在这一篇中，对经济效果的两个方面，即是对投资效果的计算和劳动生产率的计算，对于提高投资效果和提高劳动生产率的方法，应该做较详细的阐述。

由于过去大多数经济学者把未来社会的经济看作是自然经济，因此投资效果也在很长一个时期内被看作是资本主义经济范畴。在有些人心目中，投资效果至少同经济核算一样，是同物质鼓励相联系的，是群众的共产主义觉悟不高的结果，等等。这是最荒谬的了。资本家使用资本时，很讲究经济效果——投资效果。我们为了同资本家的资本划清界限，把"资本"改称"资金"了，把两个不同的概念在文字上划清界限是有好处的；但是把"投资效果"也跟"资本"一道给否定掉了，这是大不应该的。资本家对于剥削来的别人的劳动生产物尚且知道爱惜使用，劳动人民对于自己的血汗创造的、自己的劳动生产物怎能反不爱惜，反不注意其投资效果呢？爱惜资金首先就是爱惜劳动，这怎能说是资本主义经济范畴呢？实际工作中对于投资效果的忽视，理论工作者是要负责的。因为这是概念混乱，即思想混乱的结果；这是否定"价值这个概念"，否定生产物的两重性（使用价值和价值）的必然结果。所以我认为在社会主义政治经济学的这一章中，首先应该从理论上、观念上来说明投资效果的本质和重要性。必须端正认识。（我想在共产主义时代这个问题可以不要这样大讲特讲了，因为那时不会有这种概念混乱了。）

在我国经济学界研究劳动生产率问题的时候，曾经有同志对于劳动生产率问题是否属于"价值"范畴范围以内研究的题目，表示怀疑。我认为这是毋庸置疑的。马克思说过："商品的价值量与体现在商品中的劳动的量成正比,与这一劳动的生产力成反比。"❶ 换句话说,价值和劳动生产率(力)是一件事的两个方面,看你从哪一个方面去接近它。如果用公式来表示,那么价值和劳动生产率(或劳动生产力)是互为倒数的:把产品做分母,劳动量做分子,就是价值量的公式;把产品做分子,劳动量做分母,就成为劳动生产率的公式。可见劳动生产率非但是属于"价值"范畴内研究的题目,而且二者根本是分不开的。

在讲完经济效果之后,就应该讲社会主义社会的货币、价格和价格形成问题。

到现在为止,经济学者是把社会主义社会的价值,也就把社会主义社会的货币同商品生产联系起来的。按照我们上面的分析,在存在计划价格的条件下,同商品交换、同市场竞争相联系的交换价值实际上已经不存在。因此,货币也已经不是原来意义的一般等价物的货币,而是价值的直接计量单位。但是在存在商品交换的条件下,货币还要起流通手段的作用。

这样,社会主义社会的计划价格也不再是在亿万次的交换中不断上下摆动的价格,即是说在本质上已经是价值的直接表现。至于我们的价格在实际上还同价值不相符,这一事实并不能否定我们的计划价格是价值的直接表现而非迂回表现的本质。至于价格和价值为什么不相符呢,这一方面是由于历史的原因(工农产品价格的剪刀差,在解放前更大;解放后,由于农产品的提价和工业品的跌价,已接近很多。但是历史上遗留下的这个差别尚未完全消除);另一方面是由于社会主义社会的价格不仅应该以价值为基础,而且应成为价值的直接表现的原则在经济实际工作者和理论工作者的思想中还没有明确起来的缘故。因此,价格和价格形成的理论阐述在目前确实是非常迫切。在合作化之后(尤其

---

❶ 参见马克思:《资本论》,第1卷,第53—54页,北京,人民出版社,1975。

在公社化之后),自由市场和自发势力已经不存在,至少是受到极大控制;价值的迂回表现的途径(通过竞争,通过亿万次交换来形成市场价值)已被堵塞;在原则上和在实践中,已经确立和实行了计划价格。但是,这个计划价格应该以价值(客观因素)为依据,成为价值的直接表现呢,还是可以无视价值,任意规定呢?——这个问题在原则上还没有完全明确。

论价值

这里又回到了一个老问题:价值应该通过价格对它的背离来起作用呢,还是应该使价格同它相符来起作用呢?价格应该被当作是积累的工具,即国民收入再分配的工具,因而把它当作一个流通领域的范畴看呢,还是应该让价格和价值作为生产领域的范畴呢?

我们从前面引证的马克思和恩格斯的指示中可以看到,他们是把价值当作生产领域的范畴的。恩格斯认为即使在商品经济时代,"价值首先是用来解决……生产问题……只有在这个问题解决之后才谈得上运用价值来进行交换的问题""而在私有制消灭之后,就无须再谈这样的交换了,在那个时候,价值这个概念实际上就会愈来愈只用于解决生产的问题,而这也是它真正的活动范围。"

生产资料的私有制已经消灭了,但是我们的经济学者还不大愿意"价值这个概念"回到"它真正的活动范围"中来,而且大家还只对如何通过价格对价值的背离来起作用感兴趣,因而价格在目前是更多地被看作是一个流通领域的范畴,被看作是积累的工具。

如果我们要依照恩格斯的话,让"价值这个概念……愈来愈只用于解决生产的问题",回到"它真正的活动范围"中去,要它去参加"制定生产计划",那么用马克思的话来说,就是"在资本主义生产方式废止以后,但社会化的生产维持下去,价值决定就仍然……有支配作用……和这各种事项有关的簿记,会比以前任何时候变得重要"了。

为什么马克思会在这里提到簿记，而且认为它变得更重要了呢？很明显，为的是要准确计算劳动花费，制订生产计划，大家知道，不准确的度量衡是不好的计量工具，那么同价值经常背离的价格也不是准确计算劳动（包括物资）花费的工具，因而也不能是很好的制定生产计划的工具，不能正确解决生产问题，因而也不能使"价值这个概念"回到"它真正的活动范围"中去。

话讲到这里，往往会听到很多从实际工作的角度提出的问题，如产品的全部劳动消耗，即产品的价值，现在就能准确计算吗？这样全面的调整价格，会不会引起物价混乱呢？尤其是价格同价值相符之后，社会主义的积累从何而来呢？等等。

在这里应该说明，对我们最重要的首先是要在理论上，原则上弄清楚：从社会主义，甚至从共产主义的较远将来看，价格到底应该同价值相符好呢，还是相背离好呢？在原则确定之后，如何使价格接近价值，那是步骤的问题，方法的问题，是可以进一步做研究的。至于计算产品的全部劳动消耗的方法，我们在前面已经说过，已经找到解决的途径。价格的调整，应该有步骤，绝对不能引起市场的混乱。积累是社会主义建设的资金来源，在价格调整的过程中，积累的来源应该逐渐从间接的方法而改为直接的方法，从集中在少数部门的方法，转为各物质生产部门平均负担的方法；因而积累就不必通过价格这个工具来形成了。这问题应当分别在利润和税收各章去研究。

价格应该同价值相符——这是目前我们应该加以肯定的一个原则；然而我们不能把这原则绝对化，不能认为社会主义的任何一个商品的价格在任何时间都应该同价值绝对相符、不能有一丝一毫的偏差。在这一点上，价格应该同价值相符的原则和国民经济平衡的原则是很类似的：平衡是原则，我们的计划工作的任务就是要争取国民经济各部门的平衡，以达到生产的高速度发展。

然而尽管如此，平衡还是相对的，不平衡则是经常的。

同样，在原则上价格应该同价值相符；但是在实际上，由于：第一，社会劳动生产效率时时刻刻不断在提高，即是说产品的价值不断在下降而价格不能天天调整，因而即使是社会主义社会的计划价格，也不可能随时随地绝对地和价值相符的。第二，在社会主义时代，还只能实行按劳分配制度，生活资料的生产不是极端丰富，而且还存在着不同的所有制，生产和需求本身也在不断变化着，再加上计划工作和管理工作的经验不够，因而供给和需求还不能经常符合。在这种情况之下，有计划地自觉地让价格同价值有一定的背离，不仅是可以允许的，而且为了抑制某种生产不足的产品的消费和鼓励某些过剩产品的使用，价格和价值的一定的背离还是必需的。

然而价格和价值的在一定限度内的这种有计划的背离，同根本不承认价值，不考虑价值量的计算，凭主观规定的价格政策是有原则不同的。

以上我们都是说的价格同价值相符的问题，就是说都是假定价格直接以价值为基础的。现在有些经济学家认为价格应该根据生产价格来定。社会主义社会怎能还有生产价格这个经济范畴呢？关于这问题，在经济学界是有争论的。其实这是资金利润问题的另一种提法。过去很多经济学家认为资金利润也是资本主义概念，认为社会主义社会的利润应该按照产品成本算而不应该按照资金算。但是现在承认利润应该按照资金算的人多起来了。承认生产价格是承认资金利润的必然的逻辑结论；同时也只有承认了生产价格才能贯彻投资效果的计算。

马克思是在《资本论》第2卷中研究流通过程的时候提出生产价格问题的。因为生产价格是通过市场竞争，在流通过程中形成的。我们已经排除了竞争，生产价格应该同价值一样，通过计算来确定。因此，生产价格问题应该在研究生产过程的时候，同价格问题一起研究。正如资本主义的生产价格并未否定马克思的价值学说一样，社会主义的生产价格也不会否定价值是它自身的基础。

在关于生产过程的这一篇中，除了以上各问题以外，就要研究职工所创造的价值如何分为两部分：一部分为物质生产部门的劳动者自己所得，一部分提供作为社会的公共需要和积累。应该详细阐述共产主义社会和社会主义社会的不同的分配原则：按需分配和按劳分配的原则；应该详细分析社会主义社会的按劳分配的形式——工资形式。

最后，在关于生产过程的这一篇中，应该分析农业生产和农村人民公社问题。这是以上各章节在农业这个国民经济特殊部门中的具体化。这里应当对农业生产的特殊性，对人民公社的投资效果和劳动生产率问题，对人民公社内部的分配问题，对实行土地公有制以后，绝对地租消亡和级差地租仍然保存的道理，对级差地租的计算和处理等问题进行详细分析。最后对人民公社的组织形式、管理制度、生产计划等问题也应该加以分析研究。

对于社会主义社会的工业、交通运输和基本建设的计划体制和管理体制的问题，也应该从如何发挥各级机构和全体人民的主观能动性，即是从充分发掘劳动资源和物质资源的潜力，以提高劳动生产率，增加物质财富生产的角度，专设一章来研究。

这样，在社会主义政治经济学关于生产过程的第一篇，并不专门提什么价值规律问题，但是从每一章节都可以看到"价值这个概念实际上是愈来愈只用于解决生产问题"，因而就找到了"它真正的活动范围"了。

在社会主义政治经济学的第二篇，就应当分析流通过程。根据不成熟的考虑，我认为社会主义的再生产问题应当放到第三篇里去分析。第二篇主要研究消费资料和生产资料的流通和储备问题。解放以来十年间，以经营消费资料为主的国家商业机构已经创造了不少经验。过去经济研究工作者对社会主义商业问题研究得也比较多。但是，我感觉到社会主义社会的流通过程中最重要而最复杂的问题是生产资料的流通问题，也即是我们现在所说的物资调拨问题。可是对于这问题，除业务部门的实际工作者以外，研究理论的人还很少注意这方面的问题。

我认为生产资料的流通问题远比消费资料重要而复杂。这主要还不是从生产资料本身同消费资料的比较来说，而是从下面的观点来说的。

论价值

社会主义经济不同于资本主义经济的地方，除掉废除了私有制，没有了剥削以外，就在于以计划代替了市场，以计划分配代替了买卖。我们的消费品贸易虽然已经是社会主义计划经济的国营贸易；然而基本上它还是采用买卖的方式，还是商业，因此它仍然可以采用许多旧的商业的方式和经验。但是生产资料的调拨却已经是完全崭新的一种流通方式。从以往找不到任何经验，除了向别的社会主义国家学习经验以外，只能靠自己创造。

在第一个五年计划期间，我们的物资管理（主要是指生产资料）是逐渐趋向集中的，因此，后来就发生了"中央机关管得过多，管得过死"的问题。后来总结了第一个五年计划的经验，提出了体制下放的方针。但是下放仅一年多的时间，物资供应工作方面的问题还是很多，于是不得不又把调拨权集中起来了。难道体制下放的方针错了吗？我认为不是体制下放的方针错了。体制下放的方针是正确的，今后还应贯彻。我们不可能想象高度发展的现代社会中，一切具体的经济管理工作，如几万种不同品种规格的物资可以从一个中心来具体分配。但是在下放的过程中，什么应该坚决下放，什么还应该集中抓紧，还要好好研究。

这里又回到我们的老问题上来了，就是社会主义的经济不是像原始社会那样的自然经济。在这里，社会的财富不只是单纯的一堆各种各样的使用价值，它而且是一定量的价值。社会主义社会的计划经济必须有统一集中的领导，属于抽象劳动、属于价值范畴的指标，必须集中统一管理，必须抓紧；在保持分级管理权、保持企业单位简单再生产范围以内独立核算的条件下，这样的集中统一的管理绝不会引起抓死的问题。这样的指标就是劳动力（从一般抽象劳动的角度看的，不问其专业），就是资金（物化劳动），就是净产值和利润，就是所谓财务指标。但是属于具体劳动，属于使用价值范畴的指标，即实物指标。例如，产品的花色品种等，除极少数全国性的项目以外，应该层层下放，应该尽可能通过合同制的办法，通过地区间和企业间供需双方直接联系的办法去解决。有些同志认为物资供应体制由分权下放而回到集中管理仅仅是由于某些物资供应紧张的缘故，是暂时性的。我也肯定认为是暂时性的，但是调拨物资的紧张正是由于综合性的指标、劳动力和资金的指标或财务指标抓得不够紧的缘故。

物资供应方面的某些问题不是体制下放的必然结果，而是由于打乱了原有的企业协作关系的缘故。而打乱原有的企业协作关系是同体制下放的精神根本相反的。因为体制下放是意味着对企业的内部联系和企业之间的相互联系，尽可能减少脱离实际的违背客观经济规律的干预，而打乱企业之间的原有协作关系恰恰是意味着违背客观经济规律的干预。

当然，社会主义社会的流通问题，特别是其中生产资料的调拨问题，即是如何以有组织的计划供应来代替资本主义市场的无政府状态，原来是一件大事，而且是一件极复杂细致的事情，只是由于错误的自然经济观点才把这件事情看得简单化了。我以上所说，只是从一个方面来提问题，借以说明，没有"价值这个概念"，就连全民所有制的内部流通问题（而这也是未来共产主义经济的流通关系的缩影），也是解决不了的。当然社会主义的流通问题不只是这一个方面的问题，但我觉得，社会主义政治经济学的这一篇，现在是最不为理论工作者所注意，因而是被研究得最少的一部分。

在社会主义政治经济学的第三篇,应该研究社会主义生产过程的总体。在我看来,这一篇应该包括以马克思的再生产学说为基础的,现在称作国民经济平衡(或综合平衡)的全部内容。这里要分析全国的综合平衡,也要分析地区内部和地区间的平衡。这是对于生产、分配、再分配、流通、消费的全部过程的综合分析。这整个平衡工作,必须分实物平衡和价值平衡这两个方面来研究。如果说没有了"价值这个概念",对每一个个别产品的效用和生产费用的关系就无从观察,也即是说对于这产品的生产是否经济、是否合算,无从估计;那么在整个国民经济平衡工作中没有了"价值这个概念",那就对整个国民经济不可能有真正的经济观点。从整个国民经济平衡的角度来看,那些否定"价值这个概念",把它仅仅看作是同物质鼓励有关,仅仅同人民的共产主义觉悟水平不高有关的观点更是何等可笑。在国民经济综合平衡中,我们更可以看到,否认社会主义以至于共产主义社会中产品的两重性(使用价值和价值)是完全徒劳无益的。产品的两重性的存在,在国民经济发展比例失调的情况下,表现得特别明显。因为什么叫计划工作中的比例失调呢?这正是表示或是生产资料和消费资料之间,或是积累和消费之间,或是各部门之间,物质财富的价值形态和实物形态的矛盾不能得到解决。举个例子,计划要把增产的100亿元财富中拿出80%去作扩大重工业之用,即是说需要的主要是生产资料,但是增产的物资中80%却是农产品和轻工业品。因此如果不能通过对外贸易或别的途径来补救,那么执行这样的计划就会引起生产资料的紧张和消费资料的积压。

在这里,我并不想建议一个社会主义政治经济学的完整体系。我在这里只是想证明"价值这个概念"无论在社会主义政治经济学甚至是共产主义政治经济学的任何一篇中也是少不了的。

论价值

少了它是不称其为政治经济学,且也不称其为经济的。

  我在这里没有提起有计划按比例规律,理由正同没有专设"价值规律"一章是一样的。如果社会主义政治经济学从头至尾都贯穿着"价值这个概念",那么同样也应该从头至尾贯穿着计划和比例的问题。在社会主义政治经济学论生产过程的第一篇第一章分析价值的时候,就已经表明"所能遗留在社会主义社会"的价值概念,已经不是迂回地通过市场的无政府活动形成的那个价值,而是根据计算预先大体知道的,就是说,这已是计划价值。其余在论流通过程,尤其是最后讲国民经济平衡的时候,就完全是讲计划和比例了。

  至于社会主义经济和资本主义经济的基本区别,包括有无计划这一点在内,我觉得应当在最初的导言中加以论述。